KB262581

노동의 유연화와 가부장제

Flexibilization of Labor & Patriarchy

푸른사상 여성학 총서

노동의 유연화와 가부장제

조순경

푸른사상
PRUNSASANG

한 사회의 지배 이데올로기는 체계적이고 일관된 모습을 띠기보다는 서로 모순되고, 갈등하는 복합체로서 존재한다. 자유시장의 원리에 기초한 '노동유연성' 명제가 지배적인 이데올로기로 등장하고 있는 상황에서 가부장적 성별 분업 이데올로기에 균열을 가져올 수 있는 조건들은 무엇일까. 이 책은 이러한 관심에서 시작하였다.

이데올로기는 오랜 기간에 걸쳐 형성되어 고착화되면 경제적 토대보다 더 견고한 성격을 띠게 된다. 고용불안의 시대에 남성 가장 생계 부양자 이데올로기의 경제적 기초는 서서히 사라지고 있다. 그럼에도 불구하고 국가의 노동정책 및 복지정책으로부터 기업의 고용 패턴, 그리고 노동조합의 정책, 운동 방식에 이르기까지 공통적으로 관찰되는 사실은 이 모든 것들이 '생계 책임자로서의 남성 가장'과 '피부양자로서의 여성'이라는 가족 임금 이데올로기에 기반하고 있다는 것이다.

노동시장의 수량적 유연성 증대와 함께 요구되는 작은 정부, 그리고 아직도 뿌리깊이 남아있는 성별 분업 이데올로기는 노동시장에서 여성들을 빠른 속도로 주변화시켜왔다. 노동시장 유연화 논리는 마치 성역화된 담론처럼 민간 사기업 영역뿐 아니라 공공부문의 영역에서도 강하게 작동하고 있다. 이데올로기로서의 노동유연성이 어떻게 여성을 노동시장에서 체계적으로 배제하는가? 노동시장 유연성 명제는 어떠한 기제에 의해 하나의 이데올로기로 작동하게 되는가? 노동시장 유연화와 성별 체계가 어떻게 여성 비정규직 노동에 대한 차별을 은폐시키는가? 그리고 그러한 차별이 어떠한 논리와 조건 아래에서 유지되고 재생산되는가? 이 책에서 이러한 물음들에 대한 답을 찾아보고자 하였다.

IMF 경제 위기 이후 우리 사회 노동정책의 기초가 되고 있는 노동유연성의 제고는 주로 '저부가가치 단순 주변 업무'라고 간주되어 온 직무들을 비정규직화하는 방식으로 이루어져 왔다. 특히 경제 위기 상황에서 여성들은 구조조정의 일차적 대상이 되어 왔다. 기업, 정부, 그리고 노동조합에 이르기까지 정책 결정의 모든 과정에서 여성들은 과소 대표되어 왔다. 비정규직 공공부문 정책의 결정과 실행, 그리고 이러한 정책에 대한 노동조합의 저항과정에서 여성들의 의견은 반영되기 어려웠다. 정규직 남성 중심의 노동조합운동이 여성 우선 해고와 비정규직화에 암묵적 동의를 해 온 것 또한 부정할 수 없는 사실로 남아 있게 되었다.

이러한 과정에서 이루어진 여성 비정규직화의 대부분은 '수량적 유연성'의 증대라는 논리 아래 이루어졌다. '여성의 일'은 노동시장에서 쉽게 충원이 가능하고 특별한 기술이나 교육훈련을 필요로 하지 않는 '주변적' 업무라고 간주되어 왔기에 이들 여성들이 주로 수행하는 업무들이 비정규직화되어 온 것이다.

시장 경쟁이 전 세계적으로 이루어지는 지구화 시대에 수량적 노동유연화 전략은 연공급적 임금 체계하에서 불가피한 것이라는 논리가 이러한 방식의 노동유연화를 합리화 해 왔다. 소위 '저숙련, 저부가가치 업무'의 경우 경비절감을 위해 가장 바람직한 것은 이들 직무를 담당하는 노동자가 짧은 기간만 근무하고 퇴직하는 것이기에, 근속년수에 따라 임금 수준이 올라가는 연공급적 임금 체계에서 저숙련직을 장기 고용하는 것은 불필요한 비용 상승만을 가져올 뿐이라는 것이다. '단순' 업무는 비정규직화를 통해 단기 노동력화하고 그를 통해 임금 비용을 낮출 수 있다는 믿음에 근거한 것이었다.

그러나 이러한 믿음은 실증적으로 뒷받침되지 않는다는 것이 이미 국내외 많은 연구들에서 확인된 바 있다. 여성 노동력의 수량적 유연화로 인한 비용 절감 효과가 실증적으로 확인되지 않음에도 불구하고 이를 추진하는 배경에는 이들 업무가 여성들이 수행하는 단순, 주변적인이라는 통념, 그리고 그러한 업무를 저임금 단기 노동력화하고자 하는 목적이 부분적으로 작용한다.

구미 각국의 경우와는 달리 우리 사회 비정규직의 상당 부분은 이름만 비정규직인, 신분제적 비정규직이다. 실질적으로는 전일제 노동과 동일한 혹은 그보다 장시간 노동을 하면서도 '시간제'라는 이유로 임금이나 근로조건에서는 전일제 노동자에 비해 불리한 처우를 해 오고 있으며, 실질적으로는 상시적으로 근무하나 '임시직'이라는 이유로 차별적인 대우를 해 오고 있다. 신분제적 비정규직이 우리 사회에 광범위하게 존재한다는 것은 기업들이 노동력의 탄력적 활용이 아니라 차별을 통해 노동비용을 줄이려 한다는 것을 말해준다.

이러한 현실들은 우리 사회의 비정규직 문제를 '노동유연성'의 문제가 아니라 '차별'의 문제로 다루어야 함을 말해 준다. 특히 여성 노동자의 경우 고용형태에 의한 차별은 간접적으로 여성에 대한 체계적이고도 중층적 차별을 야기하는 중요한 기제로 작동해 왔다.

남녀고용평등법의 제정 및 실시, 노동시장 성차별 해소를 위한 여성 노동운동의 영향으로 가시적이고 직접적인 고용상의 성차별은 점차 우회적인 방법으로 이루어지게 되었다. 성별을 이유로 한 직접적인 차별이 이같이 비가시적이고 간접적인 방법으로 가능하게 된 것은 성별 분업에 대한 통념이 아직 우리의 인식 속에 뿌리 깊게 남아 있기 때문이다. 여성과 여성의 일에 대한 편견과 성 역할 고정관념, 가족 임금 이데올로기, 그리고 과거로부터 축적되어 가부장적 문화가 있기에 가능한 것이다.

노동시장 유연성의 증대로 인한 고용형태의 다양화가 가속화됨에 따라 이것이 가져올 수 있는 직접적이고 간접적인 차별의 영역과 가능성도 증가하고 있다. 고용관계와 사용관계가 일치하는 전통적 고용관계를 전제로 하고 있는 대부분의 법과 제도들은 위장도급, 파견근로 등 '위장된 고용관계'에 내재한 차별적 요소를 예방하고 제거하는 데에 근본적인 한계가 있다는 사실 또한 드러나고 있다.

이러한 현실에서 학계의 중요한 역할 가운데 하나는 현재 이루어지고 있는 급격한 노동시장과 경영방식의 변화에 대한 충분한 지식을 제공함으로써 여성들로 하여금 최선의 선택을 자율적으로 할 수 있도록 지원하는 일일 것이다. 이 책은 그러한 시도의 하나로 이루어졌다. 조금이나마 도움이 되었으면 하는 마음으로….

이 책은 많은 분들의 관심과 참여, 도움이 있기에 가능했다. 무엇보다 노동현장의 생생한 경험을 기꺼이 나누어 준 여성 노동자 여러분들, 그리고 바쁜 일정 중에서도 시간을 내서 인터뷰에 참여해 주신 노동조합 간부 및 여러 기업의 인사 담당자 여러분의 도움이 없었다면 가능하지 않았을 것이다. 그 모든 분들께 감사를 드린다.

2011. 12
조순경

■ 머리말 • 5

제1장

노동유연화 담론: 신화와 현실 • 13

1. 노동유연화 논리와 현실적 타당성 • 15
2. 노동시장 유연성 명제의 허와 실 • 22
3. 시장 원리인가 정부 개입인가 • 32
4. 수요의 문제: 신분제적 비정규직 • 38
5. 공급의 문제: 비자발적 비정규직 • 47
6. 법적 책임의 문제: 위장 고용관계 • 53
7. 가부장적 통념과 여성의 비정규직화 • 59

제2장

노동시장 유연화와 기회의 평등의 한계 • 63

1. 노동시장 유연화와 성차별 체계의 변화 • 65
2. 성별 분업 구조와 기회의 평등 • 69
3. 간접 고용, 간접 차별과 규제의 한계 • 76
4. 차별 예방을 위한 적극적 노동시장 정책 • 88

제3장

성별 분업과 간접 고용: 통념과 논리 • 107

1. 'KTX 승무원 문제'를 통해 본 외주화의 논리와 '사실'들 • 112

2. 안전성(safety)의 비용 • 123

3. 비용 절감인가 여성의 단기 저임금 노동력화인가? • 127

4. 현실 가능한 해결 방안들이 있었음에도… • 132

제4장

공공부문 비정규직 대책과 여성 노동의 정치 • 145

1. 정보 공개의 문제 • 148

2. 공공부문 여성 비정규직 증가에 기여한 정부 • 154

3. 공공부문 비정규직 대책에 대한 편법적 대응들 • 161

4. 무기 계약 전환을 둘러싼 노동운동 내부의 정치 • 164

5. 대안과 제안 • 179

제5장

'유연한' 노동시장과 가부장적 노동운동을 넘어서 • 189

1. 구조조정 희생양으로서의 여성과 노동운동 • 192

2. '립 서비스'로 이루어질 수 없는 '운동' • 197

3. 노동조합운동 내부의 가족 임금 이데올로기 • 204

4. 가부장적 노동운동 문화와 여성의 과소 대표 • 209

5. 노동조합 여성 할당제만으로 풀리지 않는 문제들 • 217

6. '위기의 노동운동'이 '여성 문제'에 관심을 가져야 하는 이유 • 224

■ 참고문헌 • 241
■ 찾아보기 • 261

제1장

노동유연화 담론: 신화와 현실

1. 노동유연화 논리와 현실적 타당성
2. 노동시장 유연성 명제의 허와 실
3. 시장 원리인가 정부 개입인가
4. 수요의 문제: 신분제적 비정규직
5. 공급의 문제: 비자발적 비정규직
6. 법적 책임의 문제: 위장 고용관계
7. 가부장적 통념과 여성의 비정규직화

노동유연화 담론: 신화와 현실

1. 노동유연화 논리와 현실적 타당성

현재 우리 사회를 지배하는 노동유연화 논리에 가장 큰 영향을 미친 것은 1980년대 중반 영국의 앗킨슨(J. Atkinson)에 의해 수행된 유연 기업(flexible firm) 모델이다. 그의 유연 기업 모델에 따르면, 기업의 내부 노동시장에서 핵심적인 부분은 기능적 유연성을 추구하고, 주변적인 부분에 대해서는 수량적 유연성과 외부화를 추진한다는 것이다 (Atkinson, 1984; 1987).

남성과 여성에 의한 성별 직무 분리가 일정하게 고착화되어 있는 기업 조직 문화에서 이러한 앗킨슨 모델을 추구하게 될 때 여성 노동력이 수량적 유연성의 주요 대상이 된다. 내부 노동시장에서 핵심 인력으로 간주되고 있는 남성들에 대해서는 더 많은 자원을 투자하여 기능적 유연성을 증대시키는 반면 단순, 주변 인력이라고

간주되는 여성들은 임시, 파견, 시간제 고용 등을 통해 비정규직화
된다.

기술 변화와 세계 시장 경쟁의 심화 속에서 이러한 유연성의 증대
를 필요로 한다는 담론이 지난 20여 년간 우리 사회를 지배해 왔다.
앳킨슨의 유연 기업 모델에서 제시하는 것과 같은 노동의 유연화를
추구해야 한다는 생각은 기업의 인사전략뿐 아니라 정부의 노동정책
에도 깊이 스며들어갔다. 그리고 많은 연구자들이 이러한 정책 수립
을 촉구하거나 정당화하는 내용의 연구를 해 왔다.

1990년대 초반 신인력 정책이라는 이름아래 정부가 추진해 온 여
성 노동의 유연화 정책은 한국노동연구원의 연구(어수봉, 1993; 1994)를
통해 처음으로 공론화되었다. '신인력 정책'을 유연 노동시장 정책
으로 규정하고 있는 이 연구는 기업들이 가격 경쟁력을 확보하기 위
해 내부노동시장에 통합할 필요성이 없는 직무 또는 주변적 업무에
대해서 외부화, 임시직화를 통한 수량적 유연화 전략을 쓰게 된다는
것이다. 즉 산업 구조 및 노동시장의 변화로 산업의 수요와 노동력
공급 양 차원에서 이러한 노동유연화 정책을 요구하고 있기 때문에
"정부는 기업의 기능적 유연성을 축으로 하는 핵심 노동시장(core labor
market)의 형성을 촉진, 지원하고, 수량적 유연성에 기초한 주변 노동
시장(periphery labor market)에 위치한 근로자의 보호, 고용안정 및 능력
개발에는 정부가 직접적으로 개입"하여야 한다는 것이 이 연구가 내
린 결론이다(어수봉, 1994). 그러나 이러한 주장은 적어도 우리 사회에
서는 현실성 타당성이 별로 없음이 구체적인 실증 연구 결과를 통해
확인된다.

사업체 조사와 가구조사 통계 자료를 기초로 80년대 이후 우리나라 비정규직 증가의 원인을 분석한 김유선(2003)은 비정규직 증가가 경제환경 변화 및 노동시장적 변수에 의한 것보다는 기업의 인사관리 전략이나 노동조합 조직력 약화로 인한 노사 간의 힘의 관계의 변화, 그리고 노동유연화를 정책적 기조로 삼은 정부의 노동시장 유연화 정책에 의한 것이라고 보고 있다. 즉 1980년대 말 외환위기를 기점으로 비정규직 사용이 기업의 고용관행으로 자리 잡았으며, 노동조합의 조직률 저하로 노동조합은 이러한 고용관행을 효과적으로 막아낼 수 없었을 뿐 아니라, 정부의 노동시장 정책 등이 비정규직의 가파른 증가를 가져왔다는 분석이다(김유선, 2003).

이러한 통계 자료에 기초한 거시적 분석뿐 아니라 질적 방법론을 통해 심층 사례를 분석한 다른 연구에서도 비정규직 증가가 경제상황이나 노동력 수급구조의 변화보다는 노사관계의 변화로 인한 것이라고 분석하고 있다. 1980년대 후반 금융업에서의 비정규직 문제를 분석한 송다영은 당시 임시직의 증가가 노동통제와 여성 노동력의 단기 노동력화에 목적을 둔 것이라고 분석한다. 흥미로운 사실은 비정규직의 증가가 노동조합 조직력과 교섭력의 약화에서 부분적으로 기인한다는 김유선의 분석과는 다르게, 송다영은 당시 금융업에서의 비정규직의 증가는 1987년 이후 활성화된 노동조합운동과 그 과정에서 적극적인 저항을 했던 사무직 여성 노동자들에 대한 기업 대응전략의 결과였다고 진단하고 있다(송다영, 1991).

김유선과 송다영의 연구에서 공통적으로 확인되는 것은 비정규직 활용 증가가 노동시장적 요인이 아니라 노사 간의 힘의 관계에서 발생하였다는 사실이다. 송다영은 1987년 이후 기업의 인사관리 전략으로 행해졌던 임시직 고용은 노동조합의 조직력과 교섭력에 부정적인 영향을 미쳤으며, 노동조건의 악화, 노동자들 간의 갈등과 분할, 그리고 노동조합의 역량이 약화되는 결과를 가져왔다고 분석하고 있다. 1987년 '노동자 대투쟁' 과정에서 사무금융 업종에서 노동조합 결성 사업장이 급격히 늘어났고, 파업, 단식 농성, 정시 출퇴근 운동, 사복 착용 등 다양한 방법의 쟁의활동이 있었으며, 이 과정에서 여성 노동자들은 중심적인 역할을 하였다. 여성들의 경우 내부 노동시장이 발달하지 않아 "남성 사원들과는 달리 더 이상 밀려날 자리도 없고 직무 사다리를 통하여 상향할 가능성도 봉쇄되었기에, 회사의 회유와 압박에 전혀 아랑곳하지 않아 기업 측에서는 '진절머리를 칠 정도'였다." 보험 증권업에서 임시 용역 노동자를 도입한 시기는 대개 이러한 노동쟁의와 파업을 거치면서 파업에 대한 방파제를 마련해야 할 필요성이 대두된 시기와 일치한다. 한 금융업체의 경우 1988년 10월에 용역 사원이 처음으로 고용되었는데, 이 시기는 여사원들이 호봉 문제로 단식 농성을 하고 있었던 직후였다. 증권업에서 가장 먼저 임시 용역직을 도입한 또 다른 기업은 1988년 6월 노동조합에서 파업 여부로 한창 논란이 있는 과정에서 임시 용역 사원이 고용되었다. 임시 용역 노동자의 도입이 노무관리 차원에서 비롯되었다고 볼 수 있는 것은 이들이 정규직으로 전환할 경우 노동조합에 가입하지 않는다는 단서 조항을 붙였다는 사실을 통해서도 확인할 수 있다(송다영, 1991: 34).

　임시 용역직 등 비정규직의 본격적 도입 이유가 노동통제 전략 중의 하나였다면, 또 따른 이유는 여성 노동자들을 단기 저임금 노동력화하려는 인사 전략에 있다고 송다영은 분석하고 있다. 그의 연구에 따르면 1987년과 1988년을 거치면서 금융권의 여성 노동자들은 결혼 퇴직제 폐지, 승진 승급 보장, 모성 보호를 위한 제도적 장치 등의 성과를 얻어내게 되었고, 그 결과 여성들의 장기근속 가능성이 커지자 이에 대한 대안으로 기업이 임시 용역직 도입을 시작하게 되었다는 것이다. 그 이전까지는 여성들이 담당하던 소위 '단순 업무'는 결혼 퇴직제 관행에 의해 3~4년의 주기로 대체해 왔는데, 그러한 방식의 노동력 대체는 결혼 퇴직제 폐지와 모성 보호 제도의 강화로 더 이상 가능하지 않게 되었다. '단순 직무'를 "10년 이상의 장기 근무자에게 맡긴다는 사실은 기업에게 비용상 손실로 느껴진 것"이다. 결국은 노동조합의 활성화로 인한 노무관리의 필요성과 여성 노동자들을 저임금 단기 노동력화하려는 요구가 맞물려 금융업에 비정규직 도입이 시작된 것이다.[1]

이러한 사실은 우리 사회의 비정규직의 증가가 한편으로는 기업의 노동조합 조직력 약화 차원에서 시도되었지만, 동시에 여성 노동력을 단기 노동력화 함으로써 보다 값싸게 활용하기 위한 것이었음을 확인해 준다. 위의 두 연구는 비정규직 증가를 가져온 노동의 유연화 전략이 경제 환경의 변화에 따른 것이라든가, 시장의 변화에 따른 것이니 시장에 그대로 맡겨야 한다는 통념이 적어도 우리 사회에서는 현실적 근거가 취약하다는 것을 보여준다.

---

1 이에 관한 보다 상세한 논의는 송다영(1991) 참조.

현실 속에서 이루어지고 있는 고용의 외부화 등 노동유연화가 기존의 이론들에서 주장하는 논리대로 이루어지고 있지 않다는 사실은 또 다른 연구에서도 확인되고 있다. 전명숙(2000)은 노동시장에서 비정규직의 증가는 산업별 특성에 따라 매우 다른 양태를 띄고 있음을 보여주면서, 노동유연화 논리는 단지 특정한 지역, 산업, 시점에서만 타당한 설명임을 주장한다(전명숙, 2000). 즉 기업이 고용의 외부화를 추구하거나 비정규직을 활용하는 것은 업종별로 매우 다양한 요인에 의해 추동될 수 있는 것일 뿐이라는 지적이다. 특히 여성의 축적된 숙련이 요구되는 산업의 경우, 노동유연화 명제로는 설명이 가능하지 않음을 실증적인 자료를 통해 확인해 보여주고 있다. 핵심 업무는 기능적 유연화를 추구하고 비핵심 업무는 수량적 유연화를 추구하는 것이라는 기존의 노동시장 유연화 명제와는 달리 기업이 수량적 유연화를 추구하는 업무가 핵심 업무일 수도 있다는 것이다.

한국의 의류산업 사례연구를 통해서 전명숙은 숙련이 요구되는 산업의 경우 외부화에 의한 비정규직 고용의 증가가 반드시 저임금 노동력 활용을 위한 노동시장 유연화 전략이 반영된 것임은 아니라고 주장한다. 오히려 기업은 경력직 미싱사 등 상당한 숙련을 요하는 노동력을 작업장에 통합시키는 것이 보다 경제적으로 이득일 수 있으나, 이러한 숙련을 보유한 기혼 여성 노동자들의 존재 조건 자체로 인해 가내 하청이라는 고용의 외부화 방식을 추구하게 된다는 것이다. 즉 임금 노동에 더하여 가사 양육 노동까지 해야 하는 기혼 여성들에게 이중 노동부담이 해결되지 않는 한 기업에 필요한 숙련 형성과 활용은 비공식적이고 비체계적인 방식으로 밖에 이루질 수밖에 없다는 것이다.

전명숙은 노동유연화 명제가 현실적 타당성이 있는가의 여부를 확인하기 위해서는 미시적인 관찰과 구체적인 산업별 사례 연구가 필요함을 주장하고 있다. 특히 그 산업에서 필요로 하는 기업 특수적 기술(firm-specific skill)의 성격, 노동력의 내부 구성의 다양성(성별, 혼인 상태, 자녀 유무 등)에 따라 고용형태가 매우 다르게 나타날 수 있음을 보여주고 있다. 주변 노동력의 수량적 유연화라는 단순한 논리는 실제 기업들의 전략과 일치하지 않으며, 특히 숙련된 기혼 여성 노동력을 필요로 하는 산업의 경우 기업 경쟁력 강화를 위해 필요한 것은 여성들의 이중 노동부담을 최소화할 수 있는 공공 보육 서비스를 제공하는 것임을 설득력 있게 제시하고 있다.

신인력 정책에서 주요 과제로 제시하고 있는 바는 국가가 핵심 노동력 보호와 함께 주변 노동력 활용을 원활하게 할 수 있는 법적 장치를 강구해야 한다는 것이다(어수봉, 1993). 이를 위해 기업의 유연성 전략을 지원, 촉진하기 위해 근로자 파견법 제정, 시간제 취업이나 임시직에 관한 법률의 제정 및 개정, 가내 노동자 보호법 제정 등이 필요하며, 이는 결과적으로 주변 노동력과 기업 양측에 도움이 된다는 것이다. 그러나 의류 산업 사례를 통해 볼 때 이러한 인력 정책 과제는 구체적인 산업에 대한 실증적 연구에 기반하지 않은, 비현실적인 정책 제안이라고 판단된다. 특히 핵심-주변 노동력이라는 이분법적 모델에 기반한 인력 활용 방안은 여성 숙련 노동력이 필요한 의류 산업과 같은 경우에는 전혀 적절한 정책이 아니다. 의류 산업의 경우

숙련 노동력의 활용과 양성 방안은 비공식 고용관계에 대한 법적 인정이 아니라, 숙련 노동력들이 이러한 고용관계로 들어갈 수밖에 없는 존재 조건을 제거하는 데에 있다. 요컨대, 개별적으로 수행되고 있는 가내 노동을 집단적 생산 과정의 장에 통합시킬 수 있는, 탁아 시설의 전면적 확대 등과 같은 방안을 마련하는 것이 필요하다(전명숙, 2000).

2. 노동시장 유연성 명제의 허와 실

앳킨슨의 '유연 기업' 모델이나 노동유연화 명제에서 논하는 것처럼 실제로 기업들은 '주변적' 업무와 '핵심' 업무로 나누어 그 중에서 '주변적' 업무를 수량적 유연화와 외주화하는 것인가? 그리고 그렇게 함으로써 비용 절감 효과를 얻는 것인가? 이에 대한 구체적 검증은 기업 단위의 심층적 사례 연구, 그리고 미시적 관찰 자료를 통해 가능하다. 그러나 참여 관찰과 심층 면접 등 질적 자료를 활용한 몇 편의 연구들을 제외하고, 대부분의 노동시장 유연성 논의에 대한 연구는 양적 분석에 기초하고 있기에 이 물음에 대해 충분히 답을 하지 못하고 있다.

비정규직화되는 업무 선정 과정의 합리성 여부

기업은 어떠한 기준에 의해 특정한 업무들을 외주화, 비정규직화하는가? 직무 분석을 통해서 주변 업무와 핵심 업무로 나누어 그 가운데 주변 업무를 비정규직화하는 것인가? 아니면 사회적으로 주변 업무라고 '간주되는' 업무를 비정규직화하는 것인가? 이 물음에 대한 답을 찾을 수 있는 일련의 연구들을 통해 볼 때 우리 사회에서 이루어지는 비정규직화의 적지 않은 부분이 후자의 과정을 거쳐 이루어짐을 알 수 있다.

호텔 업종에서 아웃소싱이 이루어지는 과정을 분석한 김양지영은 여성 직종의 외주화가 기업의 주변/핵심 업무에 대한 합리적 선정 과정을 거쳐 이루어 진 것이 아니라 특정 업무에 대한 사회적 통념에 기초해서 선정되고 외주화되었다는 사실을 밝히고 있다(김양지영, 2011). 호텔 참여 관찰 연구를 통해 확인한 바에 의하면, 성별 분업이 뚜렷한 작업장에서 '여성 직종의 일'이 '단순 직무'로 간주되어 아웃소싱 되었으며, 이러한 비정규직화 과정은 "성별화된 유연화 과정"이었다고 분석하고 있다. 연구 대상 사례였던 A호텔의 경우, 객실 관리 부서의 관리직과 몇 개 직종을 빼고 객실 정비팀의 업무가 모두 아웃소싱 되었는데, 이러한 아웃소싱 대상 선정 과정은 기존의 '관행'에 따라 이루어졌다는 것이다. 여기서 '관행'이라 함은 우리 사회에서 '단순 업무'라고 통념화되어 있는 업무들, 특히 여성들이 주로 수행한다는 이유 때문에 '단순한 일'이라고 여겨지는 업무들이 '주변 업무'로 간주되어 외주화되었다는 것이다.

그는 A호텔의 비정규직화된 여성 직종이 외주화되지 않은 다른 정규직 업무(주로 남성들이 담당하는)에 비해 숙련 수준이 낮은 업무인가를 보기 위해 비정규직 '룸 메이드'(여성 직종)와 정규직 '층 지원자'(남성 직종)의 숙련 수준에 대한 비교 분석을 진행하였다. 그 결과 외주화된 비정규직 '룸 메이드' 업무가 정규직 '층 지원' 업무보다 더 높은 숙련이 필요한 직무임을 확인할 수 있었다. 결국 비정규직은 실제로 단순하고, 저숙련이고, 주변적인 업무라서 아웃소싱 대상이 되는 것이 아니라 특정 직무에 대한 성별 고정관념, 성별직종 분리 통념에 따라 아웃소싱이 되고 있음을 보여주고 있다(김양지영, 2011).

이처럼 기술적 차원의 숙련 수준이나 직무에 대한 분석이 아니라 사회적 통념에 따라 핵심-주변 업무를 구분하고 그 가운데 주변 업무를 비정규직화해 온 것은 다른 여러 사례에서도 확인할 수 있다. 예를 들어 백화점에서 여성 판매직을 비정규직화하는 방식이나(최인이, 2009), 현대자동차에서 그 작업장 내의 모든 업무 가운데 유독 식당 업무만을 외주화하기로 한 과정,[2] 그리고 KTX 여승무원의 업무를 외주화하기로 한 것은 모두 직무에 대한 과학적 직무 분석 결과를 토대로 한 것이기 보다는 '여성들의 일' 이었기에 저부가가치 업무라고 규정하고 외주화한 것이었다(조순경, 2007a).[3]

---

2 외주화 관련, 현대 자동차 인사 담당자와의 인터뷰 결과.

3 이 사례들은 비정규직화 관행에 남성-생계 책임자, 여성-생계 보조자라는 성별 분업 통념이 개입하였음을, 그리고 여성들의 임금 수준은 남성보다 낮아도 된다는 고정관념이 작용한 것임을 보여준다. 당시 현대자동차와 정리해고 관련 교섭 과정에 참여했던 노동조합 간부는 현대자동차 식당 조합원의 임금 수준은 울산 지역 여성들의 임금 수준에 비해 "아주 높다"라고 표현하였다. 당시 정리해고 대상이었던 식당 여성 노동자들의 대부분이 실질적 가장이었다.

'핵심' 인력과 '비핵심' 인력의 구분 가능?

수량적 유연화를 중심으로 한 노동시장 유연화 명제가 성립하려면 소위 '핵심' 인력과 '비핵심', '주변' 인력의 구분이 가능해야 한다. 위에서 살펴보았듯이 기업들이 객관적인 분석 과정을 거쳐 이러한 핵심-비핵심 업무의 구분을 하는 것이 아니라 다른 기업에서 행해온 '관행'이나 일에 대한 통념에 따라 주변 업무라고 간주된 것을 집중적으로 비정규직화 해 왔다.

핵심 업무와 주변 업무를 그 업무 수행에 필요한 숙련이나 기술 (skill), 혹은 작업 지식 수준을 기준으로 구분한다고 했을 때 필요한 것은 숙련이나 기술을 어떻게 인식할 것인가 하는 문제이다. 이미 많은 연구들에서 숙련은 기술적 차원에서 보다는 사회적 차원에서 판단되고 인식되는 경향이 있음을 지적하고 있다(Kusterer, 1978; Steinberg, 1996; Jenson, 1988). 기술적 수준이나 구성 요소로 보아서는 숙련직이라고 할지라도 사회적 통념상 저숙련 혹은 미숙련직으로 간주될 때 그 직무는 숙련직으로 범주화되지 않는 경향이 있다.

특히 성별 직종 분리 이데올로기가 지배적인 상황에서는 여성들이 수행하는 많은 종류의 노동은 기술적인 차원이 아니라 사회적 차원에서 규정되는 경향이 있다. 그 직무가 기술적으로 숙련을 필요로 하지 않는 것이 아니라 단지 임금 수준이 낮은 여성들이 주로 수행하기 때문에 "아무나 할 수 있는" 미숙련직 또는 저부가가치 일로 이해되고, 낮은 임금을 받게 된다. 마찬가지로, 남성들이 주로 수행하는 '남성적인 일'은 기술적 차원의 숙련 수준과 무관하게 "훈련과 교육이 필요한 어려운 일", "아무나 할 수 없는 일", "고도의 기획력과 판단력을 필요로 하는 일" 등으로 간주되어 '핵심적인 업무'로 간주되게 되며, 상대적으로 고임금이 주어진다. 일종의 악순환이다.

이러한 문제는 핵심 직무와 비핵심, 주변 직무의 구분이 현실적으로 가능하지 않기에 더욱 심화되는 경향이 있다. 사실 고도의 전문 기술직을 제외한 업무들의 많은 경우 '주변적'일 수도 있고 '핵심적'일 수도 있다. 또한 과거에는 전문 기술직이라 하더라도 자동화 등 첨단 테크놀로지의 도입으로 노동의 탈숙련화(deskilling)가 진행되면서 필요 숙련도가 평준화되어 가는 경향이 있다. 예를 들어 철도 기관사의 업무는 예전에는 장시간의 교육 훈련이 필요한 직무였으나 자동화 기술의 도입으로 그 노동을 수행하는 데 필요한 숙련이나 기능 수준은 낮아지고 있다.

소위 '핵심 업무'와 '주변 업무' 혹은 '핵심 인력'과 '주변 인력'이란 구체적으로 무슨 의미인가? 기업들이 외주화나 비정규직화 등을 통해 시도하는 노동의 유연화는 주로 특정 업무나 직무, 직종을 중심으로 행해진다. 즉 텔러, 계산원, 자료 입력원 등 구체적인 직종 가운데 필요 숙련도가 낮은 경우를 '주변적'인 것으로 간주한다.

그러나 노동력 수급(구직 구인) 현황 파악을 위한 노동부 조사를 보면 동일한 직종을 경력, 숙달 수준, 그리고 기능에 따라 몇 단계로 구분하고 있다. 1994년까지 노동부에서 수행했던 『고용전망조사』에서는 생산직의 경우 매 직종별로 '지도 기능자', '숙련 기능자', '반숙련 기능자', '미숙련 기능자'로 구분하고 있다. 예를 들어 재봉공이나 방적공, 인쇄공, 수송 장비 운전사 모두 각 직종마다 '지도 기능자', '숙련 기능자', '반숙련 기능자', '비숙련 기능자'로 나뉘어진다. 만약 특정 업무나 직무별로 핵심과 주변을 나눈다면 숙련 기능을 가진 재봉공은 핵심 노동자인가 주변 노동자인가? 미숙련 기능의 인쇄공은 핵심 인력인가 주변 인력인가? 노동부의 이 같은 분류에 따른다면 우리 사회에서 단순 저숙련 직종으로 구분되는 방적공은 핵심 근로자일 수도 있고 주변 근로자일 수도 있다. 『고용전망조사』와 유사한 목적으로 최근 시행되고 있는 『사업체 고용 동향 특별조사』에서도 각 직종을 직무 능력 수준에 따라 1-4단계로 나누어 분류하고 있다. 여기서 직무 능력 수준은 학력이나 자격증 또는 현장 경력 기간에 따라 구분된다.[4] 즉 교육 수준과 자격증 유무와 상관없이, 직무 수행 경험이 오래되었다면 높은 직무 능력을 가진 것으로 판단되는 것이다.

1990년대 초반 노동유연화 명제에 기초하여 노동부에서 추진했던 신인력 정책에 대한 연구는 『고용전망조사 보고』의 지도 기능자와 숙련 기능자를 신인력 정책 모델의 핵심 노동자에 포함시키고 있다(어수봉, 1993). 그리고 주로 '남성 직종'이 핵심 노동자를 필요로 하고 있다고 가정하고 있다. 그러나 동 조사의 구인 구직 인력에 대한 통계자료 분석에 의하면 전통적으로 단순, 저숙련직으로 규정된 여성 집중 직종에서 '숙련 기능공', '핵심 노동자'를 많이 필요로 한다는 것이 확인된다(조순경, 1996).

2010년 상반기 『사업체 고용 동향 특별조사』 결과에 따르면 2010년 4월 1일을 기준으로 사업체가 정상적인 경영 및 생산 활동을 위하여

---

4 노동부, "2010년 상반기 사업체 고용동향 특별조사 보도자료", 2010. 6. 28.

추가적으로 더 필요하다고 생각하는 인력인 '부족 인원'은 28만 5천 명이다. 기업들이 적극적인 구인에도 불구하고 충원하지 못한 미충원 사유로, "취업 지원자가 없음"(35.1%)에 이어 "직무 능력을 갖춘 지원자가 없음"(16.7%)이 그 다음 순으로 많은 비중을 차지한다. 특히 직능 수준이 높은 직무 능력을 필요로 하는 사업체의 30% 이상이 직무 능력을 갖춘 지원자가 없어 채용에 어려움을 겪는 것으로 나타난다.[5]

이 자료들이 말해주는 것은 현재 우리 경제에서 필요로 하는 것은 숙달된 노동력이며, 기업들이 산업 현장에서 부족한 것은 노동력 부족(labor shortage)이라기보다는 기능 부족(skill shortage)이라는 사실이다. 만약 우리 사회 산업 현장의 문제가 '기능 부족'이라면 산업 경쟁력을 위해 필요한 것은 이들 직종에 종사하는 노동력의 기능을 향상시키는 것일 것이다. 그러나 기능 부족 문제가 있는 직종들 가운데 적지 않은 부분이 비정규직화되고 있어 이들 직종에서의 기능 향상은 현실적으로 점점 어려워지고 있다. 결국 '주변' 직무의 고용을 외부화하는 것이 기업 경쟁력을 위해 필요하다는 논리는 이러한 점에서 현실적 근거가 취약하다고 할 수 있다.

수량적 유연화의 경제성: 비용 절감 효과가 있는가?

수량적 유연화를 중심으로 한 노동시장 유연화 명제가 성립하려면 또 하나의 전제가 필요하다. 비정규직의 활용이 경제성이 있어야 한

---

5 위와 같음.

다는 것이다. 비정규직의 활용이 기업의 비용 절감에 도움이 되는가? 노동유연화 명제에 의하면 답은 "그렇다." 그러나 구체적인 현실에서는 그러한 명제가 항상 옳은 것만은 아님이 확인된다.

비정규직 노동력의 활용이 경제적으로 비용 절감 효과가 있고 기업 경쟁력에 도움이 된다는 주장은 기업들이 비정규직 활용을 선호한다는 사실 자체를 그 증거로 삼는다. 즉 기업의 일차적 목적은 이윤 추구인데 만약 비정규직 고용이 기업의 그러한 목적에 위배된다면 비정규직이 늘어날 이유가 없다는 식의 논리이다. 그러나 현실 속의 기업은 생산 비용 절감을 통한 이윤 추구가 아니라 주가 상승이 기업 행위의 일차적 목적일 수도 있다. 특히 기업의 CEO가 1년 단위의 평가에 의해 보수가 정해진다면 경영진은 보다 많은 인력을 외주화하고 다운사이징을 함으로써 주가 상승을 꾀할 수 있다. 그러나 그러한 인력의 외주화와 구조조정은 장기적으로 보았을 때 그 기업의 시장 경쟁력을 약화시키고, 기업 성장에 부정적 영향을 미칠 수 있다. 이러한 잠재적 문제들로 인해 지난 수년 동안 비정규직 활용을 어떤 조건에서 해야 효과적인 성과를 얻을 수 있는가의 문제에 대해 많은 연구들이 진행되어 왔다(McShane, 2011; Pinker and Larson, 2003).

미국 및 유럽을 중심으로 지난 90년대 이후 비정규직의 경제성에 대한 물음이 지속적으로 제기되고 있다. 일반적으로 기업의 수량적 유연화 전략에 기초한 비정규직의 확대가 비용 절감과 경쟁력 강화의 주요 수단으로 인식되어 왔다. 그러나 고용의 외부화 등 노동력의 수량적 유연화 확대가 해당 기업에 미치는 영향은 그렇게 단일하지 않다는 것이 여러 연구들을 통해 확인할 수 있다. 비정규직의 활용은 그 비정규직의 특성과 활용 방식, 기업의 산업적 특성, 경쟁의 정도 등 복합적인 변수에 따라 매우 다른 결과를 가져올 수 있다. 최근에 이루어진 일련의 연구들은 비정규직 활용이 단기적으로는 비용 절감 효과를 가져올 수 있지만, 장기간에 걸친 생산성 저하 문제도 야기할 수 있기에 매우 조심스럽게 대처할 필요가 있음을 경고하고 있다 (Vandlen, 2011; Broschak, *et al.*, 2008; Frauenhelm, 2010).

비정규직의 활용 확대가 기업의 고정 비용을 낮출 수는 있지만 그 효과를 상쇄할 정도의 부정적인 영향을 미칠 가능성이 크다는 점은 이미 여러 연구들에서 확인되고 있다. 특히 서비스 산업의 경우 비정규직의 확대는 서비스의 고부가가치화에 부정적인 영향을 미친다는 점들이 지적되고 있다. 노동의 유연화가 숙련 형성을 어렵게 함으로써 노동생산성, 그리고 서비스 질의 향상에 마이너스적인 요소가 되기 때문이다 (Institute of Management and Manpower, 1996; Wilkinson, 2000). 노동유연성 전략의 영향에 대한 또 다른 연구에서도 장기적으로 수량적 유연성의 제고가 생산 혁신 능력에 악영향을 미치는 것으로 결론짓고 있다. 고용이 불안정해지고 고용관계가 불확실할수록 노동에 대한 동기가 상대적으로 저하되기 때문이다(Ackroyd and Procter, 1998; Wilkinson, 2000). 수량적 노동시장 유연성의 제고는 이러한 면에서 저임금-저생산성-저경쟁력-저임금의 악순환을 야기할 가능성이 있다.

비정규직 고용의 경제적 효용성에 의문을 제기하는 실증적 연구들에서는 저임금 비정규직의 활용이 반드시 노동비용의 절감을 가져오는 것은 아니라고 주장하고 있다. 이들 논지에 의하자면, 단위 노동비용의 측정을 위해서는 임금만이 아니라 생산성 수준, 잦은 이직으로 인한 비용, 훈련 비용 등을 최소한 고려해야 하는데, 이들을 모두 계산할 때 파견이나 임시직을 활용하는 것은 정규직 고용에 비해 단위 노동비용이 더 높을 수 있다는 것이다(Nollan and Axel, 1996).

노동시장 유연성론이 전제하고 있는 것 가운데 하나는 생산 기술이 동일하다면 '단순, 저숙련 노동'의 생산성은 큰 차이가 없다는 것이다. 그러나 구체적인 노동과정을 생각해 볼 때 이러한 전제는 오류임을 쉽게 알 수 있다. 노동유연화 모델은 '주변' 업무를 하는 미숙련/저숙련 노동은 경력이나 노동 조건 또는 근로의욕에 따른 생산성의 차이가 크지 않음을 가정하고 있다. 유연화의 대상이 되는 비핵심/주변 노동력을 단기 노동력화하려는 것이나, 교육 훈련 등의 투자를 최소화하고자 하는 것은 그러한 가정을 전제로 한다. 근로조건 개선에 큰 관심을 기울이지 않는 것은 부분적으로 이러한 이유 때문이다. 그러나 이러한 가정은 현실적 근거가 없다. 굳이 이에 대한 과학적 연구를 인용할 필요가 없을 수도 있다. 〈생활의 달인〉이라는 TV 프로그램은 우리 사회에서 미숙련, 저숙련이라고 간주되어온 일들이 그 일을 수행하는 사람의 경력과 숙달, 그리고 작업 동기에 따라 얼마나 큰 차이가 있음을 보여주고 있다.

노동생산성의 증진을 위해 핵심적으로 중요한 사항은 노동자들의 동의를 산출해내도록 하는 것이다. 아무리 미숙련 단순직이라 하더라도 노동자들의 근로의욕에 따라 생산의 양과 질이 현저하게 차이 날 수도 있다(Kusterer, 1978). 노동과정에서 노동자들을 완전히 통제하는 것 또한 현실적으로 가능하지 않다는 것은 인간 노동의 역사를 통해 확인할 수 있다. 인간의 노동이 시작된 이래, 수많은 노동통제 방법이 고안되었고, 최근에는 최첨단 기술까지 활용하고 있지만 노동 수행의 주체는 의식과 의지를 가진 인간이기에 노동통제는 늘 일정한 한계가 있을 수밖에 없다.

위와 같은 사실들을 고려할 때 '단순', '주변' 업무를 비정규직화하는 것이 생산 비용 절감과 기업 경쟁력에 도움이 된다는 도식은 실증적 근거가 취약하다 할 수 있다. 모든 조건에서 그러한 도식이 작동하는 것은 아니기 때문이다.

3. 시장 원리인가 정부 개입인가

지난 1990년대 말 이후 빠른 속도로 진행되어 왔던 기업의 노동시장 유연화 전략은 '시장 원리'에 따라 이루어져 온 것으로 이해되고 있다. 그러나 IMF 외환위기 이후 진행되어 온 공공부문에서의 아웃소싱과 구조조정은 시장 원리에 따른 효율성의 추구보다는 노동시장 유연화 명제에 대한 도식적 믿음과 통념, 이데올로기에 따라 이루어졌다고 할 수 있다.

기획예산처가 주도한 노동유연화

90년대 말 이후 현재까지 기획예산처를 중심으로 하여 정부는 공기업 경영 혁신 지침에 따라 구조조정을 진행해 왔다. 공공부문의 '방만한 경영'에 대해 일정한 정책이 필요하다는 부분에는 이견을 제시하기 어렵다. 그러나 정부가 주도적으로 '비핵심' 업무의 아웃소싱과 인력 구조조정을 통해 '경영 혁신'을 이루겠다고 하는 정책은 많은 문제가 있음이 지적되어 왔다.

IMF 외환위기 이후 공공부문 경영혁신 내용 중의 하나는 '비핵심' 업무의 외주 위탁과 민영화를 통한 인력 구조조정이었다. 기획예산처는 직접적으로 공기업의 인력 구조조정에 개입하기 시작하였다. 기획예산처가 직접 각 공기업별로 아웃소싱할 업무를 선정하여 제시하고, 외주화를 추진하도록 했다는 사실로 그 개입의 정도를 확인할 수 있다. 1999년 기획예산처는 종래의 경비, 청소, 매점 등 부대업무 중심으로 이루어진 외부 위탁 대상 업무를 전산, 홍보·전시, 시설 유지 관리, 시장조사, 정보관리 등 사업관련 분야로 확대할 계획임을 알렸으며, 이러한 외부 위탁 확대는 예산을 절감하고 조직의 유연성을 제고하며, 자산을 효율적으로 활용하기 위한 목적에서 추진하는 것이라고 밝히고 있다(기획예산처, 1999).

이러한 기획예산처의 아웃소싱 업무 선정과 추진은 이후에도 지속되어 1년 후인 2000년에는 새로운 업무들이 아웃소싱 대상에 더 포함되게 되었다. 이 당시 경비 업무, 고속도로 통행료 징수 업무, 전화 교환 업무, 전산업무, 전보 배달 업무, 구내식당, 사옥 관리 등을 포함한 129개 업무가 기획예산처에서 외부 위탁 대상 업무로 지정되었다. 이렇게 외주화 대상을 확대할 때에도 기획예산처는 그 목적으로 '공기업 경영 효율화'를 위한 것이라고 하였다. 외부 위탁의 목적은 "주변 업무를 외주화함으로써 핵심 역량을 강화하는 데 자원을 집중하여 조직의 업무 가치를 극대화하는 데" 있다는 것이다(기획예산처, 2000). 여기서 "핵심 역량이란 기업의 경쟁 기반을 이루고 기업 성장에 있어서 견인차 역할을 할 수 있는 기업 특유의 기술, 지식, 능력 등의 집합체를 지칭"하는 것으로 되어 있다. 앗킨슨의 '유연한 기업' 모델을 수용하여 공공부문에 적용하겠다는 정책적 의지를 표현한 것이라 보여진다.

그러나 각 개별 공공기관의 경영 환경이나 조건에 대한 고려 없이 도식적이고 일방적으로 내려진 인력 구조조정 지침이 과연 공공부문의 효율화를 가져왔는가? 입수 가능한 자료로 확인할 수 있는 공기업 구조조정 과정을 보면 그 답은 부정적으로 나온다. 농업협동조합중앙회(이하 농협)의 구조조정 사례를 통해 이 문제를 살펴보기로 하자.

농협이 1999년에 행한 인력 구조조정은 우리나라의 공기업과 정부 산하 기관에서 진행되어 온, 노동유연화 명제에 기초한 '경영혁신'의 문제들을 집약적으로 보여주고 있다. 농협은 구조조정의 일환으로 명예퇴직제를 실시하였고, 그를 통해 인원 감축을 시도하였다. 인원 감축의 일차적 목적은 농림부와 기획예산처의 구조조정 방침을 이행하는 데에 있었다.

1998년도부터 기획예산처 등을 중심으로 진행된 인력 구조조정은 그 전 해인 1997년 대비 총 정원의 약 20% 감축하는 것을 목표로 하고 있었다. 이러한 "97년 대비 인력 감축비율 20%"는 어떠한 근거에서 나온 수치인지 전혀 알 수 없다. 문제는 이러한 비율이 공기업 및 정부 산하 기관이 따르도록 해 왔다는 점이다.[6] 해당 공공기관의 업

---

6 농협중앙회, 국회 국정감사 제출자료, 2000. 8 참고.

무의 특성, 노동력 구성의 성격, 노동과정이나 직무 분석 등에 기초하지 않은 채 20%라는 감축 비율 정하고, 그에 따르지 않을 경우 공기업 경영 평가 등을 통해 여러 형태의 제제를 가해 왔다.

농협이 국회에 제출한 국정감사 자료인 농협의 "구조조정 계획안"에 따르면 농협의 정원을 2000년까지 ' 97년 대비 3,650명(20.2%) 감축하는 것을 목표로 하였다. 이러한 20% 감축 계획은 물론 농협 내의 노동력 구성에 대한 합리적 분석에 기초한 것이 아니라 정부의 일방적 지침을 따르기 위한 것이었다.

다른 공공기관의 경우와 마찬가지로 농협은 인력 감축을 최소한의 저항으로 단시간 안에 이루어내기 위해 조직 내에서 가장 취약한 위치에 있는 인력들을 구조조정의 대상으로 삼았다. 그 방법의 하나로 사내 부부 사원을 명예퇴직 대상자로 선정하였다. 사내 부부 중 여성 사원들에게 그들이 "명예퇴직을 하지 않으면 남편을 순환 명령 휴직시킬 것이며, 순환 명령 휴직자는 2차 구조조정 때 정리 해고 1순위가 될 것"이라며 사직 압력을 가하였고, 그 결과 사내 부부 752쌍의 92%에 달하는 688명의 여성 노동자가 사직하도록 하였다(조순경, 2000a). 당시 명예퇴직 대상자였던 2명의 여성 노동자가 농협의 이러한 구조조정이 남녀고용평등법을 위반한 성차별적 해고라 주장하며 소송을 제기하였다. 여성운동계 또한 농협의 이러한 인력 구조조정은 우리 사회에서 용납해서는 안 될 성차별적 구조조정이라고 주장하며 농협을 검찰에 고발하는 등 다양한 운동을 전개한 바 있다.

농협이 정부의 지침에서 정한 20% 감축 비율을 초과 달성하면서까지 이렇게 무리하게 인력 조정을 하려고 했던 이유는 어디에 있는가? 정부는 『'99년도 정부투자기관 예산 편성 지침』('98.10)에서 "경영혁신 계획보다 정원 추가 감축 시 절감되는 인건비의 1년분을 인센티브 상여금으로 활용"하도록 하고 있다. 기업들도 단기간 안에 가장 가시적인 방법으로 구조조정을 표현하는 것은 몇 퍼센트의 인원을 줄였느냐 하는 것에 있었다. 인원 감축을 초과 달성한 공기업들은 경영혁신 우수 기업으로 평가되어 그를 실행한 경영진과 정규직 직원들에게는 보너스 등 금전적 지원 및 인센티브를 제공해 왔다(조순경, 2003).

농협은 구조조정의 일환으로 인원 감축을 하고, 그 방식으로 명예퇴직을 사용하고, 그 과정에서 여성들을 집중적으로 퇴직시킨, 성차별적 구조조정의 대표적인 사례로 알려져 있다. 가장 힘이 없는 주변 노동력을 대상으로 행해진 "숫자 채우기식 구조조정"은 구조조정 본래의 목적인 효율성 제고에 어떠한 효과를 가져왔는가. 이러한 인력 구조조정이 조직의 슬림화를 가져오고, 경영 효율성을 높였는가? 기획예산처 지침상의 생산성 지표 산정 방식에 의한다면, 답은 "그렇다."

공공부문 구조조정의 효율성을 평가하는 가장 대표적인 지표는 1인당 생산성이다. 1인당 생산성은 보통 부가가치(조수익)액을 평균 종사 인원으로 나누어 계산하는데, '평균 종사 인원'은 정규직 현원을 기준으로 산정하며, 노동생산성은 부가가치(조수익) 나누기 평균 종사 인원으로 계산한다.[7] 다른 공기업이나 정부 산하기관의 경우와

---

7 농협중앙회, "농협개혁 추진계획", 1998. 8. 참고.

마찬가지로, 농협의 경우도 계약직, 파트타임 등은 '평균 종사 인원'에 포함되지 않는 방식으로 1인당 생산성을 계산한다. 정규직을 감원하고 그들이 담당하던 일을 비정규직으로 대체하면 할수록 1인당 생산성은 증가하게 마련이며, 정규직 감원 규모가 클수록 그 조직은 더 효율적인 것처럼 나타난다. 그러나 비정규직을 현원에 포함시켜 생산성을 산정할 경우 종사인원 1인당 생산성은 비정규직의 규모가 클수록 더 낮게 나타나기도 한다. 그러나 계약직 등 비정규직을 포함하는 방식으로 계산한다면 농협의 구조조정은 오히려 비용 절감이 아니라 비용 증대를 가져온 것으로 분석된다.

기획예산처 등 정부의 인력 감축을 목적으로 한 '경영혁신' 지침은 결국 공공부문에서 정규직의 비정규직화를 촉진하는 결과를 가져왔다. 숫자 맞추기식으로 정규직 인원을 줄인 후, 필요한 인력을 다시 비정규직으로 재고용하는 것이다. 비정규직을 포함하여 산정할 때, 대규모적 감원 이후에도 농협의 전체적인 인원 감축 효과는 크게 나타나지 않는다. 구조조정 직전인 1998년 말 농협의 전체 인원은 16,975명이었던 것이 1999년 말 16,140명, 그리고 2000년 6월 말에는 16,136명으로 나타난다. 농협의 '99년도 인력 감축은 하위직 중심으로 감원한 결과 상위직이 기형적으로 비대해지는 결과를 낳았다. 이들 직급에서의 비정규직화로 인해 계약직, 파트타임 등 비정규직 비율이 크게 증가하였다. 결과적으로 농협의 인력 구조는 상급직이 비대한 역삼각형 구조를 이루게 되었으며 이로 인해 1인당 인건비가 증가되는 결과를 가져왔다. 또한 농협중앙회는 명예퇴직하거나 자연퇴직한 상급직 임원 18명을 각기 수억 원의 퇴직금을 지급하고 나서 8개 자회사 등에 재고용하기도 하였다(조순경, 2003: 154~158).

농협의 이 같은 인력 구조조정 방식은 예외적이거나 특이한 사례가 아니며, 반드시 공공부문에서만 관찰되는 것도 아니다. 위와 같은 방식의 고용의 외부화와 비정규직화는 시장 변화에 노동력 활용을 탄력적으로 함으로써 비용 절감을 꾀한다는 본래적 의미의 '노동시장 유연성' 효과는 드러나지 않고 있다.

4. 수요의 문제: 신분제적 비정규직

노동의 유연화 담론의 허구성은 우리 사회 비정규직의 특징 가운데 하나가 명목적, 또는 신분제적 비정규직이라는 사실에서도 확인할 수 있다. 기업들이 만약 노동력 활용을 탄력적으로 함으로써 비용 절감을 꾀한다면 실질적인 차원의 비정규직 활용이 주를 이루어야 한다. 그러나 현실 속의 비정규직은 시장 변동에 빠르게 대응하기 위한 탄력적 인력 활용 목적보다는 근로조건 저하, 차별을 목적으로 하는 경우가 적지 않다. 이러한 문제는 1990년대 초반 기업들이 비정규직을 본격적으로 고용하기 시작하는 시점부터 시작되었다. 그리고 고용형태를 매개로 한 차별을 방관하고 묵인해 온 정부의 비정규직 차별에 대한 실질적 대책의 부재로 인해 기업의 고용 관행으로 자리 잡게 되었다.

유럽 등 서구 자본주의 사회에 비해 우리 사회의 비정규직은 명목적, 신분제적 성격을 강하게 띤다. 예를 들어 유럽에서 시간제는 대부분 실질적으로 전일제보다 적은 시간을 일하는 단시간 근로형태를 의미하나, 우리나라에서 시간제는 전일제와 거의 같거나 더 긴 시간 일을 하는, 명목적 시간제다. 이들에게 파트타임이라는 이름을 붙인 것은, 정규직과 차별적인 근로조건을 강요하기 위한 하나의 수단일 뿐이다. 임시직, 일용직의 경우도 이와 유사하다. IMF 외환위기 이후 민주노총에서 실시한 비정규직 실태조사에 의하면, '임시직' 및 '일용직' 노동자의 평균 재직 기간은 4.04년, 3.36년으로 나타나 명목상으로만 임시, 일용직이며 실질적으로는 상시 고용의 성격을 띤 것임을 알 수 있다. 시간제의 경우도 마찬가지로 '시간제' 노동자의 주당 평균 노동시간은 44.79시간으로, 법정 근로시간 44시간을 초과하는 것으로 나타나 실질적으로는 전일제 노동임을 알 수 있다(홍주환, 2000).

노동경비 절감을 경쟁력 제고의 주요한 수단으로 삼고 있는 우리나라 기업들이 시간제 고용을 늘리고 정규직을 시간제로 대체하는 것은 이러한 이유에서 살펴볼 수 있다. 서구의 경우처럼 일시적이거나 단시간 필요한 업무를 위해 시간제를 고용하는 것이 아니라 '단순 저숙련직'이라고 여겨지는 부분의 임금 비용을 최소화하기 위해 시간제를 고용하는 것이다.

신분제적 비정규직은 공공부문에서도 유사하게 존재한다. 2006년 전국여성노동조합에서 공공부문 여성 비정규직을 대상으로 한 실태조사에서도 신분제적 비정규직의 특성이 드러난다. '임시직' 비정규직 여성의 93%가 자신의 업무가 임시적 업무가 아니라고 응답하고 있다. 또한 〈표 1-1〉에서 볼 수 있듯이, 유사한 노동을 하는 정규직이 있다고 답한 비정규직 응답자 비율은 전체의 55%로, 정규직과의 총 임금 격차는 평균 51.3%인 것으로 드러난다(권혜자 외, 2006: 21). 명목만 '임시직'이면서 정규직과 이러한 임금 격차가 존재한다는 것은 비정규직 고용이 노동력의 탄력적 활용을 목적으로 하는 것이 아니라 차별을 통한 비용 절감에 있다는 것을 보여준다.

〈표 1-1〉 공공부문 비정규직 여성들의 직업별 유사노동 정규직의 존재와 임금격차

	유사근로 정규직이 있음(%)	그의 임금 수준을 알고 있음 (%)	유사근로 정규직의 임금 (만 원)	나의 임금수준 (만 원)	총 임금격차 (%)
전체	55.0	25.2	199.3	102.1	51.2
연구전문직(연구보조)	69.7	21.7	244.0	135.4	55.5
사무직(혹은 사무보조)	76.3	19.9	179.7	92.4	51.4
민원안내, 창구 등 고객서비스	66.8	31.9	207.6	93.6	45.1
식당, 조리 등 음식 서비스	20.7	6.3	–	–	–
청소 시설관리 등 단순노무직	20.0	55.4	199.7	104.6	50.0
의료관련직	53.2	26.8	220.2	142.7	64.8
상담관련직	40.5	42.7	215.0	126.0	58.6
기타	55.6	14.3	223.0	111.6	64.8

주 : 1) 나의 임금 수준은 유사근로 정규직의 임금 수준을 응답한 여성 비정규직에 한정한 임금 수준임.
　　2) 임금 격차는 나의 임금 수준/유사 근로 정규직의 임금수준*100으로 계산함.
자료: 전국여성노동조합, 공공부문 여성 비정규직 임금·고용 실태조사 자료 기초로 권혜자 외(2006), 21.

우리 사회를 지배하고 있는 노동유연성 담론의 허구성은 비정규직의 활용이 노동의 '유연화'와는 거리가 먼, 근로조건의 저하와 차별을 목적으로 한 것이라는 사실을 앞에서 확인할 수 있었다. 이러한 사실은 정규직이 담당하던 업무가 어떻게 비정규직화되었는지에 대한 과정을 통해 보다 잘 확인할 수 있다. 아래에서는 우리 사회에서 비정규직화 과정이 급속하게 진행되었던 1990년대 말, 금융업에서 이루어진 구조조정 과정을 통해 이 문제를 상세히 관찰해 보기로 한다.

IMF 구제금융 위기를 겪으면서 금융업은 전면적인 구조조정에 들어간다. 그 가운데 정규직을 대상으로 한 인원 감축이 대규모적으로 행해졌으며, 여성을 주 대상으로 하는 명예퇴직의 실시 또한 광범위하게 행해졌다. 그 과정에서 다수의 정규직이 퇴직하게 되었으며, 퇴직한 정규직 여성들은 비정규직으로 다시 취업하게 된다. 예전에 자신이 수행해 왔던 거의 동일한 일을 '비정규직'이라는 이유로 이전보다 훨씬 낮은 근로조건에서 수행하게 된다. 이들 비정규직 노동자들은 주로 계약직이나 '시간제'라는 고용형태로 재고용되었다. 재계약 이후의 근로조건과 노동시간을 보여주는 〈표 1-2〉에서 드러난 바와 같이 '시간제' 행원들은 대부분 하루 평균 8시간 이상의 노동을 하고 있으며, 경력이 오래된 노동자의 경우 하루 12~13시간까지 일하고 있다. 그러나 단지 '시간제'로 고용되어 있다는 이유로 정규직에 훨씬 못 미치는 임금을 받고 있으며, 정규직이 받는 각종 부가 급여 및 복지 혜택의 대상에서도 제외되

어 있다.[8]

금융감독원의 자료에 의하면 1997년 말부터 1년 사이 정리 은행을
제외한 은행에서의 비정규직 인원은 41% 증가한 반면 정규직은
34% 감소한 것으로 나타난다. 한편 금융노련이 집계한 자료에 의하
면 전국의 21개 은행들에서의 비정규직 규모는 1997년 말부터 1998
년 말 사이 1년 만에 74.1% 증가한 것으로 나타난다(금융감독위원회/
금융감독원, 1998). 구조조정으로 퇴직한 이후 재고용된 비정규직의 임
금 수준은 어느 정도인가. 〈표 1-2〉는 정규직에서 퇴직한 이후 시간
제나 계약직 등으로 재고용된 근로자들이 퇴직 이전 정규직으로 일
할 때의 업무 내용, 근로시간, 임금과 퇴직 이후 비정규직으로 고용
된 이후의 것을 비교한 내용이다. 이 내용에 따르면 대부분의 경우
퇴직 이전 정규직으로 근무할 당시의 업무 내용과 비정규직화된 이
후의 업무 내용이 동일한 것으로 나타난다. 그러나 비정규직화된 이
후의 평균 임금 수준은 정규직 평균 임금의 약 41% 정도이다. 사례
별로 보면, 최저 정규직의 23.3%에서 최고 83.3%정도인 것으로 나
타난다.

통상 임금을 기준으로 한 정규직 대비 비정규직의 임금 격차는

---

8 당시 우리나라 시간제의 대다수는 노동부 지침에 의한 시간제 규정상의 30.8시간 이
  상을 일하고 있으며, 이들의 근로조건 및 고용안정성은 정규직에 비해 훨씬 열악한
  명목적 시간제이다. 공식적으로 법적 구속력을 가진 시간제에 대한 규정이나 정의
  가 명백히 없는 상황에서 각 기업들은 편의에 따라 시간제라는 형태의 고용을 하고
  있다. 결과적으로 근로시간이 전일제 근로와 동일하거나 더 많은, 소위 명목적 시간
  제(또는 의사 시간제)가 상당한 비율을 차지하고 있다. 한국여성단체연합 노동위원
  회(1993).

각종 수당 및 복지 후생을 통한 간접적 보수를 포함하였을 때 더 확
대된다. 1987년 이후 정부의 임금 억제 정책은 통상 임금을 기준으
로 한 것이었으며, 통상 임금에 산정되지 않는 제 수당과 상여금이
대폭 인상되는 결과를 가져왔다(권혜자, 1998). 이러한 현상은 노동조
합 조직력이 강한 대기업을 중심으로 더 두드러지게 나타났다. 금
융업이 그 대표적인 예이다. 결과적으로 임금 총액에서 기본급의
비중이 줄어들고 제 수당(상여금 등)과 기타 복지 후생적 보수(예: 자
녀 학자금, 주택자금 등)의 비중이 크게 늘어나게 되었다. 비정규직 근
로자의 임금에는 이러한 수당과 복지 후생적 보수가 주어지지 않기
때문에, 이들을 환산하여 고려한 임금 총액을 기준으로 정규직과
비정규직의 임금 수준을 보면 통상 임금을 기준으로 하였을 때의
격차에 비해 거의 두 배가 더 커지는 것으로 나타난다(조순경, 1996:
16~17).

〈표 1-3〉을 보면 금융업의 경우 현금 급여 총액에서 정액 및 초과
근로 수당을 합한 급여는 약 62%로 나타난다. 나머지 38%는 상여금
액 및 특별 급여로 구성되어 있다. 또한 퇴직금, 법정 복리비 등을 포
함한 후생 복지적 보수를 포함시킬 때 정액 및 초과 급여가 전체에서
차지하는 비중은 44.8%로 나타난다.[9] 이러한 비율을 위의 정규직
대비 비정규직의 임금 차이에 적용할 때 비정규직의 급여 수준은 비
정규직 급여 수준의 11%~41% 정도인 것으로 나타난다.

---

9 기업의 노동비용 가운데 모집비는 근로자가 수혜하는 성격의 지출이 아니기 때문에
  전체 후생 복지비에서 제외하여야 하나 그 비중이 미미한 관계로 그대로 포함시켜
  계산하기로 한다.

<표 1-2> 정규직에서 비정규직으로 재계약한 근로자의 임금 변화 상황

성별	고용형태		담당업무		월평균 임금		퇴직 전 대비 임금비율	1일 평균 근로시간	
여	퇴직전	퇴직 후 재계약	퇴직전	퇴직 후 재계약	퇴직전	퇴직 후 재계약		퇴직전	퇴직 후 재계약
여	정규직 5급(9년)	계약직	창구	창구	200만 원	90만 원	45.0 %	8시간	7시간
여	정규직 5급(18년)	계약직	수신	신용카드	300만 원	100만 원	33.3 %	9시간	7.5시간
여	정규직 5급(8년)	계약직	창구	창구	160만 원	80만 원	50.0 %	10시간	8시간
여	행원 (5년)	시간제	창구	창구	150만 원	95만 원	63.3 %	9시간	8시간
여	정규직 5급(8년)	시간제	서무	서무	180만 원	100만 원	55.5 %	10시간	12시간
여	정규직 (3년)	계약직	텔러	텔러	120만 원	90만 원	75.0 %	9시간	8시간
여	정규직 5급(12년)	시간제	텔러	텔러	208만 원	95만 원	45.7 %	10시간	10시간
여	정규(계장) (16년)	시간제	수신	수신	270만 원	90만 원	33.3 %	7.7시간	7.1시간
여	정규직 5급(5년)	시간제	텔러	텔러	90만 원	75만 원	83.3 %	9시간	8시간
여	정규직 5급(12년)	시간제	대부계	텔레뱅킹	250만 원	75만 원	30.0 %	11시간	8시간
여	정규직 5급(8년)	시간제	온라인 텔러	텔레뱅킹	100만 원	80만 원	80.0 %	10시간	8시간
여	정규직 4급(23년)	시간제			300만 원	70만 원	23.3 %	10시간	9시간
여	정규직 5급(7년)	시간제	온라인 텔러	텔레뱅킹	100만 원	70만 원	70.0 %	9시간	8시간
여	정규직 5급(13년)	시간제	텔러	텔레뱅킹	150만 원	74만 원	49.3 %	9-10시간	8시간
여	정규직 5급(13년)	시간제	텔러	텔레뱅킹	150만 원	75만 원	50.0 %	8시간	7시간(?)
여	정규직 3급(11년)	시간제	텔러	텔러	250만 원	100만 원	40.0 %	10시간	8시간

주: 1999년 3월 말 당시.
자료: 금융노련 내부 자료를 토대로 작성.

<표 1-3> 기업 규모별, 산업별 노동비용 내역별 근로자 1인당 월평균 노동비용, 1998

(단위: 천원, %)

산업	노동비용 총액	현금 급여 총액			현금 급여 이외의 노동비용							
		계	정액 및 초과 급여	상여 금액 특별 급여	계	퇴직 금 등 비용	현물 지급 비용	법정 복리 비	법정 외 복리 비	모집 비	교육 훈련 비	기타 노동 비용
전산업 (비중)	2,082.2 (100.0)	1,542.9 (74.1)	1,137.9 (54.6)	405.0 (19.5)	539.3 (25.9)	228.6 (11.0)	5.3 (0.3)	98.1 (4.7)	154.0 (7.4)	2.0 (0.1)	39.5 (1.9)	11.7 (0.6)
금융업 (비중)	3,168.2 (100.0)	2,264.8 (71.5)	1,419.8 (44.8)	845.0 (26.7)	903.5 (28.5)	479.1 (15.1)	3.8 (0.1)	98.8 (3.1)	254.2 (8.0)	0.5 (0.0)	43.7 (1.4)	23.3 (0.7)

주: 1) 현금 급여는 정액급여(기본급, 제수당 등), 초과급여, 상여 및 기말수당을 포함.
   2) 현물 지급의 비용은 통근 정기 승차권, 회수권 및 자사 제품 등을 지급함으로써 소용되는 비용.
   3) 퇴직금의 비용은 퇴직 일시금과 중간 정산액 및 해고 예고수당을 포함.
   4) 교육 훈련비는 근로자의 교육 훈련시설, 지도원에 대한 수당, 사례, 위탁 훈련에 소요된 비용을 말함.
   5) 모집비는 기업이 종업원을 채용하기 위하여 행한 모집 관리비, 채용 시험에 소요된 비용, 채용자 부임수당, 모집 관계 업무에 종사하는 자의 인건비 등을 포함.
   6) 법정 복리비는 의료보험료, 국민연금, 고용 보험료 중 사업주 부담금과 산재 보험료, 장애인고용촉직기금부담금 및 기타 법정 복리비를 말함.
   7) 법정외 복리비는 사업주 단독의 시책에 따른 부담분으로 주거, 식사, 의료, 보건, 문화, 체육, 오락, 경조 등의 비용, 구판장 등에 관한 비용의 합을 말함.
자료: 노동부(1998), 『기업체 노동비용 조사보고서』, 26~30 자료로 작성.

파견 근로 사례에서도 이와 유사하게 나타난다. 전국여성노동조합과 한국여성노동자회협의회에서 파견 근로가 합법화된 이후에 전국에 걸쳐 29개 업체에서 일하고 있는 파견 여성 노동자를 대상으로 실태조사 한 바에 의하면 적지 않은 기업들에서 정규직 여성 노동자들을 대량 정리해고 한 이후 그 자리에 곧바로 파견 노동자들을 고용한 것으로 드러난다(전국여성노동조합, 한국여성노동자회협의회 비정규직여성 권리찾기 운동본부, 2000). 실태조사에서 드러난 몇 가지 사례를 보면 다음과 같다.

사례 1. 핸드폰 부품 생산업체인 (주)S커뮤닉스에서는 5년-10년 간을 근무해온 만 43세 이상의 생산직 여성 노동자 70명을 정리해고 하였다. 정리해고 3주 후 회사는 J시스템이라는 파견회사를 통해 파견직 여성들 50~60명을 생산공정 업무에 배치하였다. 경영상의 이유에 의한 해고 후 일정 기간이 경과하기 전에는 그 업무에 파견 노동자를 사용해서는 안 됨에도 불구하고, 해고 후 한 달이 안 된 상태에서 파견직을 사용한 것이다.

사례 2. 정부기관인 ○○청 전화 교환원들은 정부의 구조조정 방침에 따라 14명을 제외한 전원이 명예퇴직, 조기퇴직 대상이 되었다. 조기퇴직 하지 않은 전화 교환원들 25명은 직권면직되었다. 전화 교환원 전원을 해고한 후, 곧바로 ○○청에서는 파견업체를 통해 전화 교환원들을 배치하여 근무하게 하였다. 직권면직자들은 공무원 신분에서 파견 노동자 신분이 되어 동일한 일을 수행하고 있으며, 파견업체를 통해 전화교환 업무를 수행하는 여성들(직권면직자, 조기퇴직자, 신규)은 100여 명에 달한다.[10]

위 사례들에서 볼 수 있듯이, 정규직에서 파견직으로 전환된 이후 파견직 여성 노동자들은 정규직에 비해 50~70%의 임금을 받게 되었다. 조사 사례 가운데 일부에서는 파견 노동자의 기본급이 정규직의

---

10 인용된 두 사례 모두 전국여성노동조합과 한국여성노동자회협의회 비정규직여성 권리찾기 운동본부(2000)에서 인용.

기본급보다 높은 경우도 있으나, 이들의 경우도 보너스, 각종 수당 등에서의 차별로 인해, 전체 임금은 정규직에 비해 훨씬 낮은 것으로 드러났다. 위에서 기술한 모든 사실을 언급하지 않더라도, 기간제 근로자의 근로계약 기간을 제한하고, 단시간 근로자의 초과 근로시간을 제한하고 있는 비정규직 보호법('기간제 및 단시간 근로자 보호 등에 관한 법률')이나 파견 노동자의 파견 근로 기간의 제한을 두고 있는 근로자 파견법('파견 근로자 보호 등에 관한 법률')이 존재한다는 사실 자체만으로도 우리 사회에서 비정규직이라는 고용형태가 하나의 사회적 신분으로 존재하고 있음을, 그리고 그를 매개로 차별이 이루어지고 있음을 알 수 있다. 나아가 신분제적 비정규직이 우리 사회에 광범위하게 존재한다는 것은 기업들이 노동력의 탄력적 활용이 아니라 차별을 통해 노동비용을 줄이려 하고 있다는 것을 말해 준다.

5. 공급의 문제: 비자발적 비정규직

노동시장의 유연화 논리에서 주장하는 것 가운데 하나는 우리 사회의 노동력 공급 구조가 수량적 유연화 증대에 알맞은 형태로 변화해 가고 있다는 것이다. 특히 시간제 노동은 가사 양육 노동 양립이 가능한 고용형태이기에 "여성들이 시간제 취업을 희망한다"는 방식으로 논의를 이끌어 왔다.

파견 근로의 경우도 크게 다르지 않다. 파견 근로가 법적으로 허용되기 이전, 파견업의 합법화를 위해 한국경영자총협회와 한국인재파견업협의회는 파견 근로에 대한 수요와 공급이 늘어나고 있기에 파견 근로를 합법화하는 것이 시장 원리에 따른 경제적 효율성을 증대시키는 방법임을 강조한 바 있다(한국인재파견업협의회, 1993; 한국경영자총협회, 1993). 그들의 논리에 의하면, 첫째, 노동력의 고학력화로 특정한 직장에 얽매이기 싫어하는 근무시간, 근무장소 및 근무 형태를 스스로 선택하여 자신의 전문적 기술과 지식을 활용하고자 하는 인력이 증가하고 있으며, 둘째, 노동력의 여성화와 고령화로 자신에게 편리한 시간과 장소에서 파견직으로 일하는 사람이 늘어나고 있다는 것이다(한국경영자총협회, 1993;1994).

그러나 구체적 현실은 자발적으로 비정규직 취업을 원하는 층이 늘어난다는 이들 주장과는 거리가 멀다. 비정규직 취업의 자발성 여부에 대한 통계 자료는 정규직을 원하였지만 일자리가 없어 비정규직으로 취업한 사람이 상당한 규모로 존재함을 보여준다. 『경제활동인구조사 부가조사』 결과 가운데 고용형태별 취업 동기를 보여주는 아래의 〈표 1-4〉에 의하면, 비정규직 노동자 전체의 57%가 비자발적으로 비정규직 고용형태를 택한 것으로 나타난다. 세부 고용형태별 비자발적 취업자 비율을 보면, 호출 근로의 경우 87.9%가 비자발적 취업자이며, 신분제적 비정규직이라고 볼 수 있는 장기 임시근로의 경우는 비자발적 취업이 전체의 63.9%, 시간제 근로는 55.3%에 달하고 있다. 비정규직 취업 사유로 가장 큰 비중을 차지하는 것은 '생활비 등 수입이 필요'(43.1%)와 '원하는 일자리가 없어서'(6.7%)인 것으로, 다른 대안적 일자리가 없었기에 비정규직으로 취업한 비율이 비자발적 비정규직 취업 사유의 87.3%에 달하고 있다.

〈표 1-4〉 고용형태별 취업 사유

(단위: %)

	자발적 취업여부		자발적 취업 사유			비자발적 취업 사유			
	자발적 취업	비자발적 취업	근로조건 만족	안정된 일자리	기타	생활비 등 수입 필요	원하는 일자리 없어	전공경력 맞는 일 자리 무	기타
임금 노동자	66.3	33.7	29.7	27.5	9.1	25.2	4.1	1.2	3.2
정규직	**89.0**	**11.0**	**39.4**	**45.5**	**4.2**	**7.7**	**1.6**	**0.7**	**0.8**
비정규직	**43.0**	**57.0**	**19.8**	**9.1**	**14.1**	**43.1**	**6.7**	**1.7**	**5.5**
임시근로	42.3	57.7	19.3	8.7	14.3	43.6	6.7	1.7	5.7
장기임시근로	36.1	63.9	15.3	5.3	15.5	49.4	7.2	1.6	5.8
한시근로	51.1	48.9	25.1	13.6	12.5	35.4	6.1	1.8	5.5
(기간제근로)	57.5	42.5	29.3	16.5	11.6	31.2	5.2	1.6	4.5
시간제근로	44.7	55.3	15.8	1.6	27.3	37.8	5.6	1.4	10.6
호출근로	12.1	87.9	4.5	0.3	7.3	78.7	4.6	0.9	3.8
특수고용	54.1	45.9	14.0	3.1	37.0	31.6	4.7	2.3	7.3
파견 근로	56.3	43.7	25.8	16.2	14.4	33.3	5.6	1.5	3.3
용역근로	43.6	56.4	24.4	13.6	5.6	46.8	6.3	1.6	1.7
가내근로	42.7	57.3	9.3	2.7	30.7	44.0	1.3	0.0	12.0

자료: 김유선(2011), "비정규직 규모와 실태: 통계청, '경제활동인구조사 부가조사' (2011.8) 결과", 7.

비정규직 취업의 자발성 여부에 대한 또 다른 실태조사에서도 이와 다르지 않은 사실을 확인할 수 있다. 공공부문 비정규직 여성을 대상으로 한 조사에서, 여성 비정규직이 현재의 공공기관에서 일하게 된 주된 이유로는 '더 좋은 일자리를 구할 수 없어서'가 30.8%, '근로조건에 만족하기 때문'에 21.0%, '육아 및 집안 일을 병행하기 위해서'가 9.8%로 나타났으나, '근무시간이 짧아서'의 이유는 5.0%에 불과했으며, '비정규직 일자리인 줄 몰랐기 때문에'도 5.3%에 달하는 것으로 나타났다(〈표 1-5〉 참조). '더 좋은 일자리를 구할 수 없어서' 현재의 공공기관에서 일하게 되었다는 응답은 청소 시설관리 등 단순노무직과 사무관련직에서 가장 높게 나타났으며, '근로조건에 만족하기 때문에' 현재의 공공기관에서 일하게 되었다는 응답은 연구전문직에서 가장 높게 나타났다(권혜자 외, 2006: 40).

〈표 1-5〉 비정규직으로 일하게 된 주된 이유

(단위: 명, %)

	전체	근로조건 만족	일자리를 구할 수 없어서	경력을 쌓아 이동하려고	육아 집안일 병행	근무시간이 짧아서	회사가 파견	비정규직 일자리인 줄 몰라서	기타
전체	1,636(100.0)	21.0	30.8	5.8	9.8	5.0	0.9	5.3	21.4
연구전문직(연구보조)	330(100.0)	45.4	24.2	12.1	3.0	3.0	–	–	12.1
사무직(혹은 사무보조)	676(100.0)	17.6	36.8	6.8	7.1	1.3	0.2	5.6	24.6
고객서비스	203(100.0)	19.2	19.2	10.8	8.9	13.3	–	6.4	22.2
음식서비스	89(100.0)	18.0	19.1	1.1	18.0	19.1	1.1	6.7	16.9
단순노무직	378(100.0)	20.4	37.8	1.1	7.7	5.6	3.2	4.8	19.4
의료관련직	155(100.0)	29.7	18.1	5.2	21.3	1.9	0.7	5.8	17.4
상담관련직	36(100.0)	22.2	19.4	5.6	25.0	2.8	–	5.6	19.4
기타	66(100.0)	36.4	18.2	10.6	10.6	4.6	–	1.5	18.2

자료: 전국여성노동조합, 공공부문 여성 비정규직 임금 · 고용 실태조사 자료를 기초로, 권혜자 외(2006), 40.

파견 근로에 대한 실태조사에서도 이와 유사한 결과를 볼 수 있다. IMF 외환위기 이후 경제위기 당시 민주노총의 실태조사에 의하면 자발적으로 비정규직으로 취업한 사람은 응답자 전체의 약 11% 정도이고 나머지 약 89%는 비자발적으로 비정규직에 취업한 것으로 나타난다(홍주환, 2000). 비정규직을 원하여 취업한 11% 가운데에서 약 12%는 자녀 양육과 가사 때문에 정규직으로 일할 수 없어서 비정규직을 취업한 사람들로, 사회적 양육 서비스가 제공된다면 정규직을 원하는, 비자발적 취업자이다.

파견 근로를 자발적으로 선택한다는 주장 또한 현실적 근거가 없다. 정부와 재계를 중심으로 파견 근로의 합법화 시도가 집중적으로 이루어졌던 1990년대 중반에 수행한 조사에 의하면,[11] 학력 수준과 무관하게 비자발적으로 파견직을 선택한 비율이 높은 것으로 드러난다. 전문기술직 취업이 가능한 고학력층에서는 파견 근로에 대한 자발적 취업이 많을 것이라는 주장과는 달리, 대학 중퇴 및 졸업의 학력 계층에서는 전체의 88%가 비자발적 파견 노동자였다. 또한 파견 근로가 "가사 양육이라는 이중 노동부담을 안고 있는 여성 인력들이 선호하는 고용형태"라는 주장 또한 실태 조사를 통해 타당성이 없음이 확인되었다. 무엇보다 파견 근로자들의 94.9%가 정규직 전일제와 동일하거나 더 장시간 노동을 하는 것으로 드러났다(조순경, 1997: 117~118).

비정규직 취업의 자발성 문제와 관련하여 가장 논란이 되고 있는 것이 시간제 고용이다. 특히 시간제 노동은 여성들의 일 가정 양립을 위한 고용대책의 하나로 정부에서 적극 추진하고 있으나 여성노동계는 이에 대해 반대 입장을 취하고 있다.

---

11 1995년 실시한 이 조사는 무작위 추출방식으로 전국의 각 사업장에서 일하고 있는 파견 근로자들을 대상으로 하였다. 당시 파견 근로자들의 파악이 어려운 관계로 노동조합이 있는 사업장을 대상으로 하였으며 업종별로 표본을 무작위 추출하여 이들 사업장에서 다시 무작위 추출방식으로 선정된 파견 근로자들을 조사 대상으로 삼았다. 자세한 내용은 조순경(1997), 「파견 근로의 신화와 현실」, 『산업노동연구』 3(1) 참조.

고용노동부를 비롯한 정부 기관 및 재계는 지난 1990년대 초반부터 지금까지 여성 노동력을 대상으로 시간제 노동을 활성화시킬 방안을 강구해 오고 있다. 노동부의 1992년판 『노동백서』에 의하면 여성은 "가정 생활의 영위, 체력의 한계 등으로 인해 통상 근로자보다는 시간제 근로자로의 취업이 불가피"하기 때문에, "이들 유휴 잠재 노동력이 산업 현장에서 일할 수 있도록 시간제 근로의 활성화가 절실히 필요하다"고 기술하고 있다(노동부, 1992: 128). 그로부터 거의 20년이 지난 2011년 6월 정부는 '시간제 근로자 보호 및 지원에 관한 법률'을 입법 예고하였다. 일/가족 양립을 위한 일종의 유연 근무제로 범주화시키면서 정부는 시간제 근로가 여성의 경력 단절 예방, 일자리 창출, 국가 경쟁력 제고에 긍정적인 영향을 미칠 것이라고 주장하고 있다. 이러한 정부의 논리에는 시간제 근로는 여성들에게 매우 좋은 고용형태이며, 나아가 여성들이 선호하는 일자리 형태라는 전제가 깔려있다.

그러나 구체적인 현실은 이러한 주장이나 논리와는 거리가 멀다. 최근 대기업 유통업 여성 판매직 시간제 노동에 대해 참여관찰을 한 김양희(2011)의 연구에 의하면, 일과 가족을 양립하면서 '시간제 노동'을 한다는 것 자체가 불가능하다는 것을 보여준다. 연구가 수행되었던 2011년 현재, "시간당 임금 자체가 낮기 때문에 하루에 10시간을 일해도 5만 원을 손에 쥘 뿐"이며, "시간제 일자리라는 것은 일을 시간제로 하는 것이 아니라 돈을 시간제로 따져서 주는 일자리"일 뿐이다. 즉 '시간제'라고 부르기만 한 것이지 실제로 단시간 근로가 아니었다. 시간제 근무자나 정규직 전일제 근무자나 일하는 시간은 오전 9시부터 오후 8시 30분까지로 모두 동일했으며, 이들은 거의 대부분 가족의 생계를 책임져야 하는 실질적 가장이었다(김양희, 2011: 10~11). 다른 대안적인 일자리가 있다면 이러한 장시간 시간제 노동을 '자발적으로' 선택하지 않았을 여성들이었다.

6. 법적 책임의 문제: 위장 고용관계

고용관계와 사용관계가 동일하고, 고용기간의 정함이 없으며, 전일제 노동을 하고, 노동자가 노동관련법 등의 법적 보호 대상이 되는 경우를 정규직 노동이라 인식해 왔다. 비정규직이 무엇인가에 대한 적극적 정의나 일치된 정의는 없지만, 이러한 노동의 성격에서 벗어난 모든 형태의 노동을 지칭한다.[12] 이에는 시간제 또는 단시간 노동, 기간의 정함이 있는 임시고, 계약직, 아르바이트, 촉탁직 및 일고 형태의 노동, 사용관계와 고용관계가 분리되어 있는 파견 노동, 형식적으로는 독립 계약 방식으로 노동을 제공하는 독립 계약자(independent contractor) 또는 특정한 양의 일을 위탁, 위임받아 수행하는 노동 등이 비정규 노동으로 규정되고 있다.[13]

정부와 기업의 노동시장 유연화 정책으로 위와 같은 새로운 형태

---

12 외국의 경우 비정규 노동은 contingent, atypical, non-traditional work 등의 개념으로 사용되고 있으며, 각 개념마다 약간씩 다른 정의를 하고 있다. 예를 들어 미국에서는 contingent work을 고용의 지속성 여부를 기준으로 판단하고 있으며, 이러한 고용 형태의 실태를 조사하는 설문지의 문항도 응답자가 자신의 "현재 일자리가 지속될 수 있다고 생각하는가"라는 방식으로 구성되어 있다.

13 비정규직에 대한 개념 정의는 권혜자(1999), 김소영(2000) 참조.

의 고용이 빠르게 늘어나고 있다. 파견, 용역, 사내 하청, 독립 계약 직 등 특수고용형태까지 포함한 간접 고용의 확대는 고용관계와 사용관계를 분리시키고 있다. 고용관계와 사용관계가 분리된 고용형태에서는 두 관계의 일치를 전제로 하고 있는 현행 노동관계법에서 규정하고 있는 여러 가지 사용자 책임을 피해갈 수 있다. 이러한 이유로 노동관계법이 정하는 근로자 보호와 사용자 책임으로부터 벗어나려는 목적으로 의도적으로 간접 고용형태의 비정규직화를 꾀하는 경우가 늘어나고 있다. 이는 기업이나 정부의 노동유연화 정책이 단순히 경제적 비용 절감 차원에서 이해될 수 없음을 보여준다.

사용관계와 고용관계가 일치하는 전통적 고용형태(직접 고용)와는 달리 파견직 및 여러 유형의 특수 고용직과 같은 간접 고용은 고용관계는 매우 모호하거나 혼란스럽게 인식된다. 우리 사회에서 수년 동안 문제가 되어 왔던 KTX 승무원의 고용 사례에서 이러한 문제를 잘 볼 수 있다. KTX 승무원들은 자신들의 고용주가 누구인지 취업 후 1년이 넘을 때까지 확실하게 알지 못했다. 당연히 자신들이 일하는 KTX를 운영하는 철도공사가 자신들의 고용주인 줄 알았으며, 철도공사는 승무원들이 그렇게 인식하도록 승무 업무를 운영해 왔다. 승무원들은 철도공사가 실질적인 사용자이기에 직접 고용을 하라는 주장을 해 왔으나 철도공사는 그를 거부하며 공사가 사용자가 아님을 주장했다. 수년간의 노사 간의 분쟁은 결국 법원의 결정에 맡겨졌고, 법원은 승무원들의 주장대로 철도공사가 실질적인 사용자이니 승무원들을 직접 고용함이 마땅하다는 판결을 내렸다. 이 사건은 노동자가 자신들의 고용주가 누구인지 확인하는 것이, 그리고 법적으로 보장하는 최소한의 기본권을 찾는 것이 얼마나 어려운가를 보여준다.

최근 급격히 늘어나고 있는 근로자 지위 확인 소송은 거의 대부분 애매하고도 위장된 고용관계에서 발생하는 문제이다. 특수고용형태의 노동은 더욱 심각하다. 사용자들은 다양한 법적 책임을 피하기 위해 고용계약을 아예 맺지 않는 방식으로 노동력을 사용하려 해 왔다.

노동 관련 다양한 법률에서는 현재 근로기준법상의 '근로자' 개념이 적용되고 있다. 근로기준법(제4조)에서는 근로자란 "직업의 종류를 불문하고 사업 또는 사업장에 임금을 목적으로 근로를 제공하는 자"를 말한다.[14] 근로기준법은 이러한 범주에 속하는 모든 근로자를 적용대상으로 한다. 이러한 근로자에 대한 정의는 남녀고용평등법, 최저임금법, 직업안정법, 근로자 직업훈련 촉진법, 고용보험법, 임금채권보장법, 근로자의 생활향상과 고용안정 지원에 관한 법률, 산업재해보상보험법 등 개별적 노사관계, 집단적 노사관계, 고용 및 직업훈련 관련법, 사회보장 관련 법률 및 외국인 근로자에 대해서도 적용되고 있다. 이처럼 많은 노동 관련 법률들이 이러한 근로자 개념을 적용하고 있기에, 이 근로자 개념에 포함되지 않는 특징을 지니는 고용형태에 대해서는 노동자에 대한 법적 보호와 사용자의 부당한 행위에 대한 규제가 가능하지 않다(이승욱 외, 2006: 24~26).

---

14 이와 관련하여, 대법원 판례들은 일관되게 "도급 계약의 형식을 띠고 있다 하더라도 근로자가 사용자와의 사용종속관계 아래에서 특정한 노무를 제공하는 것이라면 근로기준법상의 근로자에 해당한다"고 판시하여 계약 형식보다는 사실관계를 우선시하고 있다(이승욱 외, 2006, 24).

노동시장의 유연화, 고용형태의 다양화는 빠른 속도로 진행되고 있지만 노동관련 법률들은 그러한 변화에 전혀 유연하게 대응하지 못하고 있는 현실이다.[15] 특히 특수고용관계에서 노동자들은 더 이상 '피고용자', '노동자' 신분이 아니라 독립 사업자, 위탁 계약자 신분이 되었다. 학습지 교사, 보험 상품 판매원, 경기 보조원, 그리고 최근에는 학원 강사들에 이르기까지 그 범위는 점차 확대되어 가고 있다. 이러한 특수고용직은 여성 직종에 집중적으로 분포되어 왔다.[16] 특수고용형태의 여성 노동자들은 노무 도급, 위임, 위탁 등의 상태에서 일하고 있기에, 특수고용 여성 노동자들이 증가된다는 것은 노동기본권과 인권 사각지대에 방치되어 있는 여성들이 늘어나고 있음을 말해준다.

아래의 통계 자료는 특수고용직에서 사회보험이나 기타 근로조건이 다른 고용형태에 비해 얼마나 다른지 보여준다. 〈표 1–6〉에서 볼 수 있듯이 사회보험 가입률의 경우 2011년 8월 당시 정규직은 83~97%, 임시 근로는 32.2~35.8%, 파견 근로와 용역 근로는 52.5~80.1%임에 반해 특수고용직은 3.4-4.5%에 머물고 있다. 퇴직금, 상여금, 시간외수

---

15 정부의 노동시장 유연화 정책과 기업의 고용 유연화 정책 등이 추진됨에 따라 고용형태의 다양화가 이루어지고 있다면, 근로자의 개념 또한 근로관계의 변화에 그 내용이 부단히 수정되어야 하는 것이라 할 수 있다. 역사적으로 볼 때, 19세기에는 사회경제적 약자로서 산업재해의 우려가 큰 육체노동에 종사하는 자가 근로자로서 노동법의 보호범위를 구성하였다면, 그 후에는 정신적인 노동에 종사하는 사무직 및 기술직 종사자도 근로자의 개념에 포섭되게 되었다(최영호, 2001, 6).
16 1999년 당시의 실태를 보면, 골프 경기 보조원의 100%, 학습지 방문 지도 교사의 88.9%, 보험 상품 판매원의 95.9%, 서적 판매원의 95.7%, 화장품 판매원의 95.1%, 식품 음료 판매원의 83.3%가 여성이었다(왕인순, 2000).

당, 유급휴가 적용률 또한 정규직과 여타 다른 비정규직에 비해 현저히 낮은 수준에 있다(김유선, 2011: 26). 이는 간접적으로 특수고용형태 노동을 활용하는 사용자들이 현행 사회보험체계와 근로기준법 등의 법적 책임을 피함으로써 부가적 비용을 줄이고 있음을 보여준다.

〈표 1-6〉 고용형태별 사회보험 및 노동조건 적용률, 2011

(단위: %)

	국민연금(직장)	건강보험(직장)	고용보험	퇴직금	상여금	시간외수당	유급휴가	주5일제	근로계약서면작성
임금 노동자	65.1	68.3	59.6	64.7	65.0	43.7	56.0	53.5	50.6
정규직	**97.3**	**98.6**	**82.8**	**99.4**	**96.8**	**70.1**	**88.5**	**70.6**	**61.4**
비정규직	**32.2**	**37.3**	**35.8**	**29.2**	**32.5**	**16.8**	**22.7**	**36.1**	**39.4**
임시근로	30.8	35.8	34.4	27.5	31.0	15.8	21.4	35.3	38.4
장기임시근로	16.3	18.7	20.2	10.3	20.7	7.2	6.6	22.2	18.0
한시근로	51.3	60.0	54.5	51.8	45.7	28.0	42.3	54.0	67.4
(기간제근로)	62.1	72.1	65.1	63.0	53.6	33.3	52.2	63.3	82.3
시간제근로	11.0	13.0	13.4	9.5	12.4	6.4	5.3	34.0	31.7
호출근로	0.2	0.3	5.9	0.1	1.8	4.1	0.3	4.7	3.4
특수고용	3.4	4.1	4.5	1.5	7.9	0.4	1.7	57.6	38.2
파견 근로	67.1	74.8	72.9	71.5	60.6	35.9	55.2	66.0	77.4
용역근로	52.5	80.1	67.0	73.5	57.0	31.8	45.8	47.0	80.8
가내근로	7.5	7.5	8.8	7.5	7.5	4.3	5.6	7.5	12.8

자료: 김유선(2011), "비정규직 규모와 실태: 통계청, '경제활동인구조사 부가조사' (2011.8) 결과", 26.

특수고용직을 포함하여, 위장도급, 불법파견 등의 간접 고용은 기업이 법적으로 부여된 의무를 회피하기 위해 선택하는 여러 가지 방법 가운데 가장 빈번하게 사용하는 수단이다. 최근의 이러한 경향에 대한 우려에서 2006년 국제 노동 기구(ILO)는 제95차 총회에서 "고용 관계에 관한 권고"(Recommendation Concerning the Employment Relationship: 이하, "권고")를 채택한 바 있다. ILO는 이 "권고"를 채택하게 된 배경으로, 노동시장의 변화로 인해 고용관계의 존재 여부를 확인하기 어려운 노동이 증가하고 있고, 그로 인한 고용관계의 불확실성이 노동자와 사회 전체에 심각한 문제를 야기할 수 있기에 노동자 보호를 위해 고용관계의 불확실성 문제를 다룰 필요가 있기 때문이라고 밝히고 있다(ILO, 2006).

이러한 ILO의 지적은 국내법과 단체협약에 의한 노동자 보호는 고용관계를 전제로 하고 있다는 점, 그러하기에 관련 당사자(사용자와 노동자) 사이의 권리와 의무가 명확하지 않거나, 고용관계가 모호하거나, 고용관계의 존재를 확인하기 어렵도록 하는 방식의 고용형태는 노동자들이 자신의 권리를 주장하기 어렵도록 만든다는 점에 주목하고 있다. 이러한 현실에 대하여 ILO는 국가의 "보호를 필요로 하는 노동"의 유형을 위장된 고용관계(disguised employment relationship), 모호한 고용관계(ambiguous employment relationship), 그리고 삼각 고용관계(triangular employment relationship)로 개념화하고 있다. 여기서 위장된 고용관계는 사용자가 피용자의 법적 지위를 은폐할 목적으로 피용자 이외의 자로 취급하는 경우를 말하는데, 위장도급, 위장 자영업 등이 대표적이다. 이 위장된 고용관계는 고용관계가 있음을 은폐함으로서 노동자에 대한 사용자의 모든 법적 책임을 벗어나고자 하는 의도로 행해진다(조임영, 2006; 이승욱 외, 2006).

ILO는 특히 여성의 노동시장 참여 증가와 고용형태의 다양화로 여성 노동자들이 이러한 위장된 고용관계와 모호한 고용관계로 편입되는 비중이 늘어나는 점을 특히 주목하며, 고용관계의 문제에는 젠더 차원의 문제가 분명히 존재함을 밝히고 있다. 그리하여 "권고"는 위장된 고용관계와 모호한 고용관계의 비중이 높은 직종과 산업에 여성들이 큰 비중을 차지하고 있다는 젠더적 차원의 문제를 다루기 위해 국가 정책 차원에서 특별한 조치를 취해야 한다("권고" 제6조)고 강조하고 있다(ILO, 2006).

위장된 고용관계의 문제는 아직 우리 사회에서 본격적으로 논의되지 않은 문제다. 그러나 이미 국제노동기구가 이 권고를 채택하기 이전부터 우리 사회의 다양한 직종과 산업에 이러한 위장 고용관계 또는 모호한 고용관계의 문제로 인한 노동권의 침해가 이루어져 왔다. 위장 고용관계로 인한 노동권의 침해는 ILO가 지적한 바와 같이 단순한 노동문제에 그치지 않는다. 여성 노동자에 대한 중층적인 차별의 체계화로 이어지기 때문이다.

7. 가부장적 통념과 여성의 비정규직화

지난 1987년 남녀고용평등법이 제정되고 난 이후 고용상의 성차별을 줄이고자 하는 여러 가지 정책이 시행되어 왔으나 노동시장에서의 성차별적 구조는 별다른 변화를 보이지 않아 왔다. 그 이유 가운데 하나는 그러한 정책들이 성차별을 야기하는 문화와 통념, 구조를 바꾸는 데에 일차적 목적이 없었기 때문일 수 있으며, 또 다른 이유는 노동의 유연화와 더불어 고용형태를 매개로 한 성차별이 늘어나고 있기 때문이라 할 수 있다.

고용형태를 매개로 한 성차별을 법적으로 규제, 금지, 처벌할 수 있는 가능성이 현재의 조건에서는 많지 않다. 정형옥(2009)은 성차별을 금지하는 법이 제정되었지만 실제 노동시장에서 여성의 지위가 크게 변화하고 있지 못한 가장 큰 이유는 외주 용역 등과 같이 고용형태를 매개로 성차별이 이루어지고 있기 때문이라고 주장하고 있다. 고용형태를 이유로 한 성차별 사례를 심층적으로 분석한 그는 '사회적'으로 성차별을 주장하는 것과 '법적'으로 성차별을 주장하는 것은 별개의 문제라 지적한다. 법적으로 성차별을 입증해 내는 것이 현재의 법적 환경과 구조상 매우 어렵기 때문이다.[17] 그러한 법적 한계로 인해 모든 법적 책임을 면할 수 있는 간접 고용 방식이 사업주에게 아주 '매력적'인 것으로 여겨지고 있음도 밝히고 있다. 이는 앞에서도 언급한 바와 같이 현재 한국의 노동관계 법률들은 대부분 직접 고용을 전제로 한 '사업주'와 '근로자' 개념을 사용하고 있어 간접 고용에 적용하기 어렵기 때문이다. 남녀고용평등법의 경우도 예외는 아니다(정형옥, 2009).

노동유연화에 대한 도식적 통념을 기초로 진행되고 있는 비정규직화가 지금과 같은 방식으로 진행된다면 여성들은 주변적 노동력이란 통념이 더 강하게 자리 잡을 가능성이 크다. 이러한 통념은 필요할 때마다 여성들을 노동시장에서 축출하는 기제로 작용해 왔고, 별다른 변화가 없는 한, 앞으로도 그러할 것이다, 특히 현재의 법적인 틀

---

17 이에 대한 자세한 논의는 정형옥(2009) 참조.

안에 들어와 있지 않은 간접 고용형태의 모호하고도 위장된 고용관계가 늘어날수록 노동시장에서의 성차별을 줄이고자 하는 노력 또한 그 힘을 점차 잃게 될 것이다. 성별 직종 분리 이데올로기나 성 역할 고정관념, 성별 분업 구조 또한 더욱 고착화될 가능성이 있다.

현재 쟁점이 되고 있는 유연 근무제의 틀 속에서 논의되고 있는 시간제 고용이 한 예라고 할 수 있다. 시간제 노동이 여성 노동자의 일가정 양립을 위한 정책으로 고려되고 있고, 표면적으로 "여성을 위한" 정책이라 이야기 될지라도 그것이 성별 분업 구조를 전제로 하거나(국미애, 2011), 강화할 가능성이 있다면 실질적 의미에서 "여성을 위한" 것이라 하기 어렵다. 노동시장에서의 여성 배제와 성차별이 성별 분업 구조와 통념, 성 역할 고정관념에 기인하고 있기 때문이다.

여성의 일에 대한 평가 절하를 가져오는 문화와 사회적 통념의 변화가 없다면 여성 노동의 비정규직화, 외주화, 간접 고용화는 더욱 빠른 속도로 진행될 가능성이 크다. 노동시장 유연화가 야기하는 '어두운 모습'은 성별로 불균등하게 나타난다. 특히 숙련형성의 어려움으로 인한 노동의 질의 저하, 노동자 집단의 파편화와 노동조합 조직화의 가능성 저하는 여성들에게 더욱 심각하게 나타나고 있다. 이미 여성들의 노동조합 조직력은 지속적으로 하락하고 있으며 파견 근로 등은 노동력의 원자화를 더욱 가속화하고 있다. 이러한 조직화 가능성의 감소는 또 다시 여성들을 노동시장에서 주변적 자리로 내몰리게 하는 결과를 가져오게 될 것이다. 그리고 이 과정에서 남성=핵심 노동력이라는 등식은 이러한 구조의 재생산을 더욱 촉진하게 된다.

제2장
노동시장 유연화와 기회의 평등의 한계

1. 노동시장 유연화와 성차별 체계의 변화

2. 성별 분업 구조와 기회의 평등

3. 간접 고용, 간접 차별과 규제의 한계

4. 차별 예방을 위한 적극적 노동시장 정책

노동시장 유연화와 기회의 평등의 한계

1. 노동시장 유연화와 성차별 체계의 변화

지난 25년 동안 여성노동운동계는 여성들의 평생 평등 노동권 확보를 위하여 다양한 고용상의 차별 문제에 대하여 문제 제기하여 왔다. 차별 임금, 모성 보호, 결혼 임신 출산 퇴직제의 문제, 간접적으로 성차별을 야기하는 인사제도의 문제, 직장 내 성희롱, 그리고 비정규직의 문제를 논쟁의 장으로 끌어냄으로써 여성의 평등 노동권에 대한 사회적 인식의 확산에 기여해 왔다. 그러나 노동유연화 담론과 정책은 여성들을 노동시장에서 체계적으로 배제시키고 있다.

여성 노동자들을 대상으로 집중적으로 이루어져 온 수량적 노동유연화 전략은 호봉제를 중심으로 한 연공급적 임금 체계하에서 불가피한 것이라는 것이 유연화를 추구해 온 기업의 입장이었다(한국경영자총협회, 2004). 근속년수에 따라 임금 수준이 올라가는 연공급적 임금 체계에서 저숙련직을 장기 고용하는 것은 불필요한 비용 상승만을 가져올 뿐이라는 것이다. 이러한 기업의 고용 관행은 '단순' 업무는 비정규직화를 통해 단기 노동력화하고, 그를 통해 임금 비용을 낮출 수 있다는 믿음에 근거한 것이었다.

지금까지 여성 노동과 관련한 유연성 논의는 주로 여성의 고용불안정과 비정규직화를 중심으로 한 수량적 유연성의 문제를 중심으로 이루어져 왔으나, 우리 사회에서 진행되고 있는 노동시장의 유연화는 주로 두 가지 유형으로 이루어져 오고 있다. '주변' 노동력에 대하여는 수량적 유연성을 높이고, 다른 한편으로는 임금체계의 유연성을 높이는 방향으로 진행되어 오고 있다. 그러나 이러한 두 가지 유형의 노동시장 유연성은 서로 분리 가능하지 않으며, 상호 유기적인 관계 속에서 작동하고 있다. 예를 들어 주변적 노동력이라고 여겨지는 여성에 대한 해고의 용이함(여성 우선 해고 등)은 정규직의 비정규직화를 촉진시키고, 이를 통해 여성을 단기 저임금 노동력화한다. 능력주의 인사관리제도라고 불리는 신인사 제도, 유연한 임금 체계라고 간주되는 연봉제는 한편으로는 소수의 남성 노동력을 핵심 인력화하고 다수의 여성들은 주변적인 인력으로 묶어놓는 데에 기여한다(조순경, 2008). 이러한 사실은 고용형태와 임금제도는 긴밀하게 연계되어 있다는 것을 말해 준다.

여성 인력의 주변화는 이러한 두 가지 유형의 노동유연화 전략이 동시적으로 이루어질 때 더 체계적으로 나타나게 된다. 그 결과 가운데 하나는 임금 소득 구조가 성별로 양극화되는 것이다. 전 산업에 걸쳐 이러한 현상이 보편적으로 나타날 때 사회 전체적으로 빈곤의 여성화가 진행되게 된다. 이러한 현상은 총량 통계 지표를 통해 일정하게 드러난다.

아래의 〈표 2-1〉에서 보듯이 고용형태에 따른 차별이 비정규직 여성에게 집중되고 있다. 2011년 8월 현재 여성 임금 노동자의 임금은 남성의 62.2%에 그치고 있으며, 여성 비정규직 노동자의 임금은 남성 정규직 임금의 40.5%에 그치고 있다. 이러한 성별 고용형태별 임금 격차는 지난 수년간 별다른 변화를 보이지 않고 있다.

물론 이러한 임금 격차 자체가 성별이나 고용형태에 의한 차별로 인한 것이라고 주장하기 위해서는 별도의 분석이 필요하다. 그러나 이러한 정도로 크게 임금 격차가 별 변화 없이 지속되고 있다는 사실은 여성 노동자들이 처한 조건에 별다른 변화가 일어나고 있지 않았다는 것을 확인해 주고 있다.

아래의 〈표 2-2〉를 보면 2011년 8월 현재 법정 최저임금(시간당 4,320원)에 미달하는 노동자는 약 190만 명으로, 이 가운데 94%가 비정규직 노동자이다. 또한 190만 명 가운데 62.2%가 여성 노동자로, 이들 여성 가운데 80.9%가 기혼 여성(95만 명)이다. 이는 법정 최저임금 수준에 미달하는 전체 임금 노동자 가운데 49.7%에 해당한다. 법정 최저 임금에도 미달하는 수준의 임금을 받으며 일하는 노동자들이 여성 비정규직에게 집중되어 있다는 사실 자체만으로도 성별과 고용형태에 의한 중층적 차별이 현재 우리 사회 노동시장에서 광범위하게 존재한다는 것을 암시한다. 이러한 차별은 직접적인 차별 보다는 노동시장 진입 이전에 존재하는 불평등으로 인한 간접 차별의 결과일 수도 있다. 기회의 평등만으로는 실질적인 평등에 가까이 갈

수 없다는 의미이기도 하다.

<표 2-1> 성별 고용형태별 임금격차 (시간당 임금 기준)

	시간당 임금(원)							임금격차(%)						
	08년 8월	09년 3월	09년 8월	10년 3월	10년 8월	11년 3월	11년 8월	08년 8월	09년 3월	09년 8월	10년 3월	10년 8월	11년 3월	11년 8월
남자	11,608	11,870	11,961	12,686	12,699	13,288	13,406	100.0	100.0	100.0	100.0	100.0	100.0	100.0
여자	7,361	7,392	7,460	7,818	7,882	8,246	8,378	63.4	62.3	62.4	61.6	62.1	62.1	62.5
정규직	13,238	13,547	13,730	14,375	14,401	14,754	14,831	100.0	100.0	100.0	100.0	100.0	100.0	100.0
비정규직	6,704	6,738	6,650	6,828	6,951	7,353	7,603	50.6	49.7	48.4	47.5	48.3	49.8	51.3
남자 정규직	14,727	15,069	15,172	15,992	16,079	16,555	16,632	100.0	100.0	100.0	100.0	100.0	100.0	100.0
남자 비정규직	7,518	7,657	7,488	7,665	7,787	8,321	8,600	51.0	50.8	49.4	47.9	48.4	50.3	51.7
여자 정규직	9,932	10,156	10,395	10,769	10,745	10,977	11,043	67.4	67.4	68.5	67.3	66.8	66.3	66.4
여자 비정규직	5,945	5,898	5,921	6,123	6,228	6,497	6,733	40.4	39.1	39.0	38.3	38.7	39.2	40.5

자료: 김유선(2011) "비정규직 규모와 실태: 통계청, '경제활동인구조사 부가조사' (2011.8) 결과", 19~20.

<표 2-2> 성별 고용형태별 법정 최저임금 미달자 실태(2011년 8월)

		4,320원 미달	
		수(천 명)	비율 (%)
전체		1,900	100.0
고용형태	정규직	109	5.7
	비정규직	1,791	94.3
성별 혼인 상태	미혼 남자	264	13.9
	기혼 남자	469	24.7
	미혼 여자	222	11.7
	기혼 여자	945	49.7

자료: 김유선(2011) "비정규직 규모와 실태: 통계청, '경제활동인구조사 부가조사' (2011.8) 결과", 24의 <표 16> 자료로 재구성.

고용형태에 의한 차별은 두 가지 차원에서 이루어진다. 하나는 정규직의 비정규직화, 외주화의 과정에서 이루어지며, 다른 하나는 비정규직화된 이후에 발생하는 차별이다. 이 과정에서 성차별은 체계적으로 이루어진다. 여기서 '체계적(systemic)'이라 하는 이유는 차별의 발생이 기존의 사회구조, 문화에 기초한 것이기 때문이다. 가시적으로 성별을 지칭하여 여성에게 불리한 대우를 한 것이 아닌, 기존의 성 역할 통념이나 성별 분업 구조, 가부장적 문화 등에 기초하여 차별이 이루어짐을 의미한다.

노동의 유연화와 더불어 심화되는 여성에 대한 체계적 차별은 직접적으로 성차별을 규제하는 방안으로는 실질적인 고용 평등이 이루어질 수 없다는 것을 말해 주기도 한다. 성별 분업 구조가 뚜렷하게 존재하는 조건에서 보편주의적, 성 중립적(gender-neutral) 정책의 시행은 결과적으로 성차별적일 수밖에 없는 이유이기도 하다. 아래에서는 자유주의 전통에 기반한 기회의 평등 정책이 노동시장 유연성이 증가하는 상황에서 실질적 성평등을 이루는데 어떠한 한계를 가질 수밖에 없는지, 그리고 그러한 한계를 극복하기 위한 적극적인 조치들은 무엇이 있을까에 대해 모색해 보기로 한다.

2. 성별 분업 구조와 기회의 평등

기회의 평등

기회의 평등은 자유주의 전통에 기반하고 있으며, 자유 경쟁의 원리를 강조한다. 예를 들면 제도적인 교육 기회의 평등, 모집, 채용상의 차별 금지, 결혼, 임신 출산 등을 이유로 여성에게 퇴직을 강요하지 못하도록 하는 제도, 남녀 모두에게 전문직군을 선택할 기회를 주는 제도 등이 기회의 평등 방안의 대표적인 예이다.

그러나 이미 오랫동안 축적된 차별, 그리고 사회 각 영역에서의 다양한 성차별이 존재하는 상황에서 '자율적으로 선택'하고, 자유 경쟁을 하라는 것은 출발점이 다른 곳에서 달리기를 하라는 것과 다름 없다. 비록 법 제도적으로 결혼, 출산, 임신 퇴직이 금지되어 있다 하더라도 가사 양육 노동의 책임자는 여성이라는 통념이 지배적인 사회문화적 조건에서 여성들은 남성들과 '자유로운 경쟁'을 할 수가 없기 때문이다. 타 지역으로 어느 때라도 전근할 수 있는 능력을 종합직과 일반직으로 구분하는 기준으로 삼는 신인사 제도에서 여성들은 남성과 동등하게 자유로운 직군 선택을 할 수 없다. 위계적 성별 분업이 뿌리 깊은 조건 아래서 여성들은 시간적으로나 공간적으로 남성들에 비해 노동시장에서의 활동범위가 크게 축소되어 있기 때문이다.

우리 사회에서 모든 여성들은 잠재적인 어머니와 아내로, 그리고 가사 양육 노동의 일차적 담당자로 규정을 받고 있다. 성 평등을 주도적으로 이끌어 나가야 할 국가 기관조차 공식적으로 여성을 이러한 전통적 성별 분업 구조에서 바라보고 있다. 예를 들어, 우리나라의 공식 통계에서 사용하는 용어의 개념 규정을 보자. 통계청의 『경제활동인구조사』에는 경제활동인구와 비경제활동인구가 구분되어 있다. '비경제활동인구'의 정의에서 통계청은 '집안에서 밥 짓고 빨래하고 아이 보는 일'의 주 담당자는 여성이라는 것을 공식적으로 규정하고 있다.[18] 2011년 경제활동인구조사에서 비경제활동인구는 "조사 대상 주간 중 취업자도 실업자도 아닌 만 15세 이상인 자, 즉 집안에서 가사와 육아를 전담하는 가정주부, 학교에 다니는 학생, 일을 할 수 없는 연로자와 심신 장애자, 자발적으로 자선사업이나 종교 단체에 관여하는 자"로 정의하고 있다.

공식 통계에 나타난 이 같은 여성관은 우리 사회의 지배적인 성 역할 고정관념을 그대로 반영해 주는 것이라 볼 수 있다. 여성들이 취업을 한다 하더라도 그 여성은 일차적으로 노동자로 인식되는 것이 아니라 잠재적인 어머니, 아내, 며느리로 인식된다. 반면 남성은 취업을 하지 않은 상황이라 할지라도 잠재적인 노동자로, 생계 책임자로 인정된다. 결국 여성은 어떤 직종이든 불구하고 두 가지 역할을 수행해야 될 존재로 규정되며 실제로 그러한 이중 노동을 수행하고 있다. 이러한 점들을 고려할 때 형식적인 기회의 평등만 가지고는 실질적인 평등을 달성할 수 없다. 특히 전 지구적인 경쟁 체제 안에서 시장의 논리와 '능력주의'가 사회 각 영역을 침투해 가는 과정에서 가사/양육 노동과 시장 노동의 이중 부담을 지고 있는 여성은 남성과 '불공정한 경쟁'을 해야 하는 상황에 놓일 수밖에 없다.

노동시장 진입 이전의 불평등이 존재하는 한 여성들은 시장의 전

---

18 1988년도 통계청의 비경제활동인구 용어 설명 시 표현된 내용. 1994년도 조사에서는 비경제활동인구를, "조사 대상 기간 중 취업자도 실업자도 아닌 만 15세 이상인 자, 즉 집안에서 가사와 육아를 도맡아 하는 가정주부, 학교에 다니는 학생, 일할 수 없는 연로자와 심신 장애자, 자발적으로 자선사업 및 종교 단체에 관여한 자, 구직 단념자 등"으로 정의하고 있다. 통계청(1994), 『경제활동인구년보』.

제 아래 놓이게 되기 쉽다. 선진 자본주의 국가들 중에서도 유독 미국이나 일본에서 여성들이 파견직, 시간제 등으로 급속하게 비정규직화되고 저임금 노동력화되는 이유는 이러한 맥락에서 이해될 수 있다. 일단 여성의 노동이 비정규직화, 비공식화되면 법적으로 보장하는 기회의 평등도 이루기 어렵게 된다.

기회의 평등은 가시적인 직접 차별이나 노동시장 진입 이후의 차별 등을 해소하는 데 중요한 기여를 할 수 있으나, 성별 분업 구조나 관념에 기반한 노동시장 진입 이전의 성차별, 간접 차별이나 불평등을 해소하는 데에는 많은 한계를 가지고 있다. 이러한 기회의 평등이 가지는 한계를 부분적으로 해결할 수 있는 방안은 조건의 평등을 이루는 것이다.

조건의 평등

조건의 평등은 여성이 노동시장에 진입하기 이전에, 혹은 계약 이전에 평등한 조건을 마련하는 것이다. 가사나 양육 노동부담 때문에 남녀 간의 자유로운 경쟁이 이루어질 수 없다면 가사와 양육의 상당 부분을 사회적으로 해결하도록 함으로써 여성들의 이중 부담을 덜어주는 방식이다. 예를 들면 탁아 시설을 마련하고 육아휴직 제도를 실시하고 공동 식당, 공동 세탁장 등을 마련하여 보다 공정한 경쟁이 이루어질 수 있도록 하는 것이다. 이러한 면에서 광범위한 탁아 정책이나 육아휴식 제도의 도입이 조건의 평등을 이루는 대표적인 방안으로 여겨져 왔다.

그럼에도 불구하고 이러한 제도들만으로는 실질적인 평등을 달성하기 어렵다는 것이 서구 복지국가와 개방 이전의 사회주의 국가들의 경험이다. 예를 들어 탁아 정책을 실시하더라도 양육은 여전히 여성의 일로 간주되고 있고, 가사 노동의 일차적 책임자는 여전히 여성으로 규정되고 있다. 이러한 문제는 가사와 양육 노동의 사회화는 완벽하게 이루어질 수 없기 때문이기도 하다. 아동 보육시설이 양육의 상당 부분을 해결해 주기는 하지만 집안에서 부모가 수행하여야 할 일은 그래도 많이 있다. 예를 들어 아이를 탁아소에 데리고 가고 오고 하는 일이라든지, 아이나 다른 가족 구성원이 아플 때에 간호를 해야 하는 일 등은 가족 구성원 중의 누군가가 수행해야 할 일로 남게 되는 것이다.

양육 및 보살핌 노동에 대한 성별 분업 관념이 아직까지 우리 사회에 강하게 남아있다는 증거는 육아휴직 급여 사용자의 대부분이 여성이라는 사실에서 확인할 수 있다. 최근에 경기도 가족여성연구원에서 수행한 한 조사에 의하면 2010년 당시 육아휴직 급여를 신청한 근로자 전체 41,733명 중에서 여성은 40,914명으로 98.1%를 차지한 반면 남성은 819명으로 1.9%에 불과한 것으로 나타났다(정형옥, 2011). 남성의 육아 참여를 확대하기 위한 제도적 방안으로 아버지 육아휴직 할당제(파파 할당제)에 대한 논의가 진행 중이나, 아직까지 우리 사회에서 아이를 돌보는 일은 여성이라는 전통적 관념에는 별 변화가 없다.

외국의 경험을 통해 볼 때 조건의 평등을 추구하는 정책만으로는 성별 분업 구조의 변화를 가져오기 어렵다는 것을 알 수 있다. 조건의 평등을 이루고자 하는 정책들은 70년대 중반 이전의 스웨덴 및 북구, 유럽의 일부 국가, 그리고 개방 이전의 동구 사회주의 국가들이 추진해 왔다. 그러나 이러한 정책의 초기 단계에서 양육과 가사 노동을 사회화시킨 일차적 목적은 경제 건설에 필요한 노동력의 절대적 부족을 해소하기 위해 여성들을 노동시장에 끌어내기 위한 것이었다. 성별 분업 구조의 문제는 중요한 관심사가 아니었다. 자연히 노동정책은 기존의 성별 분업 구조나 성 역할 고정관념, 가부장적 문화를 건드리지 않는 상태에서 여성들을 노동시장에 진입하도록 하는 데에 중점이 두어졌다. 즉 양육 노동과 가사 노동의 부담을 사회화함으로써 여성들의 경제활동 참여를 돕는 것이다.

이러한 유형의 정책은 남성들이 가사 및 양육 노동에의 참여 없이도 여성들의 경제활동 참여를 높일 수 있다. 그러나 기존의 가정 내 성별 분업은 그대로 남게 된다. 문제는 가정 내의 성별 분업 구조가 그대로 유지되고 성별 분업 관념이 별 변화 없이 존재하는 한 여성들의 경제활동 참여는 일시적인 현상으로 그쳐버릴 수 있다는 것이다. 개혁 개방 이전 동독의 경험은 단순히 여성들이 가정에서 수행하는 노동에 대한 가치 평가만으로는 성별 분업 관념이나 구조가 타파되기 어렵다는 것을 보여준다. 국가 사회주의 체제 아래에서는 여성 노동자들을 위해 사회복지 시설이 모범적으로 갖추어져 있었으나 집에서의 가사 노동은 여전히 여성의 일이었다. 1987년 당시 동독의 취업 여성은 일주일에 37시간의 가사 노동을 하고 있는 반면 남성은 6시간만 가사 노동에 보냈다. 특히 전일제 취업 여성은 일주일에 31시간을, 그리고 시간제 취업 여성은 일주일에 51시간의 가사 노동을 수행

한 것으로 보고되고 있다.[19]

성별 분업 구조의 변화라는 목적 없이 주어지는 조건의 평등 정책이 안고 있는 중요한 문제 중의 하나는 여성들을 노동시장으로 끌어내야 할 조건이 없어지게 되면, 여성들은 언제든지 가정으로 돌려보내질 수 있다는 것이다. 동독 등 사회주의 여성들이 개혁과 개방 이후에 경험하는 대규모적 실업이 그를 말해준다. 개혁 개방 이후의 자본주의화 과정에서 감원 및 해고의 일차적 대상은 여성이 되어 왔으며, 모성보호 정책이 철회된 상황에서 여성들은 가정에 돌아가는 것을 기대하게 된다.[20]

사회주의 사회의 경우 시장경제가 도입이 되면서 조건의 평등을 지향하는 국가정책들이 철회되자 기존의 전통적인 성별 분업 구조가 재형성되어가고 있다. 여성들은 다시 가정에 들어가고, 기업에서도 일차적으로 경영 합리화의 대상이 되는 것은 여성이다. 이러한 사실들은 여성의 노동시장에의 참여 자체가 성별 분업 이데올로기나 구조의 변화를 자동적으로 가져오는 것은 아니라는 것을 말해준다.

다양한 성차별을 야기하는 근본적 원인이 전통적인 성 역할 이데올로기나 성별 분업 관념과 가부장점 통념에 있다면 이러한 것들의 변화를 가져오는 것이 실질적인 평등을 이루는 데 필수적이다.

---

19 Ebert Friedrich und Stiftung(Hg.)(1987) Frauen in der DDR, auf dem Weg zur Gleichberechtigung? Bonn: Verlag Neue Gesellschaft GmbH. 49. 김해순(1992), 「옛 동독의 여성정책과 통일 후 옛 동독여성의 문제」, 『여성연구』 가을호, 134쪽에서 재인용.

20 스웨덴에서 지방정부에서 지원하는 지역탁아시설의 정규직 직원(여성)을 임시직화하려는 움직임(Gonas, 1995: 155)도 이러한 맥락에서 이해될 수 있을 것이다.

3. 간접 고용, 간접 차별과 규제의 한계

직접 차별에서 간접 차별로

1987년 남녀고용평등법의 제정으로 직접적이고 가시적인 차별 관행은 일정하게 줄어들었지만 동시에 우회적 방법을 통한 차별이 늘어나게 되었다. 이러한 현상은 우리나라만이 아니라 고용차별을 법적으로 규제해 온 외국의 여러 나라에서도 유사하게 발견할 수 있다.

이처럼 직접적이고 의도적인 차별에서 점차 비가시적이고, 간접적인 차별로 변화됨에 따라 직접 차별에 대한 규제만으로는 차별 해소가 실질적으로 어렵게 되었다. 보다 중요한 것은 직접 차별에 대한 규제만으로는 사회적 소수자에 대한 편견과 통념, 그리고 관습 등의 변화를 가져올 수 없다는 점을 인식하게 되었다는 것이다. 그에 따라 편견과 통념들을 수정할 수 있는 새로운 차별 개념과 판단 기준이 만들어 졌다. 간접 차별 개념이 그것이다.

우리나라도 여성노동운동계의 요구에 따라 2001년 통과된 우리나라의 고평법 4차 개정안에서 처음으로 간접 차별을 금지하는 조항을 포함하였다.[21] 그 후 2007년 개정안에서는 간접 차별을 "사업주가 채용 조건이나 근로의 조건을 동일하게 적용하더라도 그 조건을 충족할 수 있는 남성 또는 여성이 다른 한 성(性)에 비하여 현저히 적고

---

21 2001년 개정안에 따르면, "사업주가 채용 또는 근로의 조건은 동일하게 적용하더라도 그 조건을 충족시킬 수 있는 남성 또는 여성이 다른 한 성에 비하여 현저히 적고 그로 인하여 특정 성에게 불리한 결과를 초래하며 그 기준이 정당한 것임을 입증할 수 없는 경우에도 이를 차별로 본다"고 간접 차별을 규정하고 있다.

그에 따라 특정 성에게 불리한 결과를 초래하며 그 조건이 정당한 것임을 증명할 수 없는 경우"로 규정하고 있다.[22]

여성에 대한 간접 차별은 성 중립적인 기준을 적용하였으나, 그러한 중립적 기준이 여성에게 불이익한 결과(disparate impact)를 야기하는 경우 차별로 보는 개념이다. 예를 들어 어떤 기업이 기술직을 채용하는데, 해당 직무의 수행에 신장이 아무런 관련이 없음에도 채용 시 채용 기준으로 키 165센티 이상의 사람에게만 지원 자격을 주는 방식으로 채용 기준을 정했다고 하자. 그런데 만약 우리나라 성인 여성의 평균 신장이 158센티이고 남성의 평균 신장은 170센티라면, 위와 같은 채용 기준은 명시적으로 성(性)을 기준으로 하지는 않았지만(성 중립적 기준) 결과적으로는 여성을 지원 단계에서 체계적으로 배제함으로써 여성에게 불리한 영향을 미치기에 간접 차별 혐의가 있다고 보는 것이다.

간접 차별이 직접 차별과 다른 점은 고용주가 차별 의도가 있었는가는 중요한 기준이 되지 않는 것이다.[23] 그보다는 고용주가 채택한 고용상의 기준, 조건이나 절차, 관행 등이 특정 집단에 불평등한 결과를 가져왔는가에 주목한다. 간접 차별 판단에 있어서 이처럼 의도성 여부를 문제 삼지 않는 이유는, 편견은 종종 무의식적 수준에서 일어나는 경우가 더 많다고 보기 때문이다. 즉 간접 차별 개념은 차별의 의도를 입증해야 하는 직접 차별 개념이 편견과 차별의 역학을 제대

---

22 "남녀고용평등과 일 가정 양립 지원에 관한 법률" 제2조의 1.

23 차별하려는 "의도"가 있었는가는 간접 차별의 판단 기준이 되지 않는다. 직접 차별과 간접 차별의 가장 커다란 차이는 "차별의 의도"가 있었는가 혹은 "차별의 의도"를 입증했는가와 관련된 것이다. 직접 차별과 달리, 차별의 의도보다는 차별의 결과를 중시한다.

로 이해하고 있지 못하며 따라서 차별을 규제하는 데 있어서도 한계를 가질 수밖에 없다는 인식에서 출발한다(한승희, 2000; 조순경 외, 2005).

이와 같이, 직접 차별에 대한 규제만으로는 차별을 야기하는 근본적인 요인들, 즉 편견과 통념의 변화를 가져올 수 없기 때문에 그러한 요인들의 변화를 가져오고자 하는 목적에서 생겨난 개념이 간접차별이다. 이 개념은 1970년대 초 미국 대법원 판례에서 시작되었다.

1971년 미국의 대법원은 사용자의 의도가 없었다 하더라도 중립적인 고용상의 기준이 특정 집단에게 불리한 영향을 미치는 결과를 가져온다면 이는 차별이라고 판단하고 있다. 듀크 전력(Duke Power)이라는 회사에 지원한 그릭스(Griggs)라는 흑인 노동자는 듀크 전력이 다양한 차별을 금지하는 공민권법 제7편(Title Ⅶ of the Civil Rights Act)을 위반하였다 하여 소송을 제기하였다.[24] 당시 듀크 전력은 채용시 자격요건으로 직무 수행에 필요하지 않은 고졸이라는 학력을 요구하였다. 미국 대법원은 듀크 전력이 요구한 자격 조건인 학력이 1) 직접적으로는 인종이 아닌 학력이라는, 중립적인 기준이라 할지라도(중립적 기준), 2) 그 기준이 집단으로서의 흑인에게 불리한 결과를 가져오고(불리한 영향), 3) 그러한 기준에 의해 선별되는 자격 조건이 직무 수행상 반드시 필요한 것(사업상 필요성)이 아니라면 그러한 자격을 요구하는 것은 고용차별이라고 판시하였다.

위의 세 가지 조건은 특정한 행위가 위법한 간접 차별인가를 판단하는 핵심 기준이 되어 왔다. 이 사건에 대한 대법원 판결은 '차별'에

---

24 Griggs v. Duke Power Co., 401 U.S. 424 (1971).

대한 해석을 '의도한 차별' 뿐 아니라 '의도하지 않은 차별' 까지로 확장하는 데에 결정적인 영향을 미쳤으며, '불평등 효과 이론(disparate impact theory)' 을 형성하는 데에도 직접적인 계기가 되었다. 여기서 '불평등 효과' 는 어떠한 특별한 규칙이나 기준, 관행이 특정 집단에 대하여 불리한 영향(adverse impact)을 미치는 것으로 인해 발생하는 것을 의미한다. 즉 인종 중립적인 요건인 학력을 요구하였다 하더라도 역사적으로 흑인은 백인보다 교육기회가 적었다는 사실을 통계적으로도 확인할 수 있기 때문에 그러한 기준을 적용하였을 때 흑인 지원자 개인에게 불리할 수밖에 없고, 따라서 그 기준은 흑인 개인을 고용과정에서 체계적으로 배제하게 된다고 보는 것이다.[25] 여기서 주목할 내용은 이러한 '불평등 효과' 개념에 기반한 차별 판단 기준이 '과거 차별의 현재 효과(present effects of the past discrimination)' 를 전제하고 있다는 것이다. 예를 들어 성 역할 고정관념, 가부장적 문화와 관습 등 표면상 아무리 성 중립적 원칙이나 기준이라 할지라도 그것이 과거 차별의 누적으로 인해 현재에까지 영향을 미친다면 그러한 기준이나 원칙은 차별적인 것으로 보는 것이다(Schlei and Grossman, 1976).

고용형태에 의한 간접 차별

위에서 살펴본 간접 차별 성격의 성차별은 직접 차별에 대한 규제

---

25 Peter Mahnoey, 'The End(s) of Disparate Impact: Doctrinal Reconstruction, Fair Housing and Lending Law, and the Antidiscrimination Principle,' n.d.(mimeo). 간접 차별 개념 및 판단 기준에 대한 보다 상세한 내용은 조순경 외(2005) 참조.

가 실효성을 가지는 영역에서 집중적으로 발생해 왔다. 결혼 퇴직제의 폐지로 여성의 근속년수가 늘어나면서 여성을 다른 방식으로 단기 노동력화하고자 하는 신인사 제도(혹은 직군별 코스관리제도)의 도입이 시도되었던 것이 그 대표적인 사례라 할 수 있다.

성별이 아니라 직종을 외주화의 기준으로 정하는 것, 성별이 아니라 혼인 상태를 기준으로 정리해고 대상을 정하는 방식은 간접 차별 혐의가 있다고 볼 수 있는 사례들이다. 사내 부부를 정리해고 우선 대상으로 정한 농협이나 KTX 여성 승무원 업무를 외주화하기로 한 철도공사, 그리고 100% 여성들로 구성된 식당 업무를 외주 위탁하기로 한 현대자동차 사례, 직급 정년제를 통해 여성을 단기 노동력화하고자 시도했던 한국전기공사협회 사례 모두 위에서 설명한 간접 차별에 해당한다고 할 수 있다. 이 사례들 이외에도 사회적으로 쟁점화되지는 않았으나 많은 사업장에서 이러한 방식의 고용형태를 매개로 한 간접 차별이 이루지고 있다. 고용형태를 매개로 한 성차별이 어떻게 이루어지는지 아래의 사례를 통해 살펴보기로 한다.

상시 근로자 1000여 명의 전자 부품 제조업체인 L사는 2001년 경기 침체와 더불어 장기 불황 대응책을 마련한다는 취지에서 구조조정안을 만들었으며, 명예퇴직과 분사 등을 통해 인력 구조조정을 추진하기로 계획을 세웠다. 구조조정안에 따르면, '핵심 역량'을 제외한 모든 직무는 아웃소싱을 추진한다는 것이었고, 사무직원 및 운전 직무를 우선 '분사'하도록 하였다. 분사 대상 직무 종사자는 모두 44명으로, 사무 지원 업무, 비서 지원 업무 종사자 38명 모두 여성이었다. 이들 44명은 권고 사직을 당하였고, L사의 관리직 사원이 사장으로 있는 분사된 회사에 고용되어 근무하게 되었다. L사의 주장에 따르면 이들 직종을 분사하기로 한 결정은 "전자업체의 경기 침체에 따른 생존 선택이며 분사를 결정한 대상 직무는 경쟁력 제고를 위한 사무(지원) 업무와 운전 직무 해당자이며, 성차별적 부당 해고가 아니다"라고 주장한다. 또한 이 분사는 "인건비 절감을 목적으로 하는 것이 아니라 회사의 경쟁력을 강화할 수 있는 핵심 역량에 집중할 수 있도록 조직을 슬림화하여 극심한 불황을 능동적으로 극복하자는 데 목적이 있다"고 주장한다. 이러한 분사가 성차별이 아니라고 기업 측에서 주장하는 근거는 분사화를 통한 아웃소싱이 "여사원만을 대상으로 한 것이 아니라 남자 직무(운전)도 포함하고 있다"는 것이다. 나아가 직무를 분사 대상 직무로 선정한 것은 사무직과 운전직이 필요한 일이기는 하나 "기업의 경쟁력을 좌우하는 핵심 역량은 아니며, 노동시장의 수급이 용이하기 때문"이라는 것이다.[26] L사 측의 주장은 이러한 외주화가 성차별이 아니라고 주장하는데, 그 이유는 첫째, 여성만을 아웃소싱 대상으로 한 것이 아니기 때문에, 그리고 둘째, 분사 대상 직무의 선정은 성별을 기준으로 한 것이 아니라 직종을 기준으로 한 것이기 때문이라는 것이다. 특히, "직무를 대상으로 분사하였기 때문에 이들이 담당한 업무가 분사 대상이 되었을 뿐 의도적 성차별은 없었다"고 주장한다(조순경 외, 2005: 239~242).

그러나 이러한 주장은 위의 사례가 직접 차별에 해당되지 않는다는 것만을 확인해 줄 뿐이다. 앞에서 기술한 바와 같이 간접 차별은

---

26 L사 인사 담당자와의 인터뷰.

행위의 의도성 여부와 무관하게, 성 중립적 기준을 적용하였다 하더
라도, 특정한 집단(여성)에게 현저하게 불리한 영향을 미쳤다면 그것
은 간접 차별 혐의가 있다고 할 수 있다. 국제적으로 수용하고 있는,
그리고 우리나라의 현행법에서 규정하고 있는 간접 차별 개념에 따
른다면 여성이 집중적으로 고용되어 있는 직무의 분사화와 외주화는
고용형태에 의한 간접 차별 혐의가 있다. 이러한 판단에 이르게 하는
것은 무엇보다 외주화 대상이었던 여성 노동자들이 외주화되기 이전
L사에서 하던 업무를 분사 이후 동일하게 그 업무를 하면서도 근로
조건은 현저하게 저하되었다는 사실에 있다.[27]

이 사례와 유사한 방식으로의 외주화, 사용관계와 고용관계가 분
리되어 있는 파견 근로, 근로관계조차 직접적으로 맺지 않은 상태에
서 노동을 제공하는 독립 계약 노동자 및 가내 노동자, 도급에 의한
노동, 업무 위탁 형태의 노동 등 전통적인 고용관계 밖에서 일하는
노동자층이 빠른 속도로 늘어나고 있다. 고용관계와 사용관계가 일
치하는 전통적 형태의 노동과는 달리, 사용관계와 고용관계가 분리
된 형태로 고용된 노동자들은 대부분 근로기준법상의 '근로자'에 포
함되지 않는다. 특히 특수 고용 노동자들은 근로기준법상의 '근로

---

27 L사의 주장이 위법한 간접 차별이 아니라는 '합리성'을 가지려면, 두 가지 자료가
제시되어야 한다. 하나는 L사가 이 두 직무를 외주화 대상으로 삼게 된 합리적 근
거와 사유, 즉 직무평가 자료를 기초로 이들 두 직무가 L사에서 수행되는 모든 직
무들과 비교하여 가장 '단순한' 업무라는 것을 제시해야 하고, 다른 하나는 이들
직무를 분사하여 비용 절감을 하지 않으면 L사의 사업 자체가 심각하게 훼손된다
는, 사업상 필요성(business necessity)이 있음을 입증해야 한다. 간접 차별 판단 기준
과 방법에 대한 상세한 논의는 조순경 외(2005) 참고.

자'에게만 적용되는 남녀고용평등법, 최저임금법, 산업재해보상보험법등의 적용을 받지 못하고 있다.

차별 규제 행정의 한계

비정규직의 여성화, 여성 노동의 비정규직화는 새로운 이야기는 아니다. 아래 〈표 2-3〉에서 볼 수 있듯이 전체 비정규직 임금 노동자 가운데 여성이 53.4%를 차지하고 있으며, 전체 여성 임금 노동자 가운데 61.8%가 비정규직이다. 이들 비정규직 가운데 시간제, 특수고용, 파견 근로형태의 노동 등에서 여성 비중이 높은 것으로 나타난다.

〈표 2-3〉 성별 고용형태별 노동자 규모(2011년 8월)

		수(천 명)		비중(%)		분포(%)	
		남자	여자	남자	여자	남자	여자
임금 노동자		10,033	7,477	100.0	100.0	57.3	42.7
정규직		**6,003**	**2,854**	**59.8**	**38.2**	**67.8**	**32.2**
비정규직		**4,030**	**4,623**	**40.2**	**61.8**	**46.6**	**53.4**
고용계약	임시근로	3,933	4,506	39.2	60.3	46.6	53.4
	장기임시근로	2,286	2,664	22.8	35.6	46.2	53.8
	한시근로	1,647	1,842	16.4	24.6	47.2	52.8
	(기간제근로)	1,265	1,403	12.6	18.8	47.4	52.6
근로시간	시간제근로	470	1,232	4.7	16.5	27.6	72.4
근로제공방식	호출근로	626	336	6.2	4.5	65.1	34.9
	특수고용	198	416	2.0	5.6	32.2	67.8
	파견 근로	92	105	0.9	1.4	46.7	53.3
	용역근로	376	297	3.7	4.0	55.9	44.1
	가내근로	9	66	0.1	0.9	12.0	88.0

자료: 김유선(2011) "비정규직 규모와 실태: 통계청, '경제활동인구조사 부가조사'(2011.8) 결과", 7.

전체 여성 임금 노동자의 절반 이상이 비정규직이라는 사실, 그리고 더 많은 '여성 직종'이 간접 고용화되고 있다는 사실은 여성에 대한 차별적 고용이 고용형태에 의해 비가시화되고 있음을 말해준다. 그러나 현재의 근로감독 기능으로는 직접적인 차별에 대한 규제조차 하기 어렵다. 고용노동부가 2011년 8월 국회 환경노동위원회에 제출한 국정 감사 자료에 의하면 2011년 8월 당시 실무를 담당할 수 있는 근로감독관 수는 1,362명이다. 근로감독 대상 사업장이 150만 개소가 넘는다 할 때, 근로감독관 1인이 담당해야 할 사업장 수는 1,262개소에 달한다(〈표 2-4〉). 근로감독관의 부족으로 고용노동부는 2009년부터는 '근로조건 자율 개선 지원 사업'을 통해 사업장이 자율적으로 근로조건을 개선하도록 경비를 보조하고 있는 실정이다.[28] 근로감독 적용 대상 법률은 근로기준법뿐 아니라 산업안전보건법, 임금채권보장법, 남녀고용평등법, 최저임금법 등 거의 7~8개 법률에 이른다.

이와 같은 현실은 현재의 근로감독 기능으로 고용차별과 위법한 비정규 고용을 효율적으로 규제하는 것은 가능하지 않다는 것을 보여준다. 근로감독관의 수를 몇 배로 늘린다 해도 현실적으로 근로감독 행정을 통해 법의 실효성을 확보하고, 고용형태에 의한 차별을 금지하기는 어렵다. 특히 중소 영세 사업장에 집중 고용되어 있는 여성 노동자들의 경우 근로감독은 거의 기대하기 어렵다. 간접 고용에 의한 간접적인 성차별에 대한 규제는 현실적으로 더더욱 가능하지 않다.

---

28 『프라임경제』 2011. 10. 7일자.

<표 2-4> 근로감독관 1인 담당 사업장수, 2008~2011

(단위: 개소, 명)

연도	사업장 수(a)	감독관 현원	실무 인원수(b)	1인당 사업장수 (a/b)
2008	1,401,784	1,453	1,276	1,099
2009	1,432,812	1,387	1,227	1,168
2010	1,422,261	1,365	1,209	1,177
2011. 8	1,507,158	1,362	1,194	1,262

주: 감독관 현원: 근로감독 및 산업안전감독관 현원 포함.
　　실무 인원: 기관장 및 부서장을 제외한, 실무 담당 근로감독관 수
　　1인당 사업장 수: 실무 인원으로 계산
자료: 고용노동부(2011), 국회 환경노동위원회 국정감사 제출자료.

파견 노동문제를 통해 이 문제를 좀 더 살펴보기로 하자. 파견 노동의 경우 전체 총량 지표상으로는 아직 큰 비중을 차지하고 있지 않은 것으로 나타난다. 그러나 만약 정부와 재계가 시도하는 대로 파견 허용 직종이 현재의 포지티브 시스템에서 네거티브 시스템으로 바뀌게 된다면 파견 근로의 급격한 증가, 특히 여성 직종의 파견직화는 매우 빠른 속도로 진행될 것이라 예상된다.

파견 근로는 비정규직 고용 중 가장 불안정한 고용형태 가운데 하나이다. 파견 근로는 우선적으로 단순 저숙련, 저임금 직종을 중심으로 활용되기 때문에 이들 직종에 집중 고용되어 있는 여성들이 가장 커다란 영향을 받게 된다. 파견 근로는 근로자 파견업체와 파견 근로자 사이의 고용관계, 파견 근로자와 그 근로를 공급받는 기업체 사이의 사용관계, 그리고 근로자 파견업체와 고객 기업 간의 용역 계약관

계라는 중층적 계약관계를 특징으로 한다.[29]

고용자와 사용자의 분리라는 파견 근로제의 이러한 특징은 극단적인 형태의 고용불안정을 야기할 뿐만 아니라 임금 및 근로조건 개선에 근본적인 어려움이 존재한다. 그 이유는 첫째, 파견 근로의 경우 근로자의 임금 및 근로조건은 근로자와 사용자 당사자 간의 교섭과 계약에 의해 결정되는 것이 아니라 파견업주와 파견 근로자 사용 사업주와의 용역계약에 의해 결정되기 때문이며, 둘째, 파견 근로자를 사용하는 이용기업은 단순히 용역업체와의 계약 해지를 통해 파견 근로자를 해고할 수가 있기 때문이다(조순경, 1997).[30]

파견 근로자를 보호한다는 명목하에 파견 근로를 합법화하고 있는 근로자 파견법은 현재의 근로감독 기능으로 보아 전혀 불법 파견이나 파견 근로자에 대한 보호를 하기 어려운 상태에 있다. 행정 감독의 부실은 불법 파견 등 광범위하게 존재하는 위법한 행위로 이어진다. 전국여성노동조합과 한국여성노동자회협의회가 2000년도에 실시한 파견 여성 노동자 실태조사에 의하면 전국에 걸쳐 불법 파견이 다양한 방식으로 이루어지고 있음을, 그러나 아무런 감독이나 행정적 조치가

---

29 근로자와 고용주 간의 전통적인 고용관계와는 달리 파견 근로의 경우 고용관계와 사용관계(노동과정에서의 지휘 명령 관계)가 분리되어 있기 때문에 파견 근로자에게 있어서는 자신의 고용주는 파견 기업이며, 자신이 매일 노동력을 제공하는 기업은 자신과는 아무런 고용관계를 맺는 것이 아니다.

30 미국의 경우 지난 10여 년간 파견업은 전 산업 중 두 번째로 성장속도가 빠른 업종으로, 파견 노동자들은 각 산업, 전 직종에서 급속하게 증대되어 왔다. 지난 80년대 미국의 노동운동의 위기와 노조 조직력 및 교섭력의 약화는 부분적으로 이러한 파견 노동의 증대와 무관하지 않다. 대표적으로 사무직의 큰 비중을 파견 노동자로 채우는 보험업의 경우 노동조합 조직은 극히 낮은 실정에 있다.

이루어지고 있지 않음을 확인할 수 있다. 조사 결과 대략 세 가지 유형으로 불법 파견이 이루어지고 있는데, 1) 파견법상 절대금지 업무를 파견 노동자들이 수행하는 경우(간호 조무사, 생산직 등),[31] 2) 정규직 여성들을 대량 정리 해고한 후, 그 자리에 곧 바로 파견직으로 대체한 경우, 3) 일시적인 업무가 상시 업무에 대량의 파견직을 배치한 경우(조립 업무 등),[32] 4) 위장도급 형태로 파견 노동을 활용하는 경우 등이다. 동 실태 조사 보고서는 "파견법 제정 논란시 현재와 같은 정부의 행정감독 수준에서는 결코 파견법을 통해 파견 노동자들을 보호할 수 없음을 누누이 지적해 왔는데, 그러한 지적이 그대로 현실화되어 나타나고 있음을 여지없이 보여주고 있다"고 지적하고 있다(전국여성노동조합, 한국여성노동자회협의회 비정규직여성 권리찾기 운동본부, 2000).

점점 더 많은 여성들이 간접 고용 방식의 노동을 한다는 것은 최소한의 모성보호조차 보장받지 못하는 여성들이 더 늘어나고 있음을, 그리고 성희롱, 저임금, 성차별, 직업병과 산업재해 등의 위험에 노

---

31 U업체를 통해 서울 S병원에 파견되어 일하는 여성 노동자들은 "간호보조원"이라 불린다. 이들 여성들이 하는 업무는 '외래에서 환자가 오면 환자가 온 사실을 확인 후 예약순서에 따라서 의사와의 면담을 할 수 있도록' 하고, '의사 처방에 따라 환자에게 검사를 설명하고 다음 날짜를 예약 해준다. 그 외 의사 처방을 전산입력하고, 주사실에서 물품관리를 한다. 현재 이런 업무는 흔히 간호사나 간호조무사들(외래)이 하는 일이다. 이 S병원은 간호조무사는 채용하지 않고 있다. 이 병원에 파견되어 일하는 노동자들은 350명에 달한다. 전국여성노동조합, 한국여성노동자회협의회 비정규직여성 권리찾기 운동본부(2000).

32 광주 L정밀에서는 생산라인에서 파견직 노동자들이 조립업무를 수행하고 있다. 일시적인 업무가 아닌 상시적인 업무를 하고 있다. 파견법 시행 이후 생산라인에 투입된 파견직 노동자들의 규모는 해마다 증가하여 현재 정직 여성은 400명인데, 비정규직(계약직, 파견직)여성은 600명에 달한다. 노조에서도 불법임을 알고 있다.

출된 여성들이 더 많아지고 있다는 것을 말해 준다. 정부의 여성노동 정책이 아무리 훌륭하다 하더라도 그것이 직접 고용을 전제로 한 노동만을 다루는 것이라면 간접 고용 여성 노동자에 대한 간접 차별을 정부가 묵인하는 제한된 정책일 수밖에 없다.

4. 차별 예방을 위한 적극적 노동시장 정책

공공 고용서비스 확대의 필요성

노동시장의 유연성 증대로 인한 고용불안정으로 인해 구인과 구직 등 일자리를 연결시켜주는 직업안정 기능에 대한 수요가 늘어나고 있다. 양질의 공공 직업 안정서비스가 절대적으로 부족한 상황에서 여성들, 특히 저임금 직종의 여성 비정규직들은 민간 직업소개소나 비공식적인 경로를 통해 취업하고 있는 상황에 있다. 아래의 〈그림 2-1〉에서 보듯이 우리나라의 일자리 중개기관은 민간부문이 압도적으로 많다. 2008년 당시 유료 직업소개소가 6,176개소로 가장 큰 비중을 차지하고, 근로자 파견업체가 1,032개소로 그 다음을 차지한다. 2008년 당시 민간 직업소개소의 평균 종사자 수는 대표자를 포함하여 2.5명으로, 매우 영세한 수준이다(노동부, 2010). 근로자 파견업체의 경우도 다국적 기업을 포함한 소수의 파견업체를 제외하고는 대부분 영세한 규모이다. 이들 유료 직업소개소와 근로자 파견업체는 그 영세성으로 인해 전문적이고 안정적인 직업 안정서비스를 기대하기는 어려우며, 영리를 일차적 목적으로 한다는 점에서 일자리 중개 과정

에서 위법한 중간 착취와 인권 침해 및 다양한 차별이 발생할 가능성
이 매우 크다.

우리나라의 민간 직업소개소는 다른 OECD 국가들의 경우와는
다르게 저학력, 중고령, 저소득 계층의 비정규직 노동자들이 주 이
용자이다. 여성들의 경우 민간 직업소개소를 통한 취업 과정에서 단
란 주점이나 티켓 다방 등 유흥 접객업소 성적 서비스 직종으로의
취업을 유도당하고 있는 경우도 적지 않은 것으로 보고되고 있다(유
지영, 2001).

<그림 2-1> 민관 일자리 중개기관 현황, 2008

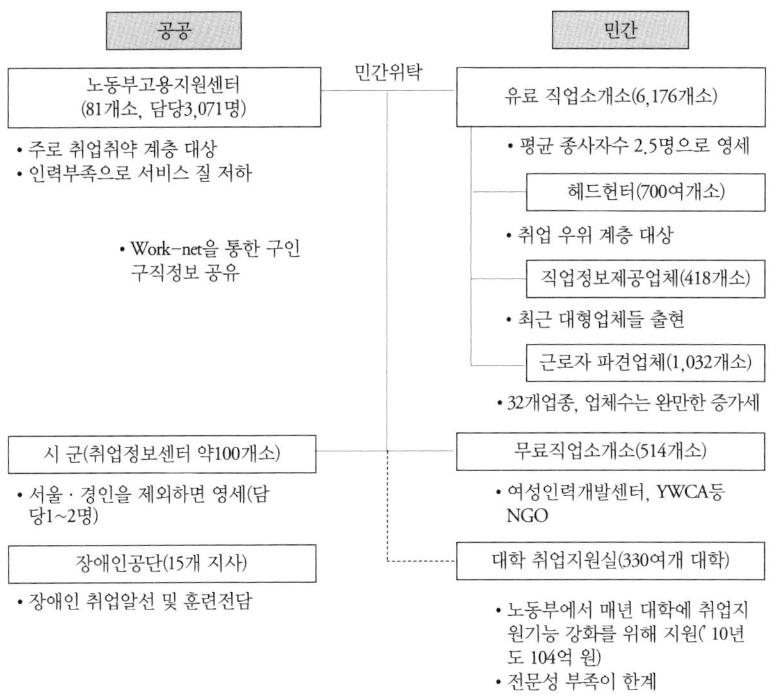

자료: 노동부(2010), "공공 고용서비스 확충방안"(미간행).

직업소개소 등 민간 고용서비스의 주 이용 대상이 저임금 여성 노동력이라는 사실, 급증하는 간접 고용의 주 대상 또한 여성이라는 사실을 감안할 때 차별 예방을 위한 중요한 정책적 과제는 공공 고용서비스를 확대하고 활성화하는 것이다. 2008년도 경제활동인구조사 결과에 의하면 구직경로로 가장 큰 비중을 차지하는 것은 대중 매체, 전체의 41.5%이며, 그 다음이 친구, 친척, 동료가 37.8%로 압도적 비중을 차지한다. 공공이나 민간 고용서비스를 통해 구직하는 경우는 7.7%에 불과한 것으로 나타난다(김대환, 2009: 59).

고용형태 및 고용관계에 대한 개별 노동자와 사용자 간의 정보의 불균등으로 인해 모집 채용 단계부터 비정규직 노동자에 대한 다양한 인권 침해, 중간 착취의 문제가 발생하고 있다는 것은 새로운 사실이 아니다. 특히 도급, 용역, 파견, 특수 근로 등 '모호한 고용관계'나 '위장된 고용관계'의 성격을 띨 가능성이 높은 고용의 경우 더욱 그러하다.

우리나라 공공 고용서비스는 고용서비스의 질적인 차원에서만이 아니라 양적인 면에서도 다른 OECD 국가에 비해 매우 취약한 상황이다. 〈표 2-5〉에서 보듯이 국가 고용서비스 직원 1인당 경제활동인구수는 2008년 당시 우리나라가 8,800명으로, 독일의 17.3배, 영국의 21.6배에 달한다.

<표 2-5> 각국의 공공 고용서비스 인프라 현황, 2008

(단위: 개소, 명)

구분	독일	영국	일본	한국
국가고용서비스 기관의 수	830	1,500	600	81
직원수	87,000	80,000	18,000	2,859
직원 1인당 경제활동인구	479	384	3,705	8,300

자료: 세계공공서비스협회(WAPES) 자료. 한국은 2009. 3월말 현재. 노동부(2010), "공공 고용서비스 확충 방안", 16에서 재인용.

우리나라 공공 고용서비스는 2008년 당시 전국 81개 고용 지원 센터를 통해 구직자 취업 지원 서비스, 실업 급여 지급, 각종 고용안정 지원금 지급, 피보험자 관리, 직업능력 개발 훈련 등의 서비스를 제공하고 있다. 이와 더불어 Work-Net, HRD-Net 등 전산망을 운영 관리하고 있다. 그러나 Work-Net 등 온라인을 통한 서비스는 인터넷 사용이 익숙하지 않은 집단에게는 활용 가능성이 떨어진다. 결과적으로 파출부, 간병인 등 저임금 서비스직으로 일하는 여성들의 상당수는 민간 직업소개소에 의존하게 되는 상황이다.

양질의 공공 고용서비스가 확대된다면 파견, 용역 등 이윤을 목적으로 하는 인력 중개업에 대한 수요가 낮아짐과 동시에 불안정한 간접 고용, 그리고 고용형태에 의한 구조적 차별 또한 예방할 수 있다. 국가 지원의 고용 기구를 대폭 확충함으로써 양적인 차원의 공공고용서비스를 단계적으로 확대하여, 최소 OECD 평균 수준 정도가 되도록 할 필요가 있다.[33] 이는 우리나라의 비정규직 규모, 그리고 비정규직에 대한 차별의 정도와 심각성을 생각할 때 필요한 최소 규모이다. 정부가 여성 노동자에 대한 차별을 해소하고자 하는 의지가 있다면, 그리고 비정규직 문제를 해결하고자 하는 정책적 의지가 있다면, 이러한 적극적 노동시장 정책에 예산을 배정하지 않을 아무런 이유가 없다. 이는 우리나라의 적극적 노동시장 정책의 취약성을 생각할 때 더욱 그러하다.

노동유연화 정도에 비해 우리 사회의 사회 안전망 및 사회적 임금(social wage) 수준이 매우 낮다는 것은 새로운 사실이 아니다. 한국 사회의 적극적 노동시장 정책은 취약한 사회적 안전망보다도 훨씬 더 취약한 것으로 평가되고 있다. 적극적 노동시장 정책에 대한 사회적 지출이 GDP에서 차지하는 비율은 OECD 평균의 1/4 정도에 불과하다(김대환, 2009). 특히 공공고용서비스에 대한 투자는 OECD 평균이 크게 못 미칠 뿐 아니라 OECD 국가들 가운데 최하위 수준에 머물고 있다(〈표 2-6〉).

〈표 2-6〉에서 보듯이, 공공 고용서비스에 대한 투자가 GDP에서 차지하는 비중을 보면 2007년 당시 한국은 0.003%에 불과하다. 이는 OECD 평균 0.15%의 1/5 수준에 불과하다. 적어도 공공 고용서비스 확대를 위한 투자를 OECD 평균 수준으로 할 필요가 있다.

---

33 권영국은 최소한 직원 1인당 경제활동인구수를 500여 명으로 낮출 필요가 있다고 주장하고 있다. 권영국(2010).

<표 2-6> GDP 대비 적극적 노동시장 정책에 대한 사회적 지출 비율, 2007년

(단위: %)

	한 국	OECD 평균
공공 고용서비스 및 행정	0.03	0.15
직업 능력 개발	0.06	0.14
고용 인센티브	0.03	0.10
고용 지원	0.02	0.09
직접적인 일자리 창출	0.01	0.05
창업 인센티브	0.01	0.06

주: 고용 지원 및 창업 인센티브 자료는 2005년도 통계임
자료: OECD(2009), Employment Outlook, Statistical Annex에서 발췌. 김대환(2009), 88에서 재인용

성차별로 이어질 직업 안정 기능의 민영화

최근 정부는 공공 직업 안정 기능의 양적, 질적 부족의 문제를 직업 안정 기능의 공공성 확대가 아니라 민영화를 통해 해결하고자 하는 시도를 해 오고 있다. 2011년 입법 예고한 직업안정법 전부 개정안인 '고용서비스 활성화 등에 관한 법률(안)'에 의하면, 고용서비스의 민간위탁을 확대하고 정부가 세제 지원과 교육훈련 등을 통해 민간 고용서비스 사업을 육성하며, 국내 유료 직업소개업자가 구인자로부터 받는 소개 요금을 자율화하고, '복합 고용서비스 사업'에 대한 법적 근거를 마련하고 이를 활성화함으로써 고용서비스 제공을 확대하는 것으로 목적으로 하고 있다. 이 개정안은 표면적으로는 공공과 민간의 동반 성장을 내세우고 있으나, 실질적으로는 고

용서비스의 민간 위탁 확대를 통해 '중간 착취'의 가능성이 매우 높은 인력 중개 업무의 시장화를 목적으로 하고 있다고 평가되고 있다.[34] 특히 인력소개업과 파견업을 복합적으로 수행할 수 있도록 함으로써 근로자의 업무 형태가 파견인지 소개인지 알 수 없도록 매우 모호하기에, 고용불안정을 더욱 증가시키게 된다는 점이 지적되고 있다.[35]

직업안정법 개정안은 파견업체가 노동자들을 모집하고 자체 교육도 할 수 있게 해 노동유연성을 강화한다는 취지로 도입을 시도하였으나 대규모 복합 고용서비스 업체들이 합법적으로 인력중개 사업을 할 수 있는 길을 열어놓음으로써 간접 고용이 급속하게 늘어나게 될 수 있다. 이러한 문제들로 인해 양대 노총을 비롯한 노동계의 반대에 부딪혔으며, 2011년 2월 임시국회에서 법안 상정을 여야가 시도했으나 보류되었다. 여야가 2월 임시국회에 올리기로 잠정 합의했던 '직업안정법'이 상정 자체가 무산되기는 하였으나 언제든지

---

34 구체적으로, 민간위탁을 할 수 있는 사업자의 범위에 복합 고용서비스 사업을 하는 자를 추가함으로써 사실상 직업소개, 직업지도, 직업정보제공, 직업훈련, 근로자 파견 등 근로자 공급 사업을 제외한 모든 고용서비스 사업에 대해 종합적인 민간위탁이 가능하게 됨을 의미하는 것으로 평가되고 있다. 이와 관련하여 자세한 내용은 권영국(2010) 참조.

35 권영국은 이 직업안정법 개정안이 "노동을 통해 삶의 복지와 노동권이 보장될 수 있도록 '일하는 사람의 고용서비스'가 아니라 사용자로서 직접 책임을 지지 않아도 필요한 만큼 데려다 쓰고 반납하기만 하면 되는 상태, 그렇게 하더라도 기업의 생산에 아무런 영향을 주지 않는 상태로 만드는 데 초점을 맞추어, '사용자의 노동력 활용 서비스'로 변질시킨다고 지적한다. 정부의 고용서비스 선진화 정책에서 파견, 용역·도급 등의 간접 고용은 불안정한 노동을 확대하는 정책"이라고 비판하고 있다(권영국, 2010, 21~22).

다시 시도될 가능성이 크다(보건의료노조, 2011).

여기서 주목할 부분은 이 직업안정법 개정안이 제도화될 경우 그로 인한 고용불안정이나 노동권 침해 피해의 주 대상은 여성 노동자가 될 가능성이 크다는 것이다. 지금도 민간 고용서비스의 주 대상은 노동시장에서 주변적 위치에 있는 비정규직 및 일용, 임시직 여성 노동자들이기 때문이다. 여성들의 간접 고용과 비정규직화를 가속화시킬 가능성이 큰 직업안정법 개정안에 대하여 여성노동운동 진영, 그리고 여성계 전체에서 이 개정안에 대해 지속적으로 관심을 가지고 적극적인 의견 개진을 할 필요가 있다.

여성주의적 직업 안정 기능의 필요성

직업 안정 기능은 단순히 구인 구직자를 연결해 주는 것만이 아니라 노동시장에 적극적으로 개입함으로써 기존의 성차별적 노동시장 구조를 변화시키는 것을 목적으로 해야 한다. 현재와 같이 취업 알선율을 높이는 것을 목적으로 한다든지, 기존의 성별 직종 분리를 강화하는 방식으로의 직업 훈련은 비판적으로 재고할 필요가 있다. 공공 직업 안정서비스는 노동시장에 국가 권력이 적극적으로 개입하는 것을 전제로 하는 것이며, 이때 개입은 노동시장의 수급을 맞추는 것뿐 아니라 노동시장을 재구조화하고 재조정하는 것이어야 한다(OECD, 1996). 직업 안정서비스는 노동시장이 성별성을 띄는 한 성별의 문제로부터 자유로울 수 없다.

유지영(2001)은 직업 안정은 그 중요성만큼이나 여성주의적 시각이 미치지 못한 영역이라고 보면서, 겉으로는 성 중립적, 여성 친화적으로 보이지만 남성 중심의 사회적 조건에서는 반여성적일 수밖에 없는 지점들이 있다고 분석하고 있다. 즉 직업 안정은 노동시장을 조정하고 개입하는 적극적 개념이지만, 노동시장의 성차별적 구조를 그대로 수용한 상태에서 아무리 '적극적'으로 실행된다 하더라도 결과적으로는 성차별적 성격을 띠게 된다고 주장한다. 그는 여성들이 직업 안정 기능을 통해서 취업률을 상승하는 것에만 초점을 맞춘다면 노동시장의 성 분절적이고 성차별적 구조를 그대로 유지하고 강화하는 역효과를 가져올 수 있음에 주목할 필요가 있다고 본다. 직업 안정서비스는 성차별적일 수 있음과 동시에 성차별적 구조에 도전할 수 있기도 하다는 것이다(유지영, 2001: 53~60). 이러한 주장을 수용한다면, 직업안정 기관을 기업이나 노동조합 등 다른 조직과 마찬가지로 차별이 발생할 수 있는 기관으로 바라볼 필요가 있으며, 직업 안정서비스에 있어서 차별이 발생하지 않도록 예방할 수 있는 적극적 조치들을 고려할 필요가 있다.

차별 예방을 위한 징벌적 손해배상 제도와 집단 소송제[36]

비정규직에 대한 차별을 최소화하고 비정규직의 정규직화를 위한 가장 효과적인 방법은 사용자 스스로 그러한 차별이 발생하지 않도

---

36 차별 예방 방안으로서의 징벌적 손해배상 제도와 집단소송제에 대한 이하의 논의는 조순경(2001), 「비정규직 차별 예방 방안으로서의 징벌적 손해배상 제도와 집단소송제」, 『비정규 노동』에 게재한 글을 수정 보완한 것임.

록 예방 조치를 취하는 것이다. 앞에서 여러 차례 지적한 바와 같이 고용형태를 매개로 한 성차별의 뿌리는 여성에 대한 가부장적 편견, 그리고 여성의 일과 역할에 대한 고정관념과 통념에 있다. 여성의 일은 "일 같지도 않은 일", "힘들지 않은 일", "아무나 할 수 있는 일"이라는 편견, 그리고 그러한 일을 하는 여성에 대한 평가 절하, 남성이 생계 책임자라는 통념, 여성의 일차적 역할은 가사, 양육 노동이라는 성별 분업 구조와 이데올로기 등은 노동유연화 시대에 여성을 직접적, 간접적으로 배제하는 주요한 원인이 되어 왔다. 성차별 해소를 위한 적극적 노동시장 정책은 이러한 통념과 편견, 문화와 구조에 균열을 가져올 수 있는 조치들을 고려해야 할 필요가 있다. 이를 위해 가장 좋은 방법은 기업들 스스로 교육 및 다양한 차별 수정 조치를 통해 통념과 편견의 변화를 꾀하도록 하는 것이다. 이것이 가능하게 하기 위해 징벌적 손해배상 제도(punitive damage)와 집단 소송제(class action)의 도입을 적극적으로 생각해 볼 필요가 있다. 징벌적 손해배상 제도와 집단 소송제가 왜 차별 예방을 위한 강력한 조치가 될 수 있는지에 대해 아래에서 살펴보기로 한다.

고용차별 금지 정책으로 징벌적 손해배상 제도를 제도화한 대표적인 나라는 미국이다. 미국의 고용평등위원회(Equal Employment Opportunity Commission, 이하 EEOC)는 사용주가 고의성이 있거나 악의적인 차별을 했다고 판단할 경우 징벌적 손해배상을 청구할 수 있도록 규정하고 있다(U. S. EEOC, 1998c). 미국의 공민권법이 실효성을 가지는 이유는 사용자에게 부과되는 손해배상 제도의 성격 때문이다.

손해 정도에 상응하는 액수만을 보상하는 보상적 손해배상 제도와는 달리, 징벌적 손해배상 제도는 "있을 수 없는 반사회적 행위"를 금지시키고, 그와 유사한 행위가 장래에 발생하는 것을 예방하기 위하여 처벌의 성격을 띤 손해배상을 부과하는 제도이다(Rustard and Koenig, 1993: 42). 이러한 점에서 징벌적 손해배상 제도는 '사회적 범죄'나 '공적 부당 행위'에 대한 '공적 치유책'이다. 징벌적 손해배상은 보상적 손해배상만으로는 예방적 효과가 충분하지 않기 때문에 고액의 손해배상을 하게 함으로써 결과적으로는 처벌을 받은 자(또는 기업)가 장래에 그러한 범죄나 부당행위를 다시 반복하지 않도록 하고, 동시에 다른 사람(또는 기업)이 그러한 부당행위를 범하지 않도록 예방하는 데에 목적이 있다.

징벌적 손해배상은 보통 공공의 이해와 안전, 그리고 시민의 기본권과 관련된 사안에 우선적으로 적용되고 있다. 미국의 경우 1991년에 개정한 공민권법 제7편(Title VII of Civil Rights Act of 1964)에 의거, 근로자(파견 근로자 포함)가 성, 연령, 인종, 민족, 종교, 국적, 신체조건 등을 이유로 하여 '고의적'이거나 '악의적'인 차별을 당한 경우 징벌적 손해배상을 청구할 수 있도록 규정하고 있다.[37]

---

37 OECD 국가 가운데 기업들의 고용에 대해 가장 규제의 정도가 낮다고 하는 미국의 경우에조차 지난 80년대 이후 비정규직의 규모가 빠른 속도로 늘어나 전체 임금 노동자의 약 25%정도에 달하자 이들 비정규직에 대한 차별적 처우를 금지, 규제하고자 하는 정책들을 마련하여야 한다는 주장들이 강하게 제기되고 있다. 실제로 지난 수년간 주정부와 연방 정부 차원에서 이들 비정규직의 근로조건과 차별적인 처우, 그리고 빈곤 문제의 심각성에 대해 조사와 청문회 등을 해오고 있으며, 일부 주정부 차원에서는 비정규직에 대한 차별적 처우를 규제하는 법안들이 마련되어 오고 있다. 또한 고용평등위원회에서는 파견 근로 등과 같은 비정규직(contingent labor)에

미국의 경우 기업 규모에 따라 손해배상 청구 상한선이 다른데, 15~100인 규모 사업체의 경우 상한선은 5만 달러, 101~200인 규모는 10만 달러, 201~500인 규모는 20만 달러, 500인 이상 규모의 사업체의 경우 1인당 손해배상 청구가 30만 달러까지 가능하다(U. S. EEOC, 2000). 이러한 징벌적 손해배상 청구가 집단 소송(class action)의 형태로 이루어질 경우 그 배상액은 차별 피해자 수만큼 늘어난다.

징벌적 손해배상 청구와 더불어 집단 소송제의 도입은 비정규직에 대한 차별을 예방하는 데 결정적인 역할을 할 것이다. 집단 소송제는 피해 발생 때 동일한 방식으로 피해를 받은 사람들 또는 집단을 동일하게 판단하여, 한 명 또는 몇 명이 소송을 해 승소하면, 그 판결이 소송을 하지 않은 다른 피해자들에게도 동일하게 효력을 미치도록 하는 제도이다. 미국에선 피해 당사자뿐만 아니라 공익 목적을 지닌 시민사회 단체도 '대표 당사자 소송'의 주체로 나설 수 있게 하고 있으며, 고용차별의 경우는 독립적인 국가 기구인 고용평등위원회가 원고가 되어 소송을 제기하는 경우가 많다.[38]

만약 한국에 징벌적 손해배상 제도와 집단 소송제가 있다면 KTX 여승무원 문제의 경우나 농협중앙회의 사내 부부 우선 해고와 같은 차별이 발생했을까? 미국의 기준으로 농협의 사내 부부 우선 해고

있어서의 파견 근로자들의 근로조건의 열악성이 심각해짐에 따라 고용평등관련법을 파견업체 등에 고용된 파견 근로자 등의 경우에 어떻게 적용할 것인가의 세부적인 지침을 내놓은 바 있다(U. S. EEOC, 1997)

38 우리나라에서는 2000년에 사회적 약자들의 '흩어진 이익'을 보호할 필요성에서 41개 시민, 사회단체로 구성된 '집단 소송법 제정 연대회의'가 결성된 바 있다. "시민 단체, '집단 소송법' 입법청원", 『연합뉴스』, 2000. 10. 11.

사례의 손해배상액을 산정한다면 1인당 징벌적 손해배상액 최고 30만 달러(약 3억 6천만 원)이고, 만약 전체 피해자 수백 명에서 한 명이 소송하여 승소할 경우, 농협이 지불해야 할 손해배상액은 그 피해자 수만큼 늘어나 2억 달러(약 2천 5백억 원)이상이 된다. 이러한 제도가 있었다면, 농협은 그러한 엄청난 액수를 지불하지 않기 위해서 법에 어긋나는 차별 행위를 하지 않으려고 다양한 방법들을 모색하였을 것이며, 단순히 임금 삭감을 목적으로 정규직을 비정규직화하는 부당 행위들은 발생하지 않았을 것이다.

이러한 고액의 배상액과 재판 비용으로 인해 적지 않은 고용차별 사례들은 일정한 선에서 합의를 하게 된다. 미국 디트로이트에 소재한 일본의 미쓰비시 자동차에서 발생한 성희롱 사건의 경우 성희롱 피해 여성을 대신하여 법적 원고가 된 미국의 고용평등위원회가 미쓰비시 자동차를 상대로 낸 소송 과정에서 미쓰비시 자동차는 3억 4천만 달러의 배상액으로 합의했으며(U. S. EEOC, 1998b), 보스턴 소재 제약회사인 아스트라사의 경우 미국의 고용평등위원회가 원고가 되어 제소한 고용차별 소송 과정에서 1천만 달러의 합의금을 지불하였다(U. S. EEOC, 1998a).

만약 기업이 비정규직을 고용하는 이유가 성차별적 부당 행위를 통한 비용 절감을 꾀하거나 사용자로서의 책임을 회피하고자 하는 것에 있다면, 비정규직에 대한 차별을 해소하고 정규직의 비정규직화를 막는 가장 효과적인 방법은 차별을 목적으로 비정규직을 고용한 사용자로 하여금 큰 경제적 대가를 치르도록 하는 법적, 제도적 장치를 마련하는 것이다.

고용차별 금지 법안, 비정규직 보호 법안을 아무리 아름답게 만든다 하더라도 그 법의 실효성이 확보되지 않을 경우 실질적으로 여성 비정규직을 보호하거나 차별을 없애는 것은 가능하지 않다. 거의 850만에 달하는 비정규직[39] 보호를 '정부의 엄격한 규제와 감독' 또는 '근로감독 기능 강화'를 통해 이룰 수 있다고 보기는 어렵다. 700명이 넘는 여성을 사내 부부라는 이유로 우선 해고하는, 전근대적인 부당 노동 행위를 행한 농협과 같은 대기업의 경우에도 근로감독은 국회의원이 국회에서 문제제기를 하고, 여성단체가 항의하고 난 이후에야 이루어졌다. 이후 근로감독관이 농협중앙회의 행위가 '근로기준법과 남녀고용평등법을 위반한 위법한 행위'라는 조사 결과와 의견을 검찰에 올렸으나, 담당 검사는 "현행법 위반 사실이 발견되지 아니하였으므로, 내사 종결할 것"을 명하였다.

위에서 살펴본 바와 같이 현재의 근로감독 기능으로 고용차별과 위법한 비정규 고용을 효율적으로 규제하는 것은 가능하지 않다. 2011년 당시 근로감독관들이 담당하는 사업장 수는 평균 1,262개에 달한다. 업무 과다로 인하여 300인 이하 사업체는 실태 파악이 어려운 현실이며, 50인 이하의 사업체에 대해서는 근로감독 업무가 거의 이루어지지 못하고 있고, 30인 이하의 사업체는 전혀 아무런 파악조차 못하고 있는 실정이다. 현실적으로 근로감독 행정을 통해 법의 실효성을 확보하고 고용형태에 의한 차별을 금지하기는 어렵다. 법의 집행력을 확보하는 것은 법령과 시행령의 세부적인 내용을 수정하는

---

39 2011년 8월 현재, 경제활동 부가조사 자료 기준.

것만큼 중요한 일이다. 이러한 문제에 주목하지 않은 채 단순히 법 조항의 문제를 집중 거론하는 것은 마치 법 조항이 잘 만들어지면 법이 그대로 실행될 수 있을 것이라는 환상을 심어줄 수도 있다(조순경, 2001).

비정규직에 대한 차별이 그대로 방치되는 한 비정규직이 증가하리라는 것은 자명하다. 왜냐하면 기업들은 비용 절감을 목적으로, 그리고 법적 책임을 피하기 위해 간접 고용 방식의 비정규직화를 계속 시도할 것이기 때문이다. 기업의 불법행위는 이른바 '걸리지만 않으면' 이익을 보게 되는 것으로서 실제 손해배상액을 지급하더라도 큰 이익이 돌아올 것을 계산한 데서 기인한다. 징벌적 손해배상 제도는 기업으로 하여금 "불법 행위는 수지 타산이 맞지 않는다"는 것을 알게 함으로써 잠재적 불법 행위를 억제하고 예방할 수 있다. 징벌적 손해배상 제도가 존재할 경우, 기업은 고비용을 들여서라도 방지 대책들을 시행하여(예를 들어, 관련자에 대한 중징계 및 지속적인 사내 교육과 홍보) 고액의 배상을 예방할 동기를 가지게 된다(박경신, 2004).

여성에 대한 고용차별 예방조치로서 징벌적 손해배상 제도와 집단소송제를 도입해야 한다는 주장은 IMF 구제금융으로 인한 성차별적 구조조정이 본격화되기 시작한 시점부터 있어왔다(조순경, 2000b; 2001; 2002; 오문완, 2002; 정형옥, 2009). 지난 10여 년 동안 고용차별 예방 조치로서 징벌적 손해배상 제도와 집단 소송제의 도입이 필요하다는 주장이 제기되었을 때마다 나왔던 반대 논리는 이 제도들이 한국의 법체계에 맞지 않는다는 것, 그리고 경제적 현실성이 없다는 것이었다.

　실현 가능성이 희박해 보이는 상황임에도 이 제도의 필요성에 대한 주장을 계속해야 하는 이유는, 첫째, 실질적으로 이 제도들이 차별 예방을 위한 매우 강력한 조치이며, 둘째, 지속적으로 이 제도의 필요성을 언급함으로써 이 개념과 제도에 대해 우리 스스로 익숙해지도록 하게 하기 위함이며, 셋째 이들 제도에 대한 토론과 연구를 활성화함으로써, 제도화의 가능성을 조금이라도 높일 수 있기 때문이다. 2000년대 들어서 여러 분야에서 이 제도에 대한 논의가 시작되어 온 것은 주목할 만한 일이다. 노동 분야에서 징벌적 손해배상 제도 도입의 가능성을 논하는 법학계의 연구들이 나오고 시작했으며(오문완, 2002), 징벌적 손해배상 제도를 장애인 차별 금지법에 포함해야 한다는 요구가 장애인 운동 차원에서 제기되었고, 사법개혁위원회에서는 "징벌적 손해배상 제도의 도입 여부를 검토할 필요가 있다"는 내용의 건의문(사법개혁위원회, 2005)을 채택하기도 하였다.

　이러한 변화의 움직임에도 불구하고, 이들 제도의 현실화 가능성은 아직 매우 적어 보인다. 적극적 차별 수정 조치조차 기업의 인사권을 침해하는 것으로 인식하는 사회적 분위기가 아직까지 강하게 남아있는 상황을 생각할 때 가까운 미래에 이 제도들이 도입될 것이라 기대하기 어렵다. 그럼에도 이 제도들의 도입 필요성에 대한 논의를 계속하는 이유는 위의 세 가지 이유 때문이다.

　미국의 경우 고액의 징벌적 손해배상액으로 인해 기업이 파산의 위기에 처하는 경우도 있다. 그러나 미국 정부와 법원이 사회적으로 용납할 수 없는 차별 행위를 한 기업이 재정적인 문제를 겪더라도 그러한 상황을 방치해 온 이유는 민주주의와 평등이라는 기본적 가치와 이념을 지키는 것이 이러한 가치를 심각하게 침해하는 기업의 생존보다 중요하다고 보기 때문이며, 동시에 엄격한 차별 규제 조치를 통해서만이 공정한 시장경쟁과 그에 따른 인적 자원 배분의 효율성이 제고될 수 있다고 믿기 때문이다(조순경, 2001).

중요한 것은, 미국이 오랫동안 이 제도를 실시해 왔지만 그로 인해 미국 기업들이 살아남지 못하거나 시장 경쟁력이 약화되었다는 주장은 별로 들리지 않는다는 사실이다. 물론 이러한 차별 금지 정책을 도입하려는 움직임에 대해 미국의 재계가 제일 먼저 내세운 논리는, "그러면 기업이 망한다"는 것이었다. 그러나 오랜 기간의 차별 금지 정책의 결과, 강력한 고용 평등 정책의 실시가 기업 생산성과 경쟁력 제고에 긍정적인 영향을 미쳤다는 사실을 기업들 스스로 인정하고 있다(김경희, 2004).

고용형태에 의한 차별이 우리나라 전체 노동자 절반 이상의 노동권과 생존권적 기본권, 그리고 우리 사회의 분배적 정의를 침해하는 반사회적 행위로 인정된다면, 그리고 그러한 행위가 미치는 사회 경제적 파장이 심각하다는 점이 인정된다면, 징벌적 손해배상 청구가 가능하도록 법제화하는 작업이 필요하다.

징벌적 손해배상 제도가 우리나라의 법체계에 맞지 않는다는 주장도 있을 수 있다. 그러나 집단 소송제가 우리나라의 민사법 체계에 맞지 않는다는 초기의 주장에도 불구하고 시민운동계의 지속적인 요구에 의해 법제화의 가능성을 만들어 낸 것과 마찬가지로, 징벌적 손해배상 제도도 위헌의 요소가 없는 한, 기존의 법안 개정을 통해, 혹은 새로운 법안의 제정을 통해 도입이 가능하다. 차별을 한 기업에 대해 형사상의 처벌이 아니라 민사상의 손해배상을 청구하도록 하는 것은 정부의 기업에 대한 직접 규제를 최소화하는 것이며, 고용차별 금지를 위해 근로감독 인력을 늘리지 않아도 가능하다. 즉 최소한의 비용으로 최대한의 정책 효과를 가져오는 방법이다.

반차별(anti-discrimination) 교육이 활성화되고 효율적으로 이루어지기 위해서는 자발적 교육과 법적 강제의 연계를 통해 차별 수정을 하는 것이 가장 효과적이라는 것을 외국의 경험을 통해 알 수 있다. 징벌적 손해배상 청구와 집단소송이 가능하기 때문에 잠재적인 차별 주체들이 자율적으로 차별 예방교육을 하게 하기 때문이다. 징벌적 손해배상 제도와 집단 소송제를 통해 엄청난 액수의 경제적 비용을 치르게 하기에 기업이 자발적으로 다양성 교육(diversity training), 차별 예방 교육을 하고 상세한 차별 예방 지침을 자율적으로 마련하게 되는 것이다(조순경, 2002).

이데올로기는 오랜 기간을 거쳐 단단하게 고착화되면 그것은 물적 토대보다 더한 힘을 발휘하기도 한다. 대표적인 것이 성별 분업 이데올로기이다(Milkman, 1987). 징벌적 손해배상 제도와 집단 소송제의 도입은, 1) 기업이 적극적으로 자발적 예방 교육 등을 통해 우리 사회에 강하게 남아있는 성별 분업에 대한 통념과 가부장적 편견을 해소하고, 2) 신분제적 비정규직이나 고용형태를 매개로 한 여성에 대한 간접 차별을 최소화해 나가는 데 매우 효과적인 적극적 차별 수정 조치이자 여성 노동시장 정책이 될 것이다.

제3장

성별 분업과 간접 고용: 통념과 논리

1. 'KTX 승무원 문제'를 통해 본 외주화의 논리와 '사실' 들

2. 안전성(safety)의 비용

3. 비용 절감인가 여성의 단기 저임금 노동력화인가?

4. 현실 가능한 해결 방안들이 있었음에도

성별 분업과 간접 고용: 통념과 논리

2004년 4월 1일 화려한 언론의 스포트라이트를 받으며 KTX 승무원이
되었다. 시속 300km 꿈의 고속철도! 지상의 스튜어디스라는 이름으로 내
평생 받아본 적 없는 찬사와 주목을 받았다. 철도공사 전환이후 정규직
및 정년보장! 준공무원 대우! 20대 여성이 가장 선망하는 직업 1위! …한
승무원이 생리통이 너무 심해 열차를 탈 수 없다고 말했다. 관리자가 말
했다. 피가 철철 넘치더라도 열차를 타라고. 열차에서 노숙자가 무임승차
를 하고 술에 취해 열차 내를 쌍욕을 하며 돌아다니며 공포감을 조성했
다. 여승무원이 제지했고 그 승무원은 2주간 병원 신세를 져야만 했다.
열차가 시커먼 터널 안에 멈췄다. 열차 안에 불은 깜깜하게 다 꺼졌고 바
닥에서 2m가 넘는 승강문에서 뛰어내려 승객들을 일일이 붙잡아드리고
짐을 들어서 환승시켰다. 하지만 열차팀장이 하면 안전업무, 우리가 하면
서비스 업무다. … 민족의 명절 추석이다. 색색깔 한복을 입고 열차를 타
란다. 휴무인 승무원 역시 나와서 역에 서서 인사를 하란다. 하지만 승무
후 남은 건 한복에 걸려 넘어진 상처, 그리고 휴무였던 동료가 고객 안내
후 남은 건 2500원짜리 식권. 열차팀장님은 명절비 인센티브 애기로 바쁘
시다. 시속 300km로 달리는 KTX 열차 내에서 우리는 KTX 승무원이 아
닌 KTX 여승무원이었다. 같이 승무를 하고 같이 검표를 하고 같이 안전

담당을 함에도 남자 팀장님은 전문 직업인, 우리는 열차 내 눈요깃거리고
1년 단위 소모품일 뿐이다. 억울하다. 계약직이 뭔지 위탁이 뭔지 몰랐
다. 시간이 흐르면 처음 했던 그 약속이 지켜질 줄 알았다. …

— KTX 승무원의 수기[40]

'KTX 승무원' 문제를 계기로 알려진 철도공사의 여성 비정규직 문
제는 정부의 노동정책이 가부장적 노동 패러다임에서 벗어나 있지 못
하다는 것을 보여준다. 여성 노동자들에 대한 철도공사의 경영전략이
나 이를 방관하는 국가 정책은 경제 성장을 위해서 저임금 노동자들
의 희생은 필요악이라는 권위주의 시대 노동정책과 그 맥을 같이 하
는 것이라 할 수 있다.

KTX 여성 승무원에 대한 고용차별은 우리 사회가 여성들의 노동
권을 어떻게 바라보고 있는지를 집약적으로 보여주고 있는 대표적
인 사례다. 철도공사가 KTX 여성 승무원을 간접 고용한 실질적 목적
가운데 하나는 여성 노동력의 단기 저임금 노동력화에 있었기 때문
이다.

KTX 여승무원들의 평등한 노동권 확보를 위한 움직임은 여러 가지
의미에서 매우 상징적이다. 성별에 따라 직무가 분리된 노동시장 구
조에서 여성들이 주로 수행하고 있는 업무는 단순하고 숙련이 요구되
지 않는 주변 업무로 간주되고(실제 업무 내용은 단순, 저숙련 업무가 아닌
경우에도), 바로 그 이유로 손쉽게 (위장)도급의 대상이 된다. 이러한 (위
장)도급은 여성들이 수행하는 노동에 대한 성차별적 '인식'과 여성 노

---

40 윤선옥(2006), "KTX의 꿈은 꿈의 속도로 추락하는가"에서 발췌.

동력을 저임으로 이용하려는 차별적 '의도'에서 비롯된 것이지만 성차별을 금지하는 법에 의해 규제하기도 쉽지 않다.

KTX 사건은 법망을 피하고자 하는 의도로 최근 급속하게 확대되고 있는 고용형태에 의한 성차별의 전형적인 사건이라 할 수 있다.[41] 현재 한국의 노동관계 법률들은 근로자를 실질적으로 사용하고도 사업주 책임을 면하려고 외주 위탁하는 고용 관행을 규제하기 어렵다. 대부분의 노동관계 법률들이 전통적인 직접 고용을 전제로 한 '사용자'와 '근로자' 개념을 사용하고 있기 때문이다(정형옥, 2006; 2009). KTX 여성 승무원 업무를 외주 위탁하는 것은 위법한 것이라는 사실을 알면서도 외주 위탁을 강행한 사실이나,[42] 성차별이 문제시되자 소수의 남성 승무원을 고용하는 행위는 모두 기존의 법망을 우회적으로 피하고자 하는 시도로 읽힌다.

이 장에서는 KTX 승무원 업무의 간접 고용이 어떠한 정당성과 합리성이 있는지, 만약 외주화를 통한 간접 고용의 정당성이 없다면 KTX 여성 승무원 업무의 직접 고용이 어떠한 점에서 타당한지를 살펴보고자 한다.

---

41 이에 대한 자세한 논의는 조순경(2007a) 참고.

42 전국철도노조 서울/부산 KTX열차승무지부. "철도공사 위법 사실 알고도 KTX 여승무원 위탁: 개통 전 노동부에 질의 후, 도급 곤란으로 자체 결론. 철도청 공문"(2006. 9. 5일자 보도자료).

1. 'KTX 승무원 문제'를 통해 본 외주화의 논리와 '사실'들

2004년 4월 KTX 개통을 앞두고 철도공사의 전신인 철도청의 자회사인 한국홍익회(이하 홍익회)는 351명의 여승무원들이 채용하였다. 철도청은 KTX 고객서비스 업무를 외주화하여 홍익회에 위탁하였고, 이후 홍익회는 2004년 12월 유통 업무를 한국철도유통으로 이관, 승무원들의 고용을 승계하였다. 홍익회와 철도유통의 임원진은 모두 철도청의 간부로 근무한 경력이 있던 사람들로 구성되어 있었고,[43] 승무원들의 채용과 관련하여 철도청과 긴밀히 협의하였고, 채용 시 면접 과정 그리고 사전 교육 프로그램에는 철도청 간부가 참여하였다.

취업 이후 KTX 승무원들이 노동조합에 가입하고, 취업 당시 철도공사가 약속한 사항들을 요구하기 시작하자 철도공사의 도급인 지위에 있던 철도유통은 노무관리의 어려움을 이유로 철도공사와의 도급계약을 반납하였다. 이에 철도공사는 또 다른 자회사인 KTX관광레저와 승무 업무 위탁계약을 체결하였다. 철도공사는 파업 중이던 승무원들에게 새로 위탁한 자회사인 KTX관광레저로 이적할 것을 요구하였고, 이적 시한까지 이적에 응하지 않을 경우 계약이 만료된다는 통보를 한 후, 이적에 응하지 않은 승무원들을 해고하였다.

2004년 당시 우리 사회 전체는 '간접 고용'이라는 개념에 대한 이

---

43 한국철도유통은 철도공사가 100% 출자한 자회사로서 대표이사를 비롯한 임원 전원이 전직 한국철도공사(전신인 철도청)의 간부를 역임하였거나 한국철도유통의 업무와 직접적 관련성이 있는 주요 직책을 겸임하고 있었다.

해가 거의 없었다. KTX 승무원들은 취업 당시 간접 고용이나 도급, 혹은 파견에 대한 이해가 없는 상태에서 철도청과 그 자회사인 홍익회(이후 철도유통) 사이의 구분을 하기 어려웠다. 그들은 철도청이 승무 업무를 자회사에 위탁했다는 사실, 그리고 그들이 고용계약을 맺은 것은 철도청이 아니라 그 자회사였다는 사실을 취업 초기에는 알지 못했다. 이러한 철도공사의 행위는 위장도급의 형식으로 승무원들을 사용하기 위하여 자회사를 활용한 것이며, ILO가 규정하고 있는 '위장된 고용관계'를 통해 사용자로서의 법적 책임과 의무를 피하기 위한 것이었다.

고속철도 KTX의 개통과 함께 400여 명의 여성 승무원 업무를 외주화하기로 한 것은 그 업무가 비핵심 단순 반복 업무, 저부가가치 업무이기 때문이라는 것이 철도공사의 주장이었다. 외부 연구기관에 용역 조사를 의뢰하였고(한국산업개발연구원과 영화회계법인, 2003), 그 연구결과에 따라 승무 업무를 외주화한 것이라는 것이다. 이에 따라 KTX에는 철도공사에 직접 고용된, 남성이 약 96%를 차지하는 열차 팀장 1인과, 철도유통에 소속된, 100%가 여성인 계약직 승무원이 함께 승무 업무를 담당하는 것으로 운영을 시작했다.

그러나 과연 철도공사가 발주한 그 용역 연구결과에서 주장하는 바와 같이 여성 승무원들이 수행하는 업무가 단순 보조적, 비핵심 업무인가. 철도공사가 의뢰한 용역 연구 보고서(한국산업개발연구원과 영화회계법인, 2003)에는 여성 승무원의 업무가 어떠한 근거에서 단순 비핵심 업무인가에 대해서는 밝히고 있지 않다. 이후에 살펴보겠지만, 실제 노동과정을 살펴 볼 때 여성 승무원들이 하는 업무는 일정 기간의 교육과 훈련 그리고 경험을 통해 형성되는, 숙련과 숙달이 필요한 숙련직임을 알 수 있다. 통념상 실질적으로 숙련과 숙달이 필요한 노동이라 할지라도 '여성적 일'로 간주되는 일은 "아무나 할 수 있는 일", "별 훈련이나 교육이 필요하지 않은" 비숙련 비핵심 업무로 인식되곤 한다.[44] KTX 여승무원 일의 경우도 그 일의 실제 내용과는 상관없이, 100% 여성들이 하는 일이기에 단순한 일로 간주된 것이다. 어떠한 과학적, 객관적 평가에 기초하지 않은 채 통념적으로 "부가가치가 낮은 단순한 일"로 평가되어 아웃소싱의 대상이 되는 것은 여성에 대한 전통적 성 역할 이데올로기나 성차별적 통념에 기초한 체계적 차별(systemic discrimination)의 대표적인 예라고 할 수 있다(조순경, 2007).

여승무원 업무가 과연 '단순' 업무인가? 설사 단순 반복 업무라 하더라도 이들 단순 반복적인 업무를 외주화하는 것이 더 '효율적'이고, '경제적' 인가? 아래에서는 이에 대해 좀 더 상세히 살펴보기로 한다.

외주화 주장을 둘러싼 '사실'의 문제

'비핵심', '단순' 업무인가?

KTX 열차 업무의 핵심적인 업무 가운데 하나는 "승객을 안전하게 수송하고 최상의 서비스를 제공하며 이례적인 상황 발생 시 신속하

---

44 이러한 과정에 대한 상세한 논의는, Phillips, A. and B. Taylor(1986) 참조.

게 대처할 수 있도록 하는 데” 있다(한국철도공사, 2004: 6). KTX 여성 승무원 업무가 승객의 안전한 수송과 관련된 것인가의 문제는 직접 고용의 필요성을 둘러싼 중요한 쟁점 가운데 하나이다.

철도공사가 승무원 업무를 외주화한 간접 고용 논리에 의하면 여성 승무원이 담당하는 업무는 안전 업무와 무관한 단순 서비스 업무이기에 외주위탁을 한 것이라는 것이다. 그 주장에 따르면, 고객 안전 관련 업무는 ‘이례적인 상황’에서나 있을 뿐 일상적인 업무가 아니라는 것이다. 일상 업무는 ‘고객서비스 업무’라는 점을 강조한다. 그러나 철도공사 측에서 만든 자료를 통해서 보더라도 이러한 주장은 사실이 아님이 확인된다.

철도공사의 『고속열차 승무원 업무 자료집』에 따르면 여승무원은 철도공사의 관련 규정 및 절차서를 준수하도록 되어 있고, 철도 안전 관리 규정, 철도 사상 사고 처리 규정, 철도 사고 보고 규정, 이례 상황 시 열차 승무원 조치 사항 매뉴얼, 열차 승무원 차량 고장 조치 매뉴얼 등에 따라 업무를 수행하도록 되어 있다.

KTX 여승무원들에게 나누어 준 『이례 상황 시 열차 승무원의 조치』에는 열차 충돌 시, 열차 탈선 시, 운행 중 화재 발생 시, 차내 독가스 살포 시 어떠한 조치를 취해야 하는지에 대해 기술하고 있다. 또한 여승무원들의 시험용 교재 중의 하나인 철도공사의 『KTX 차내 고장 처리 지침서』에는 “이례 사태 발생 시 대응요령”으로 열차 화재 발생 시 대처 요령, 비상 승강문 작동 시 대응 요령, 비상 사다리 설치 방법, 사고 시 승객 대피 요령, KTX 고장 및 컴퓨터 현시 장치의 명령어 인지 방법 등에 대한 내용이 포함되어 있다(철도청 고속철도 사업본부, 2003). 또한 승무원용 『KTX 고속열차 취급총람』(철도청 고속철도 사업본부, 2004)에도 화재 발생, 사상 사고 발생 시 취해야 할 조치들에 대해 기술하고 있다.

여승무원들의 업무가 단순한 접객 서비스 업무만이 아니라는 사실, 일정한 수준의 작업 지식과 기술, 숙련이 필요한 업무라는 사실은 철도공사가 승무원들을 상대로 행한 교육 내용에서도 드러난다. 2004년 1기 입사 KTX 여승무원들에 대하여 실시한 신입사원 교육에는 고속철도 여객운송제도, 고속철도 안전 실무, 고속열차 차체 장치 실무, 고속열차 제어 안전 장치 실무, 고속열차 공기 보조 장치 실무, 고속열차 방송 통신 장치 실무, 고속철도 승무원 고장 처리 등이 포함되어 있다. 교육의 실질적 내용이 강의 제목에 부합했는가 하는 것은 별개의 문제이지만[45] 이러한 입문 교육 내용은 여승무원들의 업무가 결코 '단순' 업무가 아님을 말해 준다.

철도공사는 "승무원들의 업무는 열차 안전과 거의 무관"하며, 안전 담당 업무는 열차팀장(남성), 객실 서비스 업무는 여승무원이 담당하도록 업무가 명확히 구분되어 있다고 주장해 왔다.[46] 그러나 실제 업무 수행과정을 볼 때 이러한 업무 분리는 현실적으로 불가능하다. 설사 철도공사의 주장처럼 열차팀장만이 안전 업무 담당자라 할지라도, 업무 과정에서 열차팀장이 여성 승무원들과의 긴밀하고도 유기

---

45 KTX 승무원과의 인터뷰에 따르면 승무원들이 당시 받은 교육은 매우 형식적이었으며, 실질적인 교육내용은 강의 주제와 많은 거리가 있었다고 증언하고 있다.

46 한국철도공사, "KTX 승무원에 대한 공사의 입장", 2006. 3. 14. 한국철도공사와 (주)한국철도유통이 공동으로 발표한 미간행 자료.

적인 관계하에서 일하지 않을 경우 열차팀장은 안전 업무를 제대로
수행할 수 없게 되어있다. 아래의 증언은 이례 상황 발생 시에 열차
팀장과 KTX 여승무원들이 함께 대처할 수밖에 없다는 것을 명확하
게 보여주고 있다.

> "열차팀장과 여승무원이 유기적 관계없이 일한다면 일이 될 수가 없어
> 요. 예전에 응급환자가 발생한 적이 있었어요. 심근경색인 환자가 호흡곤
> 란을 호소하고 있는데 내가 승무원에게 무전을 쳐서 방송해서 약을 가진
> 고객을 찾고, 그래서 약을 찾아서 갖다 준 적이 있는데…. 만약 병원으로
> 즉시 수송해야 할 상황이라면 열차를 멈추고 해야 합니다. 열차팀장이 환
> 자 응급처치를 하는 동안 무전으로 약이나 전문의를 찾는 방송을 하도록
> 승무원에게 지시를 해야 하고, 정차와 문을 여닫는 일은 열차팀장이 해야
> 하는데 열차팀장이 승무원과 분리되어 일을 한다면 환자는 포기해야 하
> 는거죠. 그렇게는 도저히 일이 안됩니다. 불법파견 문제가 불거진 이후에
> 는 승무원 이름도 모르고, 인사도 하지 말라고 지시가 내려왔어요. 이례
> 적인 상황이 발생했을 때 승무원과 아무 관계없이 열차팀장 일을 처리하
> 는 건 불가능하죠."
>
> — KTX 열차팀장 K씨

KTX 여승무원 간접 고용이, 그리고 그 업무가 합법적인 외주위탁
이 되려면 철도공사 소속의 열차팀장은 외주위탁업체 소속의 여승무
원에게 '지휘, 감독'을 하면서 업무를 수행해서는 안 된다. 그러나
열차 탑승 이전부터 열차 운행에 이르는 전 과정에서 열차팀장은 끊
임없이 여승무원들에게 지시와 감독을 하며 일을 할 수 밖에 없다.
그들 모두에게 업무용 무전기가 지급되고 일상적 업무나 위급한 이
례적인 상황의 경우 무전기를 통해 팀장은 여승무원으로부터 보고를

받고, 그들에게 지시를 하고, 감독하게 되는 것이다.

위에서 살펴 본 바와 같이 여승무원 업무의 성격은 승무원들이 수행하는 일이 아무런 숙련이나 경험, 교육훈련을 필요치 않은 일이 아님을 알 수 있다. 또한 열차팀장은 안전업무, 여승무원은 접객서비스를 담당하기에 서로 업무상 연관성이 없다는 철도공사의 주장은 외주위탁을 가장한 불법파견을 은폐하려는 허구의 논리라는 사실이 구체적인 노동과정을 볼 때 분명해 진다.

비용 절감을 위한 외주화인가?

철도공사를 포함한 많은 공기업들의 주장은 주변 업무의 비정규직화 혹은 외주화가 기업의 효율성을 제고하는데 도움이 된다는 논리에 기초하고 있다. 그러나 개별 기업단위에서 문제를 볼 때 이러한 논리가 항상 타당한 것은 아니다. 철도공사의 고속철도 승무 업무 위탁 또한 이러한 외주화의 비용 절감 효과를 그 논리로 제시한다. 그러나 구체적인 자료를 검토해 볼 때 그러한 비용 절감 효과는 나타나지 않는 것으로 드러난다. 오히려 직접 고용이 외주화에 비해 비용이 절감된다는 사실을 확인할 수 있다.

철도공사와 철도유통이 국회에 제출한 국정감사 자료, 승무 업무 위탁업체인 KTX관광레저를 포함한 철도공사의 계열사 운영 실태에 대한 감사원의 감사 결과 보고서 등을 검토한 결과, 승무 업무의 외주화가 단순히 인력 운용상의 비용 절감이나 경영효율성의 문제가 아니라 철도공사와 자회사 KTX관광레저와의 관계, 철도공사 경영상의 문제에서 비롯된 것임을 확인할 수 있다. 외주화했을 때 철도공사가 직접 고용하는 것보다 더 드는 비용 총액은 2005년 기준, 승무원 400인 기준으로 할 때, 최소 연 16억 원 정도로 추산된다.[47]

위의 사실들로 미루어 승무 업무의 외주화를 통해 비용 절감 효과가 있다는 주장은 설득력이 적다. 국정감사 및 감사원의 철도공사 감사 자료를 통해 볼 때 철도공사는 오히려 더 많은 비용을 들여 자회사를 지원하고 있는 것으로 드러난다. 철도유통에 이어 철도공사로부터 승무 업무를 위탁받은 KTX관광레저는 승무 업무 위탁과 함께 엄청난 흑자를 기록하였다. 확인 가능한 자료만을 검토한 결과, 철도공사가 승무 업무를 외주 위탁한 것의 효과는 비용 절감이 아니라 자회사 KTX관광레저에 경제적 이득을 가져다주는 것으로 나타났다.

감사원이 2005년 12월에 발표한 "한국철도공사 출자회사 설립 운영실태" 감사 결과에 따르면, 감사원은 공정거래위원회 위원장에게 KTX관광레저를 포함한 "한국철도공사의 자회사에 대한 내부 지원 행위에 대하여 관계 규정 위반 여부를 조사하여 필요한 조치를 마련하도록" 하였으며, "사업 타당성이 없거나 사업 전망이 불투명하여 향후 한국철도공사의 경영개선을 저해할 우려가 큰" KTX관광레저 주식회사를 포함, 브이케이시㈜, 한국철도통합지원센터㈜, ㈜한국

---

47 (1) 승무원 1인당 이윤 (128,000원) * 400인 * 12개월 = 614,400,000원
    (2) 인건비에 포함되어 이중 산정한 복리후생비 = 425,121,000원
    (3) 1인당 248만5천원 이외에 지급되는 인센티브(200%)
      (철도공사의 '위탁비 내용' 기준)
      1인당 년 1,532,000원 * 400인 = 612,800,000원
    (4) 비용 절감 최소 금액: (1) + (2) + (3) = 1,652,321,000원

철도종합서비스, 철도산업개발㈜ 등 5개 자회사의 지분을 매각 또는 청산하는 정리 방안을 마련하도록 조치한 바 있다.[48]

감사원의 감사에서 지적한 사항 중의 하나는 철도공사가 KTX관광레저를 "사업 타당성 검토 없이 설립을 추진했으며, 관광열차 판매 수익을 68배나 많게 예측하는 등, 내부적으로 확정된 자회사 설립을 정당화하기 위해 형식적으로 수지를 분석하였으며, 2005년 1월에는 사업 부진 등의 이유로 증자하면서도 사업 전망이나 수지 분석을 하지 않고, 이사회의 승인도 얻지 않은 채 부당하게 집행하였다"고 지적하고 있다(감사원, 2005).

이처럼 KTX관광레저는 2005년도 감사원의 철도공사 계열사 감사 결과 부실 매각 청산 대상 기업에 포함되었으나, 철도공사는 매각 청산 대상 5개 기업 가운데 유독 KTX관광레저만 청산 대상에서 제외, 유지하기로 결정하였다.

승무 업무를 위탁받은 KTX관광레저와 철도공사 간의 구체적 계약 내용은 공개된 바 없다. 계약 금액이 명시되지 않은 위탁 협약서만

---

48 KTX관광레저는 처음부터 부실의 가능성을 가지고 출발한 기업이었다. 롯데관광개발㈜는 KTX관광레저의 49% 지분을 가지고 있었다. 롯데관광개발은 2004년 7월 22일 철도공사가 2004년 초에 설립한 (재)철도교통진흥재단에 10억 원을 기부했다. 10억 원 기부 5일 후인 2004년 7월 27일 철도청과 롯데관광개발㈜는 공개경쟁입찰과정을 거쳐 철도연계 여행사업 합작 투자회사 설립계약을 체결하였다. 당시 철도청과 롯데관광개발 각각 출자금액 4억9천만 원(49%), 철도교통진흥재단이 2천만 원(2%)을 출자, 총 10억 원의 출자금으로 시작하였다. 그 2주후 2004년 8월 11일 KTX관광레저가 설립되었고, 전 롯데관광 상무가 대표이사로, 당시 철도청 고속사업단장이 이사로 선임되었다(철도공사, 2006년 건교위 국정감사 유정복 위원에 제출한 자료, 2006. 10.)

국감 자료로 제출되었다. 구체적인 위탁계약 금액은 파악할 수 없으나, 철도공사가 국정감사에 제출한 자료를 통해서 추산해 볼 수 있다. 2006년 7월 당시 승무원 1인당 월 평균 인건비 총액은 172만 원이다. 또 다른 국감 자료에 의하면, KTX관광레저 소속 승무원의 1인당 월 평균 급여 지급 총액은 1,644,010원으로 나타났다.[49] 자료상으로 명백히 드러나는 것은 승무사업 위탁이 KTX관광레저 영업에서 매우 큰 비중을 차지한다는 것이다. 이는 KTX관광레저의 영업실적 규모와 인원 현황 자료에서 드러난다. 2006년 8월 당시 KTX관광레저 총 직원 329명 가운데 승무사업 관련 인원은 모두 255명으로 전체의 78%를 차지한다. 영업 실적의 경우도 승무사업 위탁으로 인해 영업실적이 급증하고 있는 것으로 나타난다.

철도공사가 2006년 7월 작성한 "철도공사 계열사 개편(안)"에 의하면, KTX관광레저를 매각 청산하지 않고 유지하기로 한 이유는 "연구용역 결과, 위 계열사는 공사 핵심 부대사업을 수행하면서 기업 공개(IPO)에도 가장 근접한 경쟁력 있는 기업으로 평가받고 있기" 때문이라는 것이다.[50] 이 계열사를 유지하기로 한 이유로 드는 "공사 핵심 부대사업 수행"은 KTX 승무사업을 의미한다. 승무사업 이외에 KTX관광레저의 주 사업은 여행 관광업으로, 이는 감사원 감사에서도 지적되었듯이 "민간부문과 경쟁 관계에 있어서 수익성 확보가 어려운 업종"이며, "철도공사의 경영 개선이 저해될 소지가 있는" 사업

---

49 2006 국정감사 건교위 이재창 위원 요구자료(II), 881.
50 한국철도공사, 2006년 국회 국정감사 건설교통위원회 이재창 위원에게 제출한 자료.

이기 때문이다.

KTX 승무사업 수행이 KTX관광레저를 매각 청산 대상에서 제외시키고, 퇴출을 막는 역할을 하였다는 사실만으로도 KTX 승무사업 외주 위탁이 KTX관광레저에 대한 부당한 지원 행위가 될 수 있다. 철도공사는 KTX관광레저 유지 이유 중의 하나로 이 계열사의 영업 실적이 대폭 향상되고 있음을 밝히고 있다. 철도공사가 밝힌 자료에 의하면 KTX관광레저의 영업 실적은 2005년 상반기 2억 8천만 원에서 2006년 상반기에는 24억 원으로 850%정도로 급증하고 있다(한국철도공사 부대사업본부 운영지원팀, 2006). 2006년 상반기는 KTX 승무 업무 위탁사업이 시작된 시점이다.

KTX관광레저는 2004년 3억 7천만 원의 적자를, 2005년에는 2천 3백만 원의 흑자를, 그리고 2006년에는 5억 3천 4백만 원의 흑자를 낼 것으로 잠정 집계하고 있다.[51] KTX관광레저의 사업 내용이 KTX 승무사업을 제외하고는 2005년도의 경우와 크게 다르지 않다는 사실을 감안할 때, 2006년도에 당기 순이익이 전년도에 비해 급격하게 늘어난 것은 승무사업 위탁과 무관하지 않다고 할 수 있다. 승무사업 위탁 계약으로 인해 KTX관광레저는 감사원에서 지적한 부실 청산 대상 기업에서 살아남게 된 것이다. 그 어떤 기업이라도 아무런 위험 부담이 없는 사업인 승무사업을 위탁받게 된다면 흑자를 기록하게 될 것이라는 점에서 승무사업 위탁은 기업의 퇴출과 존립을 가늠하게 하는 지원 행위라고 할 수 있다. 직접 고용 비용보다 외주화가 더

---

51 기획예산처 홈페이지에 등록된 내용. 2007년 1월 7일 검색.

많은 비용이 소요되고, 청산대상이었던 부실기업을 일거에 흑자로 전환하게 하여 청산 대상에서 제외되도록 하여 퇴출을 막아주었다면, 철도공사의 승무 업무 외주위탁이 자회사 KTX관광레저를 부당 지원한 것이라는 해석도 가능하다.

2. 안전성(safety)의 비용

KTX 승무원 문제는 성차별적 외주화가 철도공사 사업의 '핵심'을 심각하게 훼손할 가능성이 있음을 보여준다. KTX 운영 사업의 핵심 가운데 하나는 승객의 안전한 수송이라 할 수 있다. 그러나 승객의 안전과 관련된 업무를 교육이나 훈련이 필요하지 않은, '단순한' 서비스 업무로 규정함으로써 안전성 문제를 야기한다.

객차 18량으로 구성된, 1,000여 명의 승객이 탑승하는 총 길이 388미터의 KTX는 1호차에서 18호차까지 아무런 방해 없이 빠른 속도로 걸어가더라도 7~8분 정도 걸린다. 만약 시속 300킬로미터로 고속 주행하는 열차에서 단 한 명의 열차팀장만이 '안전'을 담당하고 있다면, 그리고 그 열차팀장이 여승무원에게 아무런 '지시'나 '지휘 감독'을 하지 않고 완전히 독립적이고 분리된 방식으로 업무를 수행한다면, 위급한 이례적 상황에서 승객의 안전은 보장받기 어렵다.

특히 KTX의 기계적 결함 문제를 고려할 때 '안전' 문제는 더욱 중요해 진다. 철도공사는 KTX가 최첨단 기술과 장비로 이루어져 있기에 안전사고의 가능성이 매우 낮다고 홍보해 오고 있다. 승무원들의 파업이 진행되고 있던 시기, 철도공사가 제출한 국정감사용 자료에 의하면 고속철도 개통 후 2005년 7월까지 KTX는 198건의 사고(차량 고장, 선로 고장 등)가 발생한 것으로 보고되고 있다. 시속 300킬로미터로 달리는 고속철의 경우 다른 열차의 경우와 달리 선로와 차량의 작은 결함에도 대형 사고를 부를 수 있다. 안전을 위해서는 숙련을 가진 숙달된 인력이 필요하나 이 업무를 외주화함으로써 안전사고 위험 가능성이 높아지고 있다. 2006년 국정감사 자료에 따르면, KTX의 지연 운행이 증가하고 있고 이로 인하여 중간 환승역에서의 다른 열차로의 환승이 원활하게 이루어지지 않아 승객들의 불만이 고조되고 있는 것으로 지적되었다.[52] 〈표 3-1〉을 보면 승무원들이 파업 중인 시기였던 2006년 들어 지연 운행, 특히 60분 이상의 지연 운행이 급격하게 증가하고 있어, 열차 운행에 있어 결정적인 문제점이 나타나고 있음을 보여준다.

〈표 3-1〉 년도별 KTX 열차지연 운영현황

구분 / 년도	총 운행 열차수	정시 열차수	정시율 (%)	지연 시분대별 열차수					
				계	5~9	10~19	20~39	40~59	60분 이상
2004	34,920	30,598	87.6	4,322	3,914	281	102	17	8
2005	50,658	47,473	93.7	3,185	2,641	391	101	31	21
2006 (1월~8월)	34,732	32,022	92.2	2,710	2,156	435	58	33	28

주: 정시운행열차 : 종착역 도착시간을 기준으로 5분 미만 지연된 열차
자료 : 2006년도 10월 정기국회 국정감사, 건설교통위원회 위원요구자료(II), 943.

---

52 2006년도 10월 정기국회 국정감사, 건설교통위원회 위원요구자료(II), 943.

2005년 11월에 비하여 2006년에는 열차 다이아(열차운행 시각표)를 2~3분에서 많게는 8분까지 열차 운행시간을 연장시켰음을 감안할 때, 2006년 당시의 KTX의 지연 운행은 〈표 3-1〉에서 보는 것보다 더욱 심각한 상태인 것으로 보인다. 문제는 이러한 빈번한 열차 지연 운행 현상이 단순히 운행시간 조정이나 관제 미숙으로 인한 것이 아니라 KTX열차의 주요 기계장치의 결함으로 인한 것일 가능성이 크다는 데 있다.

2006년 6월 시행된 한국철도공사의 자체 감사 결과에 따르면, "2006년 4월 20일 4개의 샘플을 선정하여 국제 공인기관으로 지정된 전문 검사기관의 1차 비파괴 검사 결과 4개 모두 표면 균열 현상이 있었으며, 같은 해 5월10일 7개의 샘플을 검사한 2차 검사결과 7개 모두 표면 균열 현상이 발견"된 것으로 나타났고, 이에 따라 "KTX 전 편성의 트라이포드가 표면 균열이 발생되어 균열이 점점 진행되는 것으로 판단되며, 앞으로도 트라이포드의 절손이 예상된다"고 판단하였다.

이 밖에도 2005년 2월 감사원의 고속철도 운영 및 관리 실태에 대한 철도공사의 감사에서는 대차 불안정 감지센서 시스템의 부적정 문제, 제동 명령 스토퍼(stopper) 설계 기준 변경의 문제 등 열차 안전 운행에 결정적인 영향을 미치는 시스템의 문제 등이 지적된 바 있다.

사고 발생 시 운행 중인 차량을 정지시키고, 승객을 다른 차량으로 환승케 하는 경우 고객 안전에 위험한 상황이 발생하게 된다. 역에서 환승할 때와는 달리 승강장이 없는 곳에서 환승할 경우 승객들은 승강장이 아닌 곳에서 내리고 옮겨 타야 한다. 그러나 승강장이 아닌 곳은 지면으로부터 열차까지 높이가 매우 높아 건강한 비장애인의 경우도 승하차가 쉽지 않다. 이러한 상황에서 장애인이나 노약자, 환자, 어린이 등을 환승시킬 때 안전하게 안내하는 것이 승무원의 중요한 업무 가운데 하나다. 승무원들이 업무 수행을 위해 지속적인 교육 훈련을 통한 작업 지식을 습득할 필요가 있으나 그들의 업무는 '단순'한 것이라는 통념으로 이 직무를 외주화시킴으로써 필요한 교육이나 훈련은 실질적으로 어렵게 된다.

파업에 참가했던 KTX 여성 승무원들의 증언에 따르면, 그들이 근무하던 당시 이러한 상황에 대비한 체계적인 안전교육은 거의 이루어지지 않았던 것으로 확인되고 있다.[53]

사상사고가 났을 때 이렇게 처리를 해라, 이런 식의 교육은 전혀 안 하고…. 팀장님들이랑 출무신고를 하던 때였어요. 조회도 같이 하고…. 저는 사고를 이틀 연속으로 당했는데 처리과정에서 힘들었다 했더니, 그래서 교육을 해줬으면 좋겠다고 건의를 했더니, "너희는 교육을 받을 필요가 없다. 팀장들이 알아서 다 처리를 하기 때문에 너희는 맡은 바 방송이나 하고 손님들이나 진정시켜라…. 바깥쪽 일은 팀장이 다 처리를 하는데 너희가 무슨 교육이 필요하냐"는 식으로 이야기를 하시더라구요.

– KTX 승무원 C씨

---

53 한국철도공사가 기획예산처의 경영평가용으로 2005년 여승무원 대상으로 실시한 "KTX여승무원 Service Level Up 과정"이라는 교육 프로그램을 보면, (1) 고객서비스 혁신, (2) KTX만의 차별 서비스 전략, (3) 레크리에이션, (4) 업무 효율화를 위한 기수련, (5) 고객 불만 제로화를 위한 처리 기법, (6) 웰빙 파워 요가 등의 내용으로 교육이 실시되었다.

철도유통은 KTX 여승무원들이 이례 상황 시 안전 업무를 기록한 매뉴얼을 읽거나 안전대책이 명시돼 있는 문서에 서명하는 형식으로 교육을 대신하기도 하였다.[54] 승무원들은 근무 당시 실제 화재나 차량 사고 발생 시 대처 방법에 대한 체계적인 실습 훈련을 받은 바 없으며, 그나마 업무를 수행하면서 간헐적으로 선배 승무원들로부터 업무 지식을 배운다고 증언하고 있다.

KTX 열차 사업의 핵심 내용 가운데 하나가 승객의 안전한 수송이라는 사실을 인정, 승객의 안전을 고려한다면 승무원 업무 자체는 그 업무의 성격상 외주화해서는 안 되는 업무이다.

3. 비용 절감인가 여성의 단기 저임금 노동력화인가?

외주화로 인한 비용 절감 효과가 실증적으로 확인되지 않음에도 외주화를 추진한 배경에는 이들 업무가 여성들이 수행하는 업무는 단순, 주변적인 일이라는 통념이 있었다.

철도공사는 운영 적자 개선을 위해 승무 업무의 외주화가 불가피하다 하지만, 실제 승무 업무의 외주화는 철도공사 직접 고용에 비해 비용 절감 효과가 없는 것으로 드러났다. 오히려 더 많은 비용을 들이면서까지 승무 업무는 외주화한 반면, 다른 영역에서는 철도공사의 예산이 방만하게 운영되고 있음이 확인되고 있다.

2005년 국정감사에서는 철도공사가 공사 출범 7개월 만에 13개 자

---

54 『매일노동뉴스』, 2006. 2. 28.

회사에 18건의, 500억 원에 달하는 수의 계약을 했음을 확인되었으며, 국회 건설교통위원회 위원은 불공정 행위가 있었는지 철저한 조사를 할 것을 촉구한 바 있다. 이에 더하여 철도공사는 특정 자회사에 수의 계약을 할 수 있게 하기 위해 장비 기계 등 현물을 출자함으로써 부당하게 자회사를 지원하였고, 기존 경쟁 관계에 있는 업체와 거래를 거절하고 자회사에 독점적 지위를 주기 위한 행위를 하기도 하였다.[55]

2005년 당시 철도공사 17개 자회사에 근무하는 임원 91명 중 77%에 해당하는 70명(전직 38명, 현직 32명)이 공사의 전현직 간부였으며, 공사 직원을 통해 수익이 큰 자체 사업을 독점하여 철도 시장을 교란하였으며, "새로 진출한 비전공 분야, 무관 분야에서 총 41억의 적자를 보고 있는" 것으로 밝혀졌다.[56] 철도공사가 받아야 할 돈은 2004년에는 2천 7백억 원, 2005년에는 1천 4백억 원으로, 2년 동안 총 4천 1백억 원이 미수금으로 남아있다.[57] 또한 2005년 9월 당시 민자역사 19곳과 출자회사 17곳에 729억 원을 투자하고 있으나 철도공사(이전 철도청) 퇴직자들이 사장, 이사, 감사로 재직하면서 '퇴직자 구제소' 역할을 하고 있어 경영 혁신 미흡은 물로, 전관 예우에 대한 공사의 감독 부실로 순이익은 물론 출자금 회수조차 요원한 것으로 국정감사 과정에서 드러났다.[58] 철도공사의 각 철도역 임대 매장은 수의 계약에 의해 "거의 공짜"로 임대되고 있음도 확인되고 있다. 2005년

---

55 2005년 국회 건설교통위원회 국정감사 김태환 위원 지적 내용.
56 위와 같음.
57 한국철도공사, 2006년 국정감사 건설교통위원회 윤두환 위원에게 제출한 자료.
58 2005년 국회 국정감사 건설교통위원회 최인기 위원의 지적 내용.

상반기 당시 전국 철도역사 매장 중 수의계약에 의해 운영되고 있는 현황을 보면, 평당 연간 임대료는 26만여 원(월 평균 평당 임대료 2만2천 원)으로 시세보다 크게 낮은 가격에 임대하고 있었다.[59]

물품 구매 및 공사 발주 과정에서도 예산이 낭비되고 있는 것으로 확인되고 있다. 2006년 운전용 경유 구매과정에서 "계약 법령을 어기면서까지 정유회사에 일방적인 이윤을 보장하여 20억 원의 예산을 낭비한 것"으로 자체 감사 결과 드러난 것으로 보고되고 있다.[60] 이러한 구매 및 외주위탁 입찰을 통한 예산 낭비는 철도공사 감사 및 국정감사 과정에서 반복적으로 지적되어 오고 있다.

철도공사가 경영개선을 위해 경비 절감에 관심이 있다면 경비 절감 효과가 거의 없는, 핵심 업무인 승무 업무의 외주화를 무리하게 추진하는 것보다는, 거액의 미수금을 회수하는 것, 공사 발주나 물품 구매, 용역 위탁 입찰 과정을 보다 투명하게 하여 그 부분에서 비용 절감을 꾀하는 것이 훨씬 더 현실적이고 합리적일 것이다.

정원 부족 문제도 없는 것으로 드러났다. 2005년도 11월 철도노조 와 철도공사 간의 "단체교섭 경과보고"에 따르면 철도노조 측의 KTX 여승무원 정규직화 요구[61]에 대해 철도공사 측은 "경영 효율성을 위한 조치이며, 정원 증원이 필요한 사항이기 때문에 수용 불가하다"는

---

59 위와 같음.

60 2006년 국회 국정감사 건설교통위원회 이낙연 위원 지적 내용.

61 공사는 KTX 여승무원직을 공사의 정규직으로 전환하고, 현재 근무 중인 KTX 여승 무원에 대하여는 2006년 1월 1일 전원 공사의 KTX 정규직 여승무원으로 전환할 것 (전국철도노조, "2005년 정기 단체교섭 경과보고" 8.).

입장을 표명하였다. 그러나 372명의 승무원 정규직화를 위해 정원 증원이 필요하다는 주장은 설득력이 없다. 2006년 2월 말 현재 철도공사의 현원은 모두 31,070명으로 정원 31,480명에 비해 410명의 여유 인원이 있는 것으로 나타난다. 2005년도의 경우도 이와 다르지 않아 정원 31,480명 대비 현원 30,963명으로 현원이 정원보다 517명 적다. 특히 최하위직인 6급의 경우 정원은 5,655명이나 현원은 4,593명으로, 정원에 비해 현원이 1,062명이나 덜 채워진 것으로 나타난다. 372명의 여성 승무원을 정원 제약 때문에 정규직화하기 어렵다는 철도공사의 논리는 100% 여성만을 간접 고용함으로써 여성들을 불리하게 차등 대우한 것의 합리적 사유가 되지 못한다(조순경, 2007a).

승무원 직접 고용이 경영상 가능함에도 불구하고, 그리고 그들 직무의 성격상 외주화해서는 안 되는 것임에도 불구하고 철도공사가 위장도급, 불법 파견의 방식으로 외주화를 한 이유는 여성 승무원들이 젊을 때 잠시 근무하고 이직하기를 원하기 때문이라고 판단된다. 여성들을 단기 저임금 노동력으로 사용하고자 하는 의도는 여성의 일에 대한 평가 절하, 그리고 여성을 생계 보조자로 간주하는 가족 임금 이데올로기, 그리고 그 모든 것의 기초가 되는 가부장적 여성관에 기인한다.

철도공사 경영진이 여성 승무원 직무, 여성 노동력을 어떻게 인식하고 있는가는 KTX 승무원의 채용 조건 및 채용 시 심사과정에서 적나라하게 드러난다. KTX 승무원 사건에 대한 국가인권위원회의 최종 결정문에 의하면, 여승무원 채용 기준은 다음과 같다. 신규 직원 응시자의 경우 21~25세, 경력직 응시자의 경우 21~35세, 용모는 신장

162cm 이상으로 제한하고 있다. 신장 170~173cm의 경우 20점 만점, 166~169cm의 경우 15점, 174~177cm와 162~165cm의 경우는 각 10점이 부여되었다. 나이는 출생년도가 1982. 1. 1.~1983. 12. 31.의 경우 10점 만점, 1980. 1. 1.~1981. 12. 31.의 경우 7점이 부여되었다.[62] 승무 업무를 위해 이와 같은 연령 제한과 신장 조건이 반드시 필요하지 않는 한, 이러한 심사 기준은 철도공사가 여성 승무원을 젊은 시절 잠시 쓰는 단기 노동력으로 생각하고 있었다는 것을 말해 준다.

여성 승무원의 장기 근속을 막는 가장 좋은 방법은 승무원들의 일 자체에 아무런 전망이 없게 하면 된다. 승진, 승급도 가능하지 않게, 임금 인상도 쉽지 않게 하는 방법 가운데 하나가 바로 비정규직화하는 것이다.

2004년 초 KTX 개통 당시 여승무원의 1인당 외주 위탁비 2,485,000원은 2006년 현재까지 인상된 바 없다. 그 이후 채용된 여성 승무원의 실 수령액은 1기 승무원에 비해 더 낮아, 시간이 갈수록 여성 승무원의 명목 임금 수준이 낮아지는 이례적인 상황까지 생기고 있다. 1기 여성 승무원의 경우 외주 위탁비에서 퇴직 충당금, 4대 보험료, 일반 관리비 등을 제외한 월 지급액이 160여만 원(공제 이전)에 달했으나, 그 후 입사한 3기 승무원의 경우 120여만 원에 못 미치는 금액을 받기도 한 것으로 드러난다. 이렇게 임금 수준이 낮아지는 이유로 제시하는 논리는 이미 일정한 근속 경력이 있는 승무원에 비해 나중에 들어온 경우는 경력이 없기 때문에 동일한 임금을 지급하기 어렵다

---

62 국가인권위원회 06진차116, 06진차136 병합.

는 것이다. 철도공사에서 지불하는 위탁 비용이 증가하지 않는 상태에서 임금 수준은 낮아지게 된다. 반면 철도공사에 속한 남성 정규직의 임금 인상률은 2005년도 4급 이하의 경우 5.2%, 3급 이상의 경우 6.6%에 달한다(조순경, 2007: 159~160).

위의 사실들은 3만여 명 이상을 고용한 거대 공기업 철도공사가 여성들을 헌법에서 보장하는 노동권을 가진 주체로 보기보다는 "예쁘고 젊을 때 한순간 쓰고 버릴" 노동력으로 간주하기 때문이다. 여성인 승무원은 승진이 거의 가능하지 않은 간접 고용 비정규직으로 고용하고, 남성은 철도공사의 정규직으로 고용한 것 또한 철도공사가 여성을 남성과 동등한 노동권의 주체로 인정하지 않고 있다는 것을 보여준다.

4. 현실 가능한 해결 방안들이 있었음에도…

KTX 문제를 둘러 싼 논쟁에서 흥미로운 사실을 확인할 수 있다. 승무원들은 그들의 주장을 뒷받침하는 수많은 구체적인 사실들을 근거로 제시해 왔음에 비해, 철도공사는 그러한 주장이 사실이 아니라는 방식으로 반론을 제기해 왔다. 앞에서 보았듯이, 그러한 반론의 근거로 철도공사가 제시한 '사실'들의 적지 않은 부분은 사실이 아닌 것으로 확인되었다.[63]

---

63 대표적으로 승무사업 외주화의 주 역할을 한, 외주화의 실질적 책임자라고 할 수 있는 김천환 여객사업본부장이 『월간 KTX』에 게재한 내용이 그러하다.

그동안 승무 업무 외주화의 타당성, 승무 업무 외주화의 성차별성 등을 둘러싼 수많은 논쟁들이 있었다. 동일한 사실에 대해 철도공사와 승무원은 다른 이해와 해석들을 해왔다. '취업사기', '불법파견', '성차별' 문제를 둘러싸고 노사 간 뿐 아니라 학계, 법조계, 노동계, 그리고 시민사회단체들이 그러한 논의에 참여하였다.

승무원들은 채용 당시 홍익회 및 철도공사 간부로부터 1년 뒤 철도공사 정규직화를 해 준다는 약속에 KTX 승무원이 되기를 선택했다. 승무원들은 정규직화가 당장 어렵다면 비정규 방식으로라도 직접 고용을 요구하며 양보안을 제안하기도 했다. 그러나 철도공사는 직접 고용은 불가하다는 입장을 유지해 왔다. 2011년 현재까지 풀리지 않고 있는 이 문제가 해결될 수 있는 길은 여러 차례 열려 있었다. 아래에서는 그 가운데 몇 가지를 살펴보기로 한다.

국가인권위원회의 권고 이행

KTX 승무원들이 가입되어 있는 전국철도노동조합은 한국철도공사가 국가인권위원회법상 차별 금지 조항을 위반한 것으로 보아 국가인권위원회에 진정을 제기했다. 국가인권위원회에 진정을 제기할 당시 남녀고용평등법은 여성에 대한 고용상의 차별을 금지하는 규정에서 차별의 개념에 간접 차별을 포함하고 있었지만, 차별 행위를 "사업주가 근로자에게" 행한 것으로 한정하고 있어 간접 고용의 문제를 직접 제기하기 어려운 상태였다. 국가인권위원회법은 법 위반의 문제가 되는 차별 행위를 "고용과 관련하여"라고 명시하고 있었기 때문에 간접 고용관계에서 발생하는 성차별까지 포괄할 수 있는 여지가 있었다(정형옥, 2008).

국가인권위원회의 결정에 따르면 철도공사는 여승무원과 직접 고용관계에 있는 것은 아니나 "고용과 관련하여 실질적인 영향력을 행사하는 지위에 있었고" 모집 채용부터 임금 결정, 면접, 교육 및 업무 지도, 감독 및 평가 등에 이르기까지 실질적 영향력을 행사한 주체라는 점을 인정하였다. 그리고 그 과정에서 차별적인 행위를 하였기에 철도공사가 실질적 차별 행위자라고 판단하였다. 국가인권위원회는 철도공사가 여성들이 집중된 승무원 직종을 외주화한 것, 그리고 유사한 노동을 하는 정규직 남성 승무원들에 비해 불리한 고용조건을 형성한 것은 합리적 이유가 없는 성차별적 고용이라고 판단하였다.[64]

"철도공사는 이 사건 피해자들인 여승무원들의 노동에 대하여 정당한 고용조건을 보장하는 방향으로 성차별을 해소해야 할 것이다"라는 국가인권위원회의 최종 결론은 피해 여승무원을 직접 고용하라는 것을 간접적으로 명시한 것이라 판단된다. 그러나 이러한 권고에 대해 철도공사는 "철도공사에 성차별은 없으며 국가인권위원회의 성차별 시정 권고 이전에 이미 성차별 개선은 다 이행되었다"고 주장하였다.[65] 철도공사는 자회사인 홍익회와 한국철도유통을 통해

---

64 국가인권위원회 06진차116, 06진차136 병합.

65 철도공사, "인권위, KTX 승무원 고용조건 성차별 개선 권고관련, '성차별' 등 고용구조 이미 완전 개선"; "현 KTX 승무원 302명중 46명이 남성"…"성차별 없어" (국가인권위 권고에 대한 철도공사의 설명자료, 미간행), 2006. 9. 11.

KTX 승무원을 여성으로 고용하였다. 성차별문제가 제기되자 소수의 남성 승무원을 채용하기 시작하였다. 국가인권위원회 결정이 나던 시점인 2006년 9월 당시에는 302명의 승무원 중 46명의 남성 승무원이 근무하고 있었다.

철도공사는 남성 승무원도 있기에 성차별은 더 이상 없다는 주장과 함께 국가인권위원회의 권고를 수용하지 않았다. 이러한 철도공사의 주장은 국가인권위원회법상의 '차별' 개념을 이해하지 못한 상태에서 나온 주장이거나, 국가인권위원회의 결정을 따르지 않고자 하는 의도에서 하는 주장이다.

국가인권위원회의 권고는 KTX 여승무원에 대한 고용상의 성차별이 있었으니 그 차별의 피해자인 여승무원들을 정당한 방식으로 고용하라는 것이었다. 다시 말해 국가인권위원회의 성차별 수정 권고는 피해자 280여 명의 승무원들에 대한 차별 수정 조치를 하라는 것이었다. 철도공사가 "현재 차별적 행위를 하고 있는가" 여부와는 별개의 문제다. 그러나 철도공사는 거듭 "철도공사에는 성차별이 없으며, 이미 개선되었다"는 주장으로 전혀 국가인권위원회의 권고를 전혀 받아들일 의사가 없음을 천명했다.

철도공사가 평소 주장해왔던 대로 국가의 판단에 따르겠다면, 우선 국가인권위원회의 권고를 이행했어야 했다. 국가인권위원회의 권고가 법적 구속력을 가지지 않기에 이에 따를 법적 의무는 없다고도 할 수 있다. 그러나 우리나라 최대 공기업으로서 최소한의 도덕적 의무와 사회적 책임을 피할 수는 없다.

철도공사는 유엔 글로벌 컴팩트(UN Global Compact)에 가입 신청을

한 바 있다. 유엔 글로벌 컴팩트의 10대 원칙 가운데 중요한 두 가지 원칙은 노동자의 인권 보장과 고용에서의 차별 금지 원칙이며, 가장 중요하게는 기업의 사회적 책임이다. 유엔 글로벌 컴팩트에 철도공사가 자발적으로 가입했다는 사실은 이들 원칙을 철도공사가 지켜나가겠다는 것을 국제적으로 약속한 것이나 다름없다. 철도공사는 최소한 이 원칙을 준수할 윤리적 책임이 있으며, 철도공사가 유엔 글로벌 컴팩트의 원칙을 존중한다면 최소한 국가인권위원회가 권고한 사항을 이행했었어야 했다.

정부의 공공부문 비정규 대책 수용

노동부 등 정부 관련 부처에서 발표한 공공부문 비정규 대책 및 국무총리 훈령에 의하면 "기관의 설립목적, 기능 등에 비추어 주변적인 업무에 대해서는 필요한 경우 외주화 방법으로 업무를 수행할 수 있다"고 외주화 원칙을 명시하고 있으며, "핵심적인 업무 또는 기관 본연의 업무에 대해서는 직접 수행하도록" 하는 것을 원칙으로 하고 있다.

앞에서 살펴본 바와 같이, 여성 승무원들이 수행해 온 업무는 일정 기간의 교육과 훈련 그리고 경험을 통해 형성되는 숙련과 숙달이 필요한 일이다. 그러함에도 철도공사 측에서 반복적으로 여성 승무원 업무는 단순 접객서비스 업무라고 주장해 왔다.[66]

---

66 설사 철도공사의 주장대로 여승무원 업무가 단순 반복 접객 서비스 업무라 하더라

(단위: 명)

대상 기업	직종	인원수	업무성격1		업무성격2		업무성격3		인력현황					
			상시	일시	전문	단순	핵심	주변	상시	일시	전문	단순	핵심	주변
한국 철도 공사	역무원	893	1	–	–	1	–	1	893	–	–	893	–	893
	승무원	101	1	–	–	1	–	1	101	–	–	101	–	101
	환경관리원	261	1	–	–	1	–	1	261	–	–	261	–	261
	역무보조원	109	1	–	–	1	–	1	109	–	–	109	–	109
	선로관리원	397	1	–	–	1	–	1	397	–	–	397	–	397
	건축설비원	10	1	–	–	1	–	1	10	–	–	10	–	10
	전기원	183	1	–	–	1	–	1	183	–	–	183	–	183
	장비운전원	24	1	–	–	1	–	1	24	–	–	24	–	24
	차량관리원	439	1	–	–	1	–	1	439	–	–	439	–	439
	계절인부	56	–	1	–	1	–	1	–	56	–	56	–	56
	사무보조원	176	1	–	–	1	–	1	176	–	–	176	–	176
	운동선수	34	1	–	1	–	–	1	34	–	34	–	–	34
	청사관리	234	1	–	–	1	–	1	234	–	–	234	–	234

자료: 노동부의 공공부문 비정규직 실태조사에서 철도공사가 제출한 자료.

도 이들 단순 반복적인 업무를 외주화함으로써 여성들에게 불리한 대우를 하는 것은 또 하나의 중요한 논쟁 대상이다. 철도공사에 따르면 외주화를 주는 업무는 비핵심 업무와 단순 보조 업무, 그리고 특수 전문기술 업무로 되어 있다. 그러나 핵심과 비핵심 나누는 기준, 업무의 단순성 판단 기준 자체가 불분명하다. 보다 중요한 것은 이들 비핵심 업무 또는 단순 보조 업무가 외주화 대상이 되는 것이 과연 정당한가 하는 문제다.

정부에서 발표한 공공부문 비정규 대책에서 외주화의 합리적 기준으로 제시하는 것은 외주화하는 업무가 그 기관의 사업의 본질을 훼손하지 않아야 한다는 것과, 외주화함으로서 공공성을 침해하지 않아야 한다는 것이다. 그러나 KTX 승무 업무의 외주화는 안전한 수송이라는 철도공사 사업의 본질과 승객의 안전성이라는 공공성을 크게 훼손하는 행위라 할 수 있다.

2006년 노동부의 공공부분 비정규 대책의 일환으로 실시한 실태 조사에서 철도공사가 제출한 자료에 의하면, 승무직은 상시직으로 필요한 인력으로 되어 있어 무기 계약 전환 대상에 포함되는 직무이다(〈표 3-2〉).

한국철도공사가 비정규직의 무기 계약 전환과 관련, 건설교통부 보고 및 내부 협의자료에 따르면 전체 직접 고용 비정규직 69.1%를 무기 계약 전환하고 나머지 비정규 인력은 외주화나 유기 계약 기간제로 할 계획으로 되어 있었으며, 최종적으로 이 가운데 1,400여 명이 무기 계약으로 전환하게 되었다. 공사가 이러한 내용의 비정규 계약직 운영안을 건교부에 제출한 것은 2006년 11월 28일이다. 당시 직접 고용 비정규직으로 고용된 상태였다. 그러나 2006년 말 현재로 철도공사는 새마을호 승무원이 수행하던 승무 업무를 외주화하기로 정하였으며, 그에 따라 2007년 현재 승무 직종은 무기 계약 전환 대상에서 제외되게 되었다 (〈표 3-3〉 참조).

<표 3-3> 철도공사 직접 고용 비정규직의 무기 계약 근로 전환 대상 직종 및 규모

(단위: 명)

분야	직명	계
영업	역무원 856(매표329, 개 · 집표115, 종합안내24, 홈안내79, 방송62, 수송247), 역무보조원 85, 방재요원 41	982
차량	차량관리원(차량정비보조) 347	347
시설	선로관리원 335, 건축설비원(연중인부) 3	338
전기	전기원(시설물유지보수) 113	113
관리 · 지원	사무보조원 116, 물품관리원 42	158
계		1,938

자료: 철도공사, 건설교통부에 제출한 무기 계약 검토 보고서.

철도공사는 공공부문 비정규 대책을 피하기 위해 일차적으로 그 당시까지 상시적으로 고용하던 직접 고용 비정규직인 새마을호 승무원의 외주화를 강행했다. 공공부문 비정규 대책에 따르면 예외적 사유가 없는 한 상시적으로 고용하는 비정규직은 무기 계약으로 전환하게 되어 있다. 철도공사가 무기 계약 전환 계획서를 관련 부처에 제출하기 직전에 새마을호 승무 업무만을 외주화시킨 이유 가운데 하나는 비정규직 대책 대상에서 승무직을 제외시키고자 하는 것이었을 것이라 판단된다. 철도공사가 기간제 근로자로 운영하고자 하는 직종의 상당부분은 외부 위탁할 계획으로 있었으며, 일단 외부 위탁된 이후에 공공부분 비정규 대책의 비정규직 보호 대상이 될 가능성은 없다. 간접 고용의 경우 차별 시정 대상이 되지 않기 때문이다.

철도공사의 「무기 계약 검토보고서」에 의하면 무기 계약은 정년이 보장되고, 보수 수준은 전년도 대비 평균 38% 정도 인상되며, 복지 후생분야의 경우 정규직과 "동일 또는 합리적 차이 수준"으로 적용되어 2007년도의 경우만 총 230억 원의 예산이 더 소요될 것으로 되어 있다.

만약 직접 고용이나 무기 계약으로의 전환 기준이 업무의 독립성이나 공공성, 핵심 업무 여부에 있다면 승무 업무는 가장 우선적으로 무기 계약으로 전환되어야 할 업무 중의 하나다. 승무 업무보다 훨씬 단순하고 독립적으로 이루어지는 업무는 무기 계약으로 전환하면서, 철도안전법상 안전 업무 담당자로 규정되어 있기까지 한 승무원 업무의 외주 위탁을 강행하고자 하는 이유는 이해하기 어렵다.

합리적으로 이해하기 어려운 또 한 가지는 철도공사가 공공부문 비정규 대책을 통해 KTX 문제를 해결하고자 하는 정부의 의견을 수용하지 않음으로써 승무원들의 직접 고용을 거부했다는 사실이다. 공공부문 비정규 대책 시행 과정에서 노동부와 공공부문 비정규직 대책 추진단은 "KTX 문제는 사회갈등 해소 차원에서 공공부분 비정규직 대책에 포함되는 것이 필요하다"는 의견[67]을 특별히 표명했음에도 불구하고 이 의견을 철도공사가 수용하지 않음으로 인해 대책에 최종적으로 포함되지 않았으며, KTX 승무원 직접 고용은 이루어질 수 없었다.

법원의 판결 이행

앞에서 설명한 바와 같이, KTX 승무원들은 2004년 1월 철도공사

---

67 노동부 내부 자료.

의 자회사에 1년 단위로 재계약하는 비정규직 직원으로 채용되었으나 2006년 5월 철도유통으로부터 해고되었다. 승무원들은 2005년 말 승무원 노조 간부의 승무 정지 및 선별 재계약 방침에 반발해 불법적인 자회사 위탁이 아닌 철도공사 직접 고용을 요구하며 파업을 시작하게 되었다. 이후 이들은 철도공사가 제안한 또 다른 철도공사 자회사 KTX관광레저로의 취업을 거부하고 지속적으로 철도공사에 의한 직접 고용을 요구하였다. 이러한 승무원들의 요구는 받아들여지지 않았고, 승무원들은 법원에 자신들의 실질적 사용자는 철도공사임을 주장하는 근로자 지위 확인 등 청구소송을 제기하였다.

철도공사를 상대로 KTX 여성 승무원들이 낸 근로자 지위 확인 등 청구소송에서 서울중앙지방법원과 고등법원은 모두 원고 승소 판결을 내렸다. 철도공사가 자회사인 한국철도유통(이후 KTX관광레저로 변경)과 맺은 업무 위탁은 위장도급에 해당하며, 철도공사가 직접 승무원들을 채용한 것과 같은 묵시적 근로계약 관계가 성립한다고 보아, 철도공사가 승무원들의 실질적인 사용자라고 봄이 타당하다고 판시했다. 이와 관련하여 1심 법원은 9가지 사실들을 이유로 철도공사와 승무원들 간의 근로계약 관계가 성립하는 것으로 판단하였다. 그 중의 일부를 보면 다음과 같다.

> (가) 철도유통은 피고(철도공사: 인용자 주)가 현재 그 지분 100%를 보유한 자회사이고, 이 사건 위탁 협약 체결 당시 철도유통의 사장이나 감사, 관리 상무, 비상근 이사 등 임원진은 피고나 그 전신인 철도청에 간부로 근무한 경력이 있는 사람들로 구성되어 있었다.

(나) 홍익회나 KTX 고객서비스 업무를 이양 받은 철도유통이 KTX 여승무원들을 채용함에 있어 그 채용 인원 등에 대해 피고와 긴밀히 협의하였고, 채용 면접관으로 피고 소속 간부가 직접 참여한 바 있다. 채용 이후 피고는 2004년 3월경 신규 채용된 KTX 여승무원들에 대한 수습 교육을 직접 실시하고 교육 결과를 평가하였으며, 피고 소속 열차팀장 100명과 KTX 여승무원 200명을 모아 놓고 함께 워크숍을 개최하기도 하였다.

또한, 피고의 '접객서비스 시행세칙'은 KTX 여승무원들과 같은 '외주화 승무원'에 대해서도 위 세칙의 적용 대상임을 명시적으로 밝히고 복장이나 용모, 업무수행 방법 등에 관한 자세한 규정을 두고 있다.[68]

이를 기초로 법원은 다음과 같이 결론을 내리고 있다.

적어도 KTX 여승무원들이 담당한 KTX 승객서비스 업무에 관하여는, 철도유통은 형식적으로는 피고와 체결한 이 사건 위탁 협약에 기하여 소속 근로자들인 원고들로부터 노무를 제공받아 자신의 사업을 수행한 것과 같은 외관을 갖추었다 하더라도, 실질적으로는 업무수행의 독자성이나 사업경영의 독립성을 갖추지 못한 채 피고의 일개 사업 부서로서 기능하거나 노무 대행 기관의 역할을 수행하였을 뿐이고, 오히려 피고가 원고들로부터 종속적인 관계에서 근로를 제공받고 임금 수준을 포함한 제반 근로조건을 정하였다고 봄이 상당하다. 따라서 원고들과 피고 사이에는 피고가 원고들을 채용한 것과 같은 묵시적 근로계약 관계가 성립하였다고 할 것이다.[69]

서울고등법원은 2심에서 피고 철도공사와 원고 여승무원들 사이

---

68 서울중앙지방법원 2010. 8. 30. 선고 2008가합118219 판결.
69 위와 같음.

에는 직접 근로계약 관계가 성립되었기에, "피고가 철도유통을 통하여 원고들을 부당하게 해고한" 것이고, 따라서 원고인 승무원들이 복직할 때까지 매월 임금에 상당하는 금액을 지급할 의무가 있다고 판시하였다.[70) 위와 같은 법원의 판결은 여성 직종을 중심으로 급속하게 늘어나고 있는 이러한 형태의 간접 고용 및 위장 고용관계(disguised employment relationship)가 위법한 것임을 확인해 주는 것으로, 고용형태를 매개로 한 성차별 규제를 위한 중요한 기준을 제시한 것이라고 할 수 있다.

법원의 판결를 통해 KTX 승무원 업무의 외주화는 경제적 비효율성의 문제를 떠나서 법적으로도 위법한 것으로 확인되었다. 철도공사가 2004년 KTX 승무 업무를 자회사인 철도유통과 위탁협약을 맺고 승무 업무를 외주화한 것이 불법 파견, 위장도급에 해당되기에 설사 외주화로 인한 비용 절감 효과가 아무리 크다 하더라도 법적으로 가능하지 않은 것이다.

KTX 승무원들이 오랜 기간 동안 직접 고용을 요구하며 파업을 해오는 과정에서 철도공사 측이 반복적으로 주장해 온 것은 "법적으로 해결하라"는 것이었다. "철도공사 차원에서 할 수 있는 것이 없다, 국가기관의 결정이나 정책, 법적 판단에 따르겠다"라는 주장을 반복해왔다. 그러나 여러 차례 국가기관의 결정과 정책이 있었으나 철도공사는 2011년 현재까지 이를 이행하지 않고 있다. 이제 법원의 판결을 따라 성차별과 비정규직 문제의 상징이었던 KTX 승무원 문제를

---

70 서울고등법원 2011. 8. 19. 선고 2010나90816 판결.

해결할 수 있다. 2011년 현재까지 7년 동안 지속되어 온, 외주화를 통한 성차별적 여성 간접 고용 문제는 철도공사가 주장해 온 바대로 법원의 판결에 따라 문제를 해결해야 할 것이다.[71]

71 철도공사가 2심 고등법원의 판결도 거부하고 다시 대법원에 상고해도 승소 가능성은 거의 없는 것으로 법조계는 보고 있다. 이에 관한 기사는, 고희철, "고법 KTX 여승무원 해고 부당… 철도공사와 근로계약 관계", 『매일노동뉴스』, 2011. 8. 20.

제4장

공공부문 비정규직 대책과 여성 노동의 정치

1. 정보 공개의 문제

2. 공공부문 여성 비정규직 증가에 기여한 정부

3. 공공부문 비정규직 대책에 대한 편법적 대응들

4. 무기 계약 전환을 둘러싼 노동운동 내부의 정치

5. 대안과 제안

공공부문 비정규직 대책과 여성 노동의 정치

90년대 말 IMF 외환위기 이후 정부는 기획예산처를 중심으로 공공부문의 구조조정을 추진해 왔다. 그 과정에서 정부는 한편으로는 비정규직 문제의 해결, 양극화 해소를 강조하면서 다른 한편으로는 합리성이 없는 외주화를 통해 양극화를 촉진해 왔다. 그 가운데 하나가 공공부문 업무의 외주위탁을 통한 인력 구조조정이었다.

산업의 재편성과 경기 변동에 따른 구조조정이 필요할 때마다 우리나라의 공공부문은 여성 집중 직종 및 소위 '단순, 저숙련, 저부가가치' 노동력을 일차적으로 수량적 노동유연화의 대상으로 삼아 왔다. 기업, 정부 그리고 노동조합에 이르기까지 정책 결정 과정에서의 여성 과소 대표로 인해 비정규직 공공부문 정책의 결정과 실행 과정에서 여성들의 의견은 반영되기 어려웠다. 정규직 남성 중심의 공공부문 노동조합운동이 인력 구조조정 과정에서 여성 우선 해고와 비정규직화에 암묵적 동의를 해 온 것 또한 부정할 수 없는 사실들로 남아있다. 이러한 맥락에서 노·사·정 공히 공공부문 여성 비정규직 문제가 재생산되는 데에 부분적인 기여를 해 왔다고 할 수 있다.

이 장에서는 노사정의 정치 속에서 어떻게 여성 비정규직 문제가 감추어지게 되는지, 공공부문 비정규 대책과 실행 과정의 성차별적 지형을 어떻게 바꾸어나갈 수 있을 것인지에 대해 모색해 보고자 한다.

1. 정보 공개의 문제

"세분화된 성별 자료가 없다" 하는 정부

통계적 성별 불균등 실태를 파악하는 것은 성차별 여부를 판단하는 데에 가장 우선적으로 필요한 기초 작업이다. 세분화된 성별 통계가 존재하는가의 문제는 그러한 점에서 매우 중요하다.

비정규 노동에 대한 차별 해소를 천명하고 출범한 참여정부는 2006년 비정규직 종합대책 마련을 위한 '공공부문 비정규직 대책 추진위원회'(위원장, 노동부 장관) 및 실무 위원회를 설치하기로 하였다. 행정자치부와 노동부는 중앙행정기관 54개소, 지방자치단체 250개소, 공기업 및 산하기관 401개소, 국공립 교육기관 9,493개소 등 10,198개 기관의 비정규직 활용 실태에 대해 전수 조사 하였으며, 68개 기관에 대해서는 심층 면접 조사를 실시하였다(안주엽 외, 2006). 그러나 정부는 정부에서 발표한 자료 이외의 자료는 일반에게 공개하지 않고 있다.[72) 국회의원이 관할 행정부처에 자료를 요구하거나, 노동부 등 행정부처의 용역 연구 과제를 수행하거나, 또는 한국노동연구원 등 국책 연구기관에서 정책 연구를 수행하게 되는 경우를 제외하고는 일반 연구자나 시민들에게는 공개하지 않고 있다. 일반 시민은 정보공개 청구를 하여 구할 수 있기도 하나 행정부처에서 자료 제공을 거부한다면 행정 심판 청구나 행정 소송을 해야 한다. 이 모든 과정은 공공부문 비정규직 당사자가 이 사안에 대해 이해하고 내용을 파악하는 것을 원천적으로 어렵게 만들고 있다. 이 연구를 위한 자료를 얻기 위해 필자 또한 위의 자료 수집 방법에 의존할 수밖에 없었다.

정부는 비정규직 실태 조사의 상세한 내용을 알 수 있는 원자료뿐 아니라 공공부문 비정규 대책의 일환으로 이루어지고 있는 각 기관별 "무기 계약 전환 계획서" 및 "외주화 타당성 검토보고서" 또한 일반 시민에게 공개하지 않고 있다. 매우 예외적인 경우 (일부 기관에서 지자체 의원이나 국회 상임위원회 위원이 요청하여 제출한 경우)를 제외하고 이들 보고서를 총괄하여 검토하는 중앙 행정부처에서는 이를 공개하지 않았는데, 비공개 이유는 "아직 내용이 결정된 바 없으며, 심의중인 사항이기 때문"이라는 것이다.[73)

정부의 이러한 정보 공개 거부는 공공부문 비정규 대책의 실효성을 낮추는 결과를 낳을 수 있다. 비정규 대책 관련 정보를 공개하지 않음

---

72 노동부 담당자와의 인터뷰.
73 노동부 및 행정자치부 담당자와의 인터뷰.

으로써 노동조합 및 노조 외부의 전문가나 시민사회가 이 문제를 구체적으로 검토하고 논의할 수 있는 길을 원천적으로 차단하고, 결과적으로 정책 실행의 효율성과 투명성을 낮추게 되는 것이다.

노동부에서 공개하고 있는 실태조사 결과를 통해 읽어낼 수 있는 여성 비정규직 실태는 매우 제한적이다. 성별 통계는 비정규직 전체에서 여성이 차지하는 비율뿐이며, 그것조차 총량 통계이다. 성별로 더 세분화된 통계는 없다는 것이 행정부처 자료 문의에 대한 답변이다. 정부로서는 비정규직 가운데 사각지대라고 할 수 있는 여성 비정규직 문제를 웬만하면 드러내지 않고 싶었거나, 아니면 성별로 세분화된 통계의 필요성을 못 느낄 정도로 여성 비정규직 문제에 무관심할 수도 있다.

노동부는 2006년 실태조사 조사대상 총 10,198개 기관에 종사하는 인원 155만 4천 명 가운데 비정규직은 31만 2천 명으로, 여성이 전체 비정규직의 63.2%를 차지한다고 발표했다. 고용형태별로 보면, 용역은 여성보다 남성, 기간제는 남성보다 여성 비율이 상대적으로 높은 것으로 나타난다는 자료를 덧붙이고 있다. 그러나 노동부에서 제시한 성별 통계 자료만으로는 비정규직 문제의 성별성을 확인하기 어렵다. 특히 총량 통계자료만으로는 고용형태에 따른 성차별 혐의 여부는 확인할 수 없다. 예를 들어 노동부가 발표한 아래의 자료 (〈표 4-1〉)만으로는 정규직과 비정규직을 포함한 전체 인력 가운데 여성과 남성 비정규직이 차지하는 비율, 그리고 정규직 가운데 여성 비율을 확인할 수 없다.

<표 4-1> 노동부에서 공개한 공공부문 비정규직의 형태별 성별 분포, 2006.

(단위 : 명, %)

구분	총계	직접 고용 비정규직			간접 고용 비정규직	
		기간제	시간제	기타	파견	용역
전체	311,666 (100.0)	218,324 (70.0)	27,391 (8.8)	1,129 (0.4)	4,395 (1.4)	60,427 (19.4)
남성	114,807 (100.0)	67,117 (58.5)	10,776 (9.4)	694 (0.6)	1,713 (1.5)	34,507 (30.0)
여성	196,859 (100.0)	151,207 (76.8)	16,615 (8.4)	435 (0.2)	2,682 (1.4)	25,920 (13.2)

주: 노동부, 2006 공공부문 비정규직 실태 조사 결과.
자료: 관계부처 합동, "공공부문 비정규직 종합대책", 2006. 8.

위의 자료와는 다른 자료를 기초로 공공부문의 여성 비정규직 실태 조사를 수행한 한 연구에서는 공공부문 비정규직 대책 수립 시 여성 비정규직의 문제를 고려하지 않을 경우 실효성에 의문이 제기될 수밖에 없을 것임을 지적하고 있다(권혜자 외, 2006). 통계청의 경제활동인구조사, 정부의 비정규직 조사, 고용정보원의 산업 및 직업별 고용구조 조사를 토대로 분석한 이 연구에서는 공공부문 정규직의 경우에는 여성 비중이 낮은 반면에, 비정규직의 경우에는 여성 비중이 매우 높다는 사실을 보여주고 있다. 세 자료에서 나타난 공공부문 비정규직 중 여성 비중을 살펴보면, 통계청 경제활동인구조사 자료를 사용할 경우 77.3%, 정부 조사자료 63.1%, 고용정보원의 조사자료에서 64.8%로 나타난다. 공공부문이 민간부문에 비해 여성을 비정규직으로 더 많이 사용하고 있음을 보여주고 있는 이 연구는 여성 비정규직의 현황을 분석하지 않은 상태에서 마련된 정부의 공공부문 비정규직 대책은 그 자체 한계를 가질 수밖에 없다고 주장한다. 특히 정부의 공공부문 비정규직 종합대책에서 공공부문 여성 비정규직의 규모와 고용형태별 수치만을 보고하고 있을 뿐 여성 정규직에 대비한 여성 비정규직의 비중조차 파악하지 않고 있음에 대해 비판적으로 지적하고 있다(권혜자 외, 2006: 22~23).

공공부문 비정규직의 성비 불균등 현황

노동부의 공공부문 비정규직 조사 자료를 분석한 바에 의하면,[74] 여성 비정규직 실태는 기관 및 부문별로 매우 다르게 나타남을 알 수 있다. 401개 공기업의 성별 통계를 보면, 전체 비정규직 96,729명 가운데 여성이 50.6%로 여성과 남성의 비정규직 비율은 큰 차이를 보이지 않고 있다. 그러나 정규직과 비정규직을 포함한 전체 인원 가운데 비정규직이 차지하는 비율을 보면 성별로 크게 다름을 알 수 있다.

〈표 4-2〉에서 볼 수 있듯이, 남성의 경우 비정규직 비율은 17.5%이나, 여성은 그 3배에 가까운 51.6%에 달한다. 남성은 여섯 명 중 한 명이, 여성은 두 명 중 한 명이 비정규직이다. 이러한 여성의 높은 비정규직 비율은 정규직에서의 낮은 여성 비율과도 무관하지 않다. 남성은 전체 정규직의 83.1%를 차지하는 데 반해 여성 정규직은

---

74 이 연구를 위해 필자 또한 위에서 언급한 방식의 비공식적 통로를 통해 실태 조사 자료를 구할 수 있었다.

16.9%에 불과하다. 공기업 정규직의 낮은 여성 비율은 중앙행정부의 여성 정규직(공무원) 비율 26%, 지방정부의 여성 정규직 비율 25%,[75] 그리고 민간부문 여성 정규직 비율 33%[76]에 비해서도 낮다.

<표 4-2> 401개 정부투자기관 및 산하기관의 정규직 및 비정규직 성별 분포
2006년 8월

(단위: 명, %)

	총정원	비정규직의 성별 분포			정규직의 성별 분포			비정규직 비중		
		총인원	남	여	총인원	남	여	전체[1]	남[2]	여[3]
총계	368,384	96,729 (100.0)	47,762 (49.4)	48,967 (50.6)	271,655 (100.0)	225,647 (83.1)	46,008 (16.9)	26.3	17.5	51.6

주: 1) 비정규직 전체비중 = $\dfrac{비정규직\ 합계}{비정규직\ 합계+정규직\ 합계} \times 100$

   2) 비정규직 남성비중 = $\dfrac{비정규직\ 남성}{비정규직\ 남성+정규직\ 남성} \times 100$

   3) 비정규직 여성 비중 = $\dfrac{비정규직\ 여성}{비정규직\ 여성+정규직\ 여성} \times 100$

자료: 노동부의 공공부문 비정규직 실태조사 자료 기초로 작성.

중앙 및 지방행정기관의 비정규직의 성별 분포를 보면 기관 구분별로 큰 차이를 보이고 있다. <표 4-3>에서 보듯이 9만 4천여 명의 초중고 학교 비정규직의 경우 거의 대분이 여성들로 이루어져, 전체 학교 비정규직의 86%를 차지하고 있다.

---

75 중앙인사위원회 및 행정자치부 홈페이지 검색 자료.
76 2004년도 현재 기준. 한국중앙고용정보원, 산업직업별 고용구조조사 원자료(2004)를 통해 산출한 통계치. 권혜자 외(2006).

<표 4-3> 중앙 및 지방행정기관의 구분별 전체인원 대비 비정규직 성별 비중, 2006. 8.

(단위: 명, %)

구분	전체	남	여
초중고	93,771 (100.0)	13,357 (14.2)	80,414 (85.8)
시도교육청	2,427 (100.0)	755 (31.1)	1,672 (68.9)
중앙행정기관	34,948 (100.0)	14,119 (40.4)	20,829 (59.6)
대학	19,450 (100.0)	10,108 (52.0)	9,342 (48.0)
자치단체	109,401 (100.0)	64,963 (59.4)	44,439 (40.6)

자료: 노동부의 공공부문 비정규직 실태조사 결과 자료로 재구성.

부문별로 세분화된 통계, 특히 정규직 대비 비정규직의 성별 분포를 볼 때 공공부문에서의 여성 비정규직 문제는 정규직의 심각한 성별 불균등 문제와 무관하지 않음을 알 수 있다. 이들 자료로 직접적 인과관계를 밝힐 수는 없으나, 여성 고용은 정규직보다는 우선적으로 비정규직 형태로 이루어져 왔음을 알 수 있다.

2. 공공부문 여성 비정규직 증가에 기여한 정부

공공부문이 주도하는 외주화

1998년 IMF 구제금융 이후 구조조정과 노동의 수량적 유연화는 일차적으로 정부와 공공부문에 의해 주도되었음은 부인하기 어렵다. 고용불안정을 그 특징으로 하는 파견 근로를 합법화시킨 파견법의 제정과 정리해고제의 도입, '경영 혁신'이라는 이름 아래 대규모적

으로 진행되었던 공공부문의 구조조정을 통해 그러한 사실을 확인할
수 있다.

1998년부터 2000년 사이 중앙정부는 1997년 말 기준 13.8%인
22,400명을 감축하였고, 지자체는 16.8%인 49,000명을 감축하였다.
이러한 감축은 기능직 등 교섭력이 약한 하위직 공무원에 집중되었
고, 여성이 집중 고용되어 있는 행정 보조원은 99.7%가 해고되었다.
공기업의 경우 당초 감축 계획을 초과하여 25%에 해당하는 41,700명
이 감원되었다(기획예산처, 2002). 이 과정에서 감축된 인력은 외주화와
민간위탁을 통해 간접 고용화되었다. 중앙정부는 1998년 당시 외부
위탁 추진대상 81개 사업 중 76개를 민간 위탁하여 1,179명의 인원을
감축하였고, 지자체의 경우 2000년까지 총 1,644건을 민간 위탁하여
정규직 5,142명, 비정규직 2,489명 총 7,631명의 인력을 감축하였다.
이러한 구조조정 이후 기존의 정규직이던 노동자들은 다시 계약직,
촉탁직, 임시직 등의 비정규직으로 일하거나 간접 고용으로 전환되
면서 공공부문 구조조정은 정규직의 비정규직화로 귀결되었다.[77]

정부의 공기업 경영 효율화 정책의 문제

공기업은 기업의 존폐, 생산품의 가격 설정, 정원 및 보수 수준 등
다양한 영역에서 정부의 규제를 받는다. 이러한 규제에 의해 공기업
노동시장은 일반 경쟁 노동시장과 일정한 차별성을 지니게 된다.

---

77 국가인권위원회(2003), 『공공부문 비정규직 인권 실태조사』 김혜진, 엄진령, 윤애
림(2011), 19~20에서 재인용.

'정부투자기관 관리기본법'에 의해 공기업은 인건비 예산 편성에 있어 정부의 규제를 직접적으로 받고 있으며, 잉여금의 배당과 손실의 보전 등 정부가 운영상 최종적 책임을 진다(김영옥, 2007). 90년대 말 IMF 외환위기 이후 정부는 기획예산처를 중심으로 공공부문의 인력 관리 및 경영에 더욱 직접적으로 개입해 왔다. 그 가운데 하나가 공공부문 업무의 외주위탁을 통한 인력 구조조정이다.[78]

2006년 기획예산처의 '경영혁신 지침'에 따르면 핵심 업무 중심의 인력 운용을 할 것을 요구하고 있다. '2006년도 공공기관 경영혁신 지침'에 따르면 "경영합리화 차원에서 인력은 최소한으로 운영하되, 운용 인력은 기관의 핵심 업무에 집중 배치"함으로써 "인사관리의 합리화"를 꾀할 것을 명기하고 있다.[79] 또한 "경영의 효율성 제고"를 위해 "사업의 특성을 고려 외부 위탁을 추진하고, 기 실시된 외부 위탁 사업의 효율화를 위한 방안을 강구"하는 것도 중요한 경영혁신 내용의 하나로 제시하고 있다. "공기업 외부 위탁 확대" 제하의 기획예산처 2000년 5월 5일자 보도자료에 따르면, 외부 위탁의 목적은 "주변 업무를 외주화함으로써 핵심역량(core competence)을 강화하는 데 자원을 집중하여 조직의 업무가치를 극대화하는 데 있으며, '핵심 역량'이란 기업의 경쟁 기반을 이루고 기업성장에 있어서 견인차 역

---

78 2000년도 이후 기획예산처는 공기업 경영혁신 계획에 따라 경영의 효율화라는 명목아래 공기업별로 외부 위탁 대상사업을 발굴하여 왔으며, 청소, 경비, 전화교환 등을 포함한 130여 개에 달하는 '비핵심 업무'가 위탁 대상으로 지정되었고, 그에 따라 외주화가 진행되어 왔다.

79 기획예산처, "2006년도 공공기관 경영혁신 지침"의 대상 공공기관은 이러한 경영혁신 지침을 토대로 매해 「경영혁신 추진계획」을 작성하게 되어 있다.

할을 할 수 있는 기업 특유의 기술, 지식, 능력 등의 집합체를 지칭"
하는 것으로 되어 있다. 결국 '주변 업무'를 수행한다고 간주되는,
여성들이 집중되어 있는 직종의 적지 않은 부분이 외주화되었다. 공
기업의 여성 정규직 비율이 중앙행정부 및 지방자치단체를 포함한
정부기관, 그리고 민간 사기업 부문에서의 여성 정규직 비율에 비해
서도 낮은 것은 부분적으로 이러한 이유에 기인한 것으로 평가된다.

기획예산처에 의한 '공공부문 경영혁신'은 아웃소싱의 증대를 통
한 비용 절감을 요구하고 있다. 공기업 경영평가와 평가 결과 정규직
에게 지급되는 성과금은 인력 구조조정의 중요한 유인책이기도 하
다. 정부는 이러한 유인책에 더하여 공공기관의 사장과 상임 이사진
에 대해서는 임원 해임을 건의할 수 있는 방식도 병행하고 있다. 구
조조정 추진과 그를 촉진하기 위한 정부의 이러한 유인책과 강제책
은 공기업으로 하여금 인력 감축과 외주화를 무리한 방식으로 추진
하도록 하는 요인이 되고 있다. 이러한 사실을 통해 외주화를 통한
간접 고용을 확대하고자 하는 공기업의 경영 방침은 기획예산처에서
시행하는 경영평가 방식과 부분적으로 연관되어 있음을 알 수 있
다.[80] 여기서 주목할 부분은 경영평가 지표와 관련된 것이며, 특히

---

80 공기업 중에서 가장 엄격하게 경영실적이 평가되는 대상은 정부투자기관이라고 할
수 있다. 정부투자기관에 대한 경영평가제도는 1983년 「정부투자기관 관리기본법」
의 제정과 함께 도입되었으며 평가틀은 지방 공기업과 정부산하기관들의 평가에도
준거가 되고 있다. 대부분의 정부투자기관은 공익성과 기업성의 양면적 경영목표
를 가지고 운영되지만 경영평가 지표는 '기업성' 측면의 경영성과를 측정하는 데
보다 치우쳐 있다. 기업성 부분은 수익성이나 효율성으로 대변되며, 계량화가 가
능하다(김영옥, 2007, 45).

노동생산성 지표 산출 방식에 대한 것이다(조순경, 2007b).

공기업 경영 평가에서 노동생산성의 산식을 보면, 노동생산성의 기준과 실적은 부가가치를 평균 인원으로 나누어 산출한다. 즉 평균인원이 줄어들면 노동생산성이 높아지게 되는 것이다. 따라서 정부투자기관 등 공기업들은 부가가치를 높이는 방안과 더불어 평균 인원을 줄일 수 있는 방법을 찾게 된다. 여기서 가장 많이 쓰는 방법은 특정업무를 외주화하는 것이다. 또 다른 경영 평가 지표인 '사업 성장성'은 기관의 특성에 맞추어 산출된다. 예를 들어, 철도공사의 경우 '운송 수입/평균 인원'으로, 한국전력의 경우 '판매 전력량/종업원 수'로 산출된다. 산출 방법은 다르나 두 경우 공통적으로 직접 고용된 직원(평균 인원) 수로 나누기 때문에 이 또한 외주화를 통해 직접 고용 인력을 줄이게 되면 '사업 성장성' 지표를 높일 수 있게 된다(김영옥, 2007: 49). 직접 고용 정규직을 기준으로 위와 같이 생산성을 산정하는 방법이 바뀌지 않는 정규직을 외주화하려는 시도는 줄어들기 어렵다.

공공부문 비정규직 대책

참여정부 시절의 공공부문 비정규직 대책의 핵심은 2006년도의 "공공기관 비정규직 근로자 관리 등에 관한 규정"인 국무총리훈령 제486호를 통해 파악할 수 있다.[81] "공공부문 비정규직 종합대책을

---

81 이 훈령에서 '공공기관'이라 함은 다음 중 어느 하나에 해당하는 기관을 의미한다.
　가. 국가행정기관. 다만, 대통령 소속하의 행정기관 또는 국가인권위원회 등 소속

효율적으로 추진함으로써 공공기관이 비정규직 근로자를 사용함에 있어 그 남용을 방지하고, 불합리한 차별을 해소하는 등 공공기관에 종사하는 비정규직 근로자의 사용 및 관리에 관한 합리적인 원칙과 절차 등을 정함을 목적"으로 시행하게 된 위 훈령은 2009년 8월 31일 까지 효력을 가지는 규정이다.[82]

비정규직에 대한 차별을 해소하고, 비정규직 남용을 방지하고자 하는 위 대책은 그 목적과는 달리 여성에 대한 간접 차별을 합리화할 수 있는 문제를 안고 있다. 동 국무총리 훈령의 '외주화 원칙'에 의 하면, "상시적·지속적 업무"에 대하여는 원칙적으로 기간의 정함이 없는 근로계약(무기 계약)을 체결한 근로자가 담당하도록 하나, "주변 적인 업무 또는 부가적인 업무에 대하여는 합리성이 인정되는 경우 외주화의 방법으로 업무를 수행할 수 있다"고 규정되어 있다.

이 없는 독립행정기관을 제외한다.

나. 지방자치단체

다. 지방교육행정기관

라. 국·공립학교 : 「유아교육법」, 「초·중등교육법」 및 「고등교육법」에 따라 국가 또는 지방자치단체가 설립·운영하는 유치원 및 각급 학교

마. 대학병원 : 「국립대학병원설치법」 및 「서울대학교병원설치법」에 따른 대학병 원, 「서울대학교치과병원설치법」에 따른 서울대학교치과병원

바. 공기업 : 「정부산하기관 관리기본법」에 따른 정부산하기관, 「정부투자기관 관 리기본법」에 따른 정부투자기관, 「정부출연연구기관등의 설립·운영 및 육성에 관 한 법률」에 따른 정부출연연구기관, 「지방공기업법」에 따른 지방직영기업, 지방공 사 및 지방공단과 정부산하기관·정부투자기관·정부출연연구기관이 최대지분을 소유한 기관

82 국무총리 훈령 제486호, "공공기관 비정규직 근로자 관리 등에 관한 규정" 제7조 참고.

그러나 소위 '주변 업무'와 '핵심 업무'의 객관적 구분이 현실적으로 불가능한 상황에서 이 구분은 매우 주관적 판단에 의해 이루어질 수밖에 없다. 여기서 문제가 되는 것은 '여성의 일'에 대한 우리 사회의 편견이다. 오랜 동안의 성별 분업의 결과, '여성의 일'은 "아무나 할 수 있는, 별다른 훈련과 교육이 필요하지 않은, 일 같지도 않은 일"로 정형화되어 왔다. 이러한 일에 대한 성별적 통념으로 인해 그 일을 하는 사람의 성별에 따라 일의 난이도나 숙련 수준이 사회적으로 인식되게 된다. 즉 특정 업무의 숙련도는 기술적 차원보다는 사회적 차원에서 정해지게 되는 경향이 있다. 이러한 경우 특정 업무가 '핵심 업무'인가 아닌가는 그 업무의 기술적 차원의 내용보다는 그 업무를 하는 사람(성별 등)이 누구인가에 따라 판단되게 된다. 예를 들어 그 일을 수행하는 데에 필요한 실질적인 노하우나 기술, 숙련보다는 그 일을 하는 사람이 여성이기 때문에 단순 저숙련, 저부가가치 일이라고 규정되는 것이다(조순경, 2006b).

위의 규정은 여성에 대한 간접 차별을 야기할 수 있다는 점에서 오용 가능성이 큰 항목이라고 판단된다. 즉 여성의 일을 평가 절하하는 문화와 성별 직종 분리 이데올로기가 강하게 남아있는 현실에서 그 업무는 단순히 '여자가 하는 일'이라는 통념으로 인해 '단순 업무', '주변 업무'로 간주되게 된다. 이러한 점을 고려할 때 비핵심 업무의 외주화를 합리화하는 위 비정규직 대책은 여성들이 집중되어 있는 직종의 외주화를 촉진하고 정당화하게 될 가능성이 크다. 실제로 외주화로 인한 비용 절감 효과가 실증적으로 확인되지 않음에도 공기업 등 공공기관에서 외주화를 추진한 배경에는 이들 업무가 여성들이 수행하는 업무는 단순, 주변적인 일이라는 통념이 작용한 것이라 판단된다.

공공기관 비정규직 대책을 규정한 훈령에서 명시한 외주화 원칙의 또 한가지, 핵심적 업무라 할지라도 "외주화에 의할 경우 비용 절감의 효과가 크고 명백한 경우"는 예외적으로 외주화를 할 수 있도록 한 것이다. 이러한 규정 또한 그 목적과 달리 무분별한 외주화에 일정한 기여를 하였다는 사실을 부정하기 어려우며, 이러한 우려가 현실로 드러나고 있다.

3. 공공부문 비정규직 대책에 대한 편법적 대응들

정부의 공기업 경형 혁신 방식 및 공공부문 비정규직 대책에 내재한 문제들로 인해 대책의 목적에 반하는 편법적 대응들이 다양하게 이루어지고 있음이 여러 자료들을 통해 확인되고 있다.

공공부문 비정규 대책의 중요한 내용 중의 하나는 외주화된 인력에 대한 부분이다. '합리적 외주화 원칙'에 따르면 이미 외주화된 경우라 하더라도 외주화의 타당성 검토를 통해 직접 고용을 해야 하는 경우라면 직접 고용을 하도록 되어 있다. 그러나 공공기관들이 관련 부처에 제출한 외주화 타당성 검토 보고서를 보면 외주화된 업무를 직접 고용 방식으로 전환하겠다고 한 경우는 많지 않다.

외주화에 의해 간접 고용된 비정규직은 공공부문 비정규직 실태조사에서도 그 실태 파악이 어렵다. 특히 용역, 도급의 경우 업무 단위로 용역, 도급을 주는 특성상 용역을 발주한 공공기관이 그 업무에 종사하는 노동자의 수나 근로조건을 파악하는 것이 쉽지 않기 때문이다. 외주화 타당성 검토 보고서 분석 결과 확인할 수 있는 사실은 각 기관이 제출한 보고서에 제시한 관련 자료들(예, 직접 고용시의 비용과 외주화 경우의 비용 자료)이 신뢰도의 문제가 있다는 것, 그리고 비정규 대책의 외주화 원칙 규정이 너무 막연하고 모호해서 여러 가지 방법으로 피해나가고 있다는 사실이다.

공공부문 비정규 대책의 기반이 된 국무총리 훈령에 의하면 외주화된 업무 가운데 핵심 혹은 본연의 업무는 직접 고용을 하도록 되어 있으나 핵심 업무와 주변 업무의 객관적 판단 기준이 없고 업무에 대한 직무분석도 이루어져 있지 않은 상태에서 각 업무의 핵심/ 주변 판단은 공공기관의 주관적이고 자의적 판단에 맡겨져 있다.

예를 들어, 노동부의 공공부분 비정규 대책의 일환으로 실시한 실태조사에서 철도공사가 제출한 자료에 의하면, 구체적인 노동과정과 업무의 내용으로 볼 때 철도 본연의 업무이면서 핵심 업무라고 판단되는 업무도 주변, 비핵심 업무로 분류하고 있다. 한 예로, 승무 업무가 철도공사 본연의 업무이면서 핵심 업무라는 사실은 이미 국가인권위원회의 조사 과정에서 확인된 바 있음에도 공사는 승무 업무를 주변적이고 단순 업무라고 분류하였다.

철도공사가 건설교통부에 보고한 비정규 계약직 운영안에 따르면 직접 고용 비정규직 2,806명 가운데 1,983명(69.1%)을 무기 계약직으로 전환할 계획으로 되어 있다. 철도공사가 이러한 내용의 비정규 계약직 운영안을 건교부에 제출할 당시 새마을호 승무원은 철도공사 직접 고용 비정규직이었다. 만약 이들 새마을호 승무원을 무기 계약 전환 대상에 포함시킨다면 이들과 유사한 업무를 하는 KTX 여성 승무원도 무기 계약직 전환 대상에 포함되는 것이 합리적이다. KTX 승무원 직접 고용을 거부해 온 철도공사는 KTX 승무원 직무가 무기 계약 전환 대상에 포함되지 않게 하기 위해서인지, 건설교통부에 비정규계약직 운영안을 보고하기 직전에 새마을호 승무원 업무를 외주화하기로 결정하였다. 결과적으로 2007년 이후 여성 승무원들이 담당하던 승무 업무는 무기 계약 전환 대상에서 제외되게 되었다. 이 사례는 공공부문 비정규 대책의 중요한 부분을 차지하였던 국무총리 훈령에서 규정한 '핵심 업무'와 '주변 업무'가 얼마나 자의적으로 판단되어 오용될 수 있는지 보여준다.[83)]

위에서 지적한 바와 같이 동 국무총리 훈령의 '외주화 원칙' 규정에 있어서 예외 조항으로 인정되는 것 가운데 하나가 "외주화에 의할 경우 비용 절감의 효과가 크고 명백한 경우"이다. 입수 가능한 여러 공공기관의 "외주화 타당성 검토 보고서"를 분석한 결과 상당수의 공공기관들이 외주화로 비용 절감 효과가 있음을 보이기 위해 신뢰성 낮은 자료를 제시하고 있음이 확인되었다. 즉 외주화를 정당화하기 위해, 외주화로 인한 비용 절감 효과가 있음을 보여주기 위해 근거 없는 수치들을 명기하고 있다.

공공부문 비정규직 대책에 대한 위와 같은 편법적 대응을 가능하게 하는 이유 가운데 하나는 정보 공개와 관련되어 있다. 이들 공공

---

83 철도공사가 기간제 근로자로 운영하고자 하는 직종의 상당부분은 외부 위탁할 계획으로 있으며, 일단 외부 위탁된 이후에 공공부분 비정규 대책의 비정규직 보호 대상이 될 가능성은 없다. 간접 고용의 경우 차별시정 대상이 되지 않기 때문이다.

기관이 정부에 제출하는 보고서(외주화 타당성 보고서 등)를 당사자인 노동자들을 포함하여 관심을 가지고 지켜보고자 하는 연구자 및 일반 국민들에게 공개할 경우 자료의 신뢰성 문제는 보다 쉽게 확인되고 수정될 가능성이 있기 때문이다.

4. 무기 계약 전환을 둘러싼 노동운동 내부의 정치

무기 계약직을 둘러싼 이해와 이견들

공공기관 중 중앙 및 지방정부 소속 기관의 경우 '정규직'은 '공무원'을 의미하는 것이다. 공공부문 비정규직 대책에서 '무기 계약직'은 "공무원은 아니나 기간의 정함이 없는 근로계약을 체결한 정년이 보장된 직접 고용 근로자"로, '비공무원 정규직'을 의미한다. 공공부문의 비정규직 무기 계약직화에 대해 두 가지 차원의 논의가 진행되어 오고 있다. 하나는 무기 계약직의 차별성 여부에 관한 것이고, 다른 하나는 비정규직의 무기 계약직으로의 전환을 수용할 것인가의 문제이다.

첫 번째 문제, 무기 계약직이 차별적 고용형태인가의 문제에 대해서 대부분의 논자들은 이견이 없는 것으로 보인다. 지금까지의 논의들을 검토해 볼 때, 무기 계약직은 정규직이라기 보다는 비정규직에 가까운, 새로운 형태의 차별적 고용형태라고 보는 것이 일반적이다(김성희, 2007; 이주희, 2007; 조순경, 2008, 윤애림, 2009. 이덕재 외, 2011). 특히 여성 비정규직이 무기 계약직으로 전환될 경우 고용형태와 성별에 의한 중층적 차별이 발생할 가능성에 대해서도 연구자들 간에는 별다른 이견이 없다.

가장 빈번하게 언급되는 차별의 내용은 업무 배치와 승진, 임금에 대한 것이다. 예를 들어, S대 병원의 경우 무기 계약직 전환 대상인 단시간 노동자의 경우는 무기 계약직으로 전환된다 하더라도 실질임금이 정규직의 87% 수준에 머물도록 규정되어 있다.[84] 차별적 처우가 지속될 수밖에 없는 이유로 비정규직을 무기 계약직으로 전환하면서도 예산과 정원을 확보하지 못하거나, 정부의 '총액 인건비제'와 같은 예산 제약 문제도 지적되고 있다(윤애림, 2009; 이덕재 외, 2011).

그러나 두 번째 문제, 비정규직의 무기 계약직으로의 전환을 어떻게 수용할 것인가의 문제와 관련하여서는 크게 두 가지 의견으로 나누어진다. 하나는 무기 계약직은 차별의 고착화 가능성이 큰, '무늬만 정규직'인 비정규직일 뿐이기에 반대하고 거부해야 한다는 입장이고, 다른 하나는 무기 계약직이 차별적 요소가 있으나, 최소한 노동조합의 틀 안에 들어갈 수 있는 가능성, 그리고 기존의 비정규직에 비해 최소한의 고용안정과 근로조건 개선의 가능성이 있기에 최선은 아니나 차선으로 고려할 필요가 있다는 입장이다. 아래에서는 노동운동 내부에 존재하고 있는 이 두 가지 입장을 중심으로 검토해 보기로 한다.

---

84 S대학교 병원(2007), "기간제 근로자의 무기 계약 전환 계획서", 최인이(2007), "보건 의료산업에서의 여성 비정규직의 실태와 문제점", 여성가족부 용역 연구과제 보고서, 179에서 재인용.

차선책으로 '무기 계약직'을 수용할 수 있다는 입장을 취하는 노동조합으로는 학교 비정규직을 포함한, 여성 비정규직의 조직화를 해오고 있는 전국여성노동조합이 대표적이다. 비정규직 여성 노동자의 조직화를 위해 지난 수년 동안 활동해 온 전국여성노동조합은 전국 학교 비정규직의 무기 계약 전환, 그리고 의료 급여 관리사의 무기 계약 전환을 촉구하는 다양한 차원의 운동을 해 오고 있다.

현실적 차선책으로 무기 계약 전환을 수용하는 전국여성노동조합은 고용안정이 비정규직 노동자들에게 주는 의미가 그 어느 것보다 중요하다는 것을 인식하고 있다. 특히 고용안정이 비정규직 노동자들의 조직화를 가능하게 함으로써 노동조합의 틀 안에 들어올 수 있게 한다는 점을 중시하고 있다. 일단 고용안정이 보장된 상태에서 임금이나 근로조건, 그리고 여타 인사제도의 변화도 점진적으로 바꾸어나갈 수 있다고 본다.[85]

정부의 비정규 대책 내용의 일부인 무기 계약화를 수용한다고 해서 정부 정책을 그대로 수용하고 있는 것이 아니다. 현재 공공부문 비정규 대책의 실행과정에서 문제가 발견된다면서 즉각적인 수정을 구체적으로 요구하고 있다. 예를 들어 전국여성노동조합은 비정규직 대책 추진위원회에서 마련한 무기 계약 및 기간제 근로 인사관리 표준안의 수정 및 상시 지속적인 업무를 수행하는 비정규직을 무기 계

---

85 권현지(2007)와 조순경(2008)도 이러한 입장을 취하고 있다.

약직으로 전환할 것을 요구하고 있다.

무기 계약직 수용 불가 입장

무기 계약직이 비정규직에 대한 차별을 고착화시키는, '무늬만 정규직'이기에 수용할 수 없다는 입장은 정부의 공공부문 비정규 대책 이후 노동계를 중심으로 지적되어 왔다. 예를 들어, A 공사 노조는 다음과 같은 이유로 비정규직의 무기 계약 전환을 반대하며 사측에 무기 계약 전환 계획 철회 요구를 한 바 있다.

> 1) 무기 계약 근로 전환과 합리적인 외주하는 동전의 양면으로 상호 교차하며 현장을 조각조각 분할해 들어올 것임.
> 2) 현장에 별도 직군으로 무기 계약 근로가 정착되면 저임금 및 차별이 고착화되어 정규직 임금과 노동조건을 공격할 것임.[86]

무기 계약이 비정규직 차별의 고착화라고 하는 근거로 제시하고 있는 것은, "해당 노동자들이 무기 계약은 영원히 비정규직이 될 수밖에 없다"고 생각하고 있다는 것이다. 이 입장은 나아가 무기 계약직이 고용보장을 해 주는 것도 아니라고 보고 있는데, 그 근거로 제시하고 있는 것은 직군이 분리되면 비정규직 상태에 있는 것보다 "통째로 분사화, 외주화시키기에 더 쉬워질 것"이기 때문이라는 것이다.[87]

---

86 A 공사 노동조합, 『2007년 정기대의원 대회 자료집』, 2007. 3.
87 "그러면 여기서 무기 계약으로 전환되는 계약직 노동자들은 최소한 고용은 안정되

이러한 주장이 간과하고 있는 것 가운데 하나는 '직무의 외주화' 와 그 직무를 수행하는 '노동자의 외주화'를 혼동하고 있다는 것이다. 직무가 외주화된다고 해서 그 직무를 수행하는 노동자를 일거에 해고하여 외주위탁업체에 보낼 수 있는 것이 아니다. 현행법상 쉽게 할 수 있는 일도 아니다. 위의 A 공사 노조가 속한 공기업의 경우도 특정 직무의 외주화가 지속적으로 이루어져 왔으나 정년이 보장된 정규직의 경우 다른 직무에 배치를 하였지, 해고하여 그를 외주업체로 보낸 것은 아니다. 오히려 고용이 보장되어있지 않은 직접 고용 비정규직 노동자는 계약 만료와 동시에 외주업체로 가기를 요구받았으며 실제로 대부분의 비정규직 노동자들은 '외주화' 되었다(조순경, 2008). 직접 고용 비정규직 노동자들에게 고용보장이 얼마나 중요한 것인지 알려주는 대목이다.

"분리 직군제에 기초한 무기 계약직으로의 전환이 외주화의 전 단계"이기에 무기 계약으로의 전환 반대를 주장하는 노동운동 진영이 간과하고 있는 또 한 가지 사실은 실제 각 공공기관에서 계획하고 있는 무기 계약 전환 내용이 매우 다양하다는 것이다.

는 것인가? A 공사 역시 무기 계약 전환 대상자들을 별도 직군으로 분리한다는 방침인데, 이렇게 되면 정규직과 업무가 구분된 이상 통째로 분사화, 외주화시키기에 더 없이 쉬워질 것이니 졸지에 외주위탁회사로 넘어가는 것은 시간문제일 뿐이다." A 노조 조합원, "비정규직 무기 계약 반대투쟁, 정규직 활동가들이 적극나서야 한다.", 2007. 4. 29.

단일하지 않은 무기 계약 내용

공공부문 비정규 대책의 일환으로 각 공공기관이 작성하여 제출한 무기 계약 전환 계획서를 통해 알 수 있는 것은 무기 계약 전환의 내용이 단일한 형태를 띠고 있지 않다는 것이다. 무기 계약 전환 시의 처우나 내용은 산업별, 기관별로 매우 다양하게 나타난다.

임금수준

대부분의 기관에서 제출한 무기 계약 전환 계획서에서 공통적인 것은 무기 계약직 전환 시 정규직과 동일한 정년 보장만 있을 뿐 임금 수준이나 임금 체계는 매우 다양하다는 점이다. 임금 수준이 무기 계약 이전과 동일한 경우도 있으며, 정년 보장 및 복지를 정규직과 동일하게 하면서 임금에 있어서도 기존 정규직에 근접하게 하는 경우도 있다. 수집 가능한 기관별 「무기 계약 전환 검토보고서」 분석에 의하면 전자의 경우는 많지 않으며 대부분 무기 계약 전환과 동시에 고용안정과 임금 인상을 하는 경우가 대부분이다. 예를 들어, A 공사의 경우 무기 계약직으로의 전환 이후 유사 직종 및 근속의 정규직 대비 임금 수준을 현재의 65%에서 70~80% 정도로 끌어올림으로써 실질적 임금 상승 효과가 38% 발생하게 하고 있다. 복지 및 훈련 영역에 있어서는 정규직과 동일하게 대우함으로써 총 21억의 비용을 추가로 지출하는 것으로 되어 있다.

분리 직군제 여부 및 임금 체계

무기 계약 전환 검토 보고서 분석에 의하면 무기 계약직의 내용 또한 기관마다 매우 다양하다. 예를 들어, 모든 공공기관에서 무기 계약 전환 시 고려하고 있는 분리 직군제가 한때 많은 논쟁을 일으켰던 우리은행식의 분리 직군제나 직무 급제로의 전환이 아님을 알 수 있다. 기존의 정규직과 동일하게 연공급적 호봉제를 내용으로 한 기관이 적지 않은 것으로 나타나며, 기존 정규직은 호봉제로 유지하면서 무기 계약직은 직무급제로 운영하고자 하는 기관도 있어 임금 체계 또한 매우 다양함을 확인할 수 있다.

무기 계약직 전환 과정에서의 성차별 가능성

공공부문 비정규직의 무기 계약직으로의 전환을 통해 조금이라도 고용안정과 처우 개선을 가져올 수 있다면 무기 계약직 전환 과정에서의 성차별문제에 주목할 필요가 있다.

무기 계약직 자체에 내재한 차별의 문제와 무기 계약직으로의 전환 과정에서 발생하는 차별의 문제는 별개의 것으로, 분리하여 분석할 필요성이 있다.[88] 앞에서 살펴보았듯이 공공부문 비정규직에 여성들의 비중이 높다는 것은 이미 비정규직 채용 과정에서 체계적인 성차별이 있었음을 암시한다. 즉 이미 '여성 직무'로 정형화된 업무들을 비핵심, 단순 업무라는 이유로 비정규직화한 것이기 때문이다.

---

88 이에 대한 보다 자세한 논의는 조순경(2008) 참조.

그러한 점에서 기존의 정규직과 다른 직군으로 분리하여 차등적 임금, 승진 체계를 적용하도록 하는 무기 계약직의 차별적 성격은 이미 여성에 대한 체계적인 차별이 누적된 '과거 차별'의 결과에서 기인한 것이라 할 수 있다.

그러한 차별적 요소가 있음에도 무기 계약직이 비정규직에 비해 임금이나 고용안정성 등에서 나은 고용형태라면, 무기 계약직 전환 과정에서 성차별 여부가 있는지에 대해 살펴볼 필요가 있다. 예를 들어, '합리적 사유' 없이 남성 직종은 무기 계약직으로 전환하고 여성 직종은 외주화하거나 그대로 기간제로 남겨둔 경우라든지, 남성 직종은 기존의 정규직과 동일한 방식의 정규직으로 전환하고, 여성 직종은 무기 계약직으로 전환한 것이라면, 무기 계약직 전환 과정이 성차별적으로 이루어지고 있는 것이라 할 수 있다.

실제로 남성들이 집중된 직무나 직종은 여성의 경우보다 더 유리한 조건으로 전환하는 사례가 적지 않은 것을 확인할 수 있다. A 공사의 사례는 합리적 사유 없이 남성 직종은 무기 계약직으로 전환하고 여성이 다수 고용된 직종은 외주화하거나 그대로 기간제로 남겨둔 경우이다. 남성이 거의 대부분을 차지하는 직종인 안전순찰 직종 340명 전원을 무기 계약 근로자로 전환하여 20%의 임금 상승과 정규직과 동일한 임금 수준을 보장하는 반면, 여성들이 다수를 차지하는 식당 조리원의 경우 '합리적 사유' 없이 기간제 근로자 40명 가운데 6명만 무기 계약으로 전환하는 계획을 하고 있다.[89] 남성 직종의 무기 계약 전환율은

---

89 A공사 내부자료, 2007.

100%인 반면, 여성 집중 직종의 경우는 15%에 그치고 있다(조순경, 2008). 무기 계약으로 전환된 이후 고용안정 및 소득 안정성이 이전 비정규직에 비해 개선된다는 점을 감안할 때 무기 계약 전환 대상에서 제외시키는 것 자체만으로 이미 차별의 소지가 있다고 할 것이다.

학교 비정규직 무기 계약 전환을 위한 법안 철회 '사건'

86%가 여성으로 구성된 전국의 9만 5천여 학교 비정규직의 무기 계약 전환을 목적으로 하는 민주노동당 최순영 의원의 법안이 한 노동조합의 철회 요구로 발의되지 못한 사건은 우리나라 노동운동 역사에서 기억해야 할 사건이다.

다른 공공부문 비정규직의 경우와 마찬가지로, 학교 비정규직의 경우 정규직화가 가능할 정도의 정원 확대와 예산 확보가 충분히 이루어지지 않는 한, 무기 계약직으로의 전환은 노동계가 선택할 수 있는 현실적 차선책일 수 있다. 중앙 및 지방행정 부처의 경우 '온전한 정규직'은 공무원을 의미한다. 그러나 수만 명의 비정규직을 일시에 공무원화하는 것은 비정규직 문제 해결을 위해 노력해 온 한 전문가의 말대로 "세상이 당장 뒤바뀌지 않는 한 불가능한 일"이다. 전국의 9만 5천여 학교 비정규직을 일거에 모두 공무원화하는 것은 더욱 가능하지 않다.

2007년 2월 27일 최순영 의원은 전국 9만5천여 학교 비정규직의 무기 계약 전환을 위한 법안을 마련한 바 있다. 이러한 법안은 전국 약 4,500여 명의 학교 비정규직을 조직화한 전국여성노동자회의 의견에 기초한 것이기도 했다. 그러나 약 500여 명의 학교 비정규직을 조합원으로 둔 ○○연맹 ○○노조 전국학교비정규직지부(이하 학교 비정규직지부)는 그 다음 날 "분리 직군제 도입에 앞장서는 민주노동당 최순영 의원의 비정규 법안은 당장 철회돼야 한다"는 긴급 논평을 발표하였다. 논평 발표의 배경은 "민주노동당에 쓰디쓴 진실을 긴급하게 알리기" 위한 것이라고 밝히고 있다.

논평을 통해 학교비정규직지부는 분리 직군제는 비정규직 문제에 대한 대안이 아니라 오히려 차별을 고착화하는 또 다른 비정규직 차별 정책으로, 이에 맞서 싸워야 함을 강조하고, 무기 계약직을 법으로 명시한 최 의원의 법안은 "투쟁하는 학교 비정규 노동자들에게 하등 도움이 되지 않는" "불필요한 타협"이며 "노동자들에 혼란과 분열을 야기하고 투지를 약화시키는 가장 비현실적인 법안"일 뿐 아니라, "투쟁하는 비정규 노동자들에게 혼란을 야기하고 사기 저하를 일으켰다"라며 즉각 철회할 것을 요구하였다.[90] 논평 가운데 일부를 인용하면 다음과 같다.

> "상시적·지속적 업무에 대하여 무기 계약으로 전환함으로써 고용불안의 소지를 없애 비정규직의 남용을 막는다"는 정부의 공공부문 비정규 대책에 대해 민주노총과 민주노동당은 "생색내기에 불과하다", "비정규 노동자에게 또다시 피눈물을 요구"한다며 강력히 반발해 왔다. 무기 계약화는 그 추진과정에서 외주용역화, 대량해고, 근무평가제와 성과급제 도입, 퇴직연금제 강요의 문을 활짝 열어 놓았다는 점에서 정부 대책은

---

90 ○○연맹 ○○노조 전국학교비정규직지부, "분리 직군제 도입에 앞장서는 민주노동당 최순영 의원의 비정규 법안은 당장 철회돼야 한다", 2007. 2. 28.

철회돼야 마땅하다. 최근 우리은행식 분리 직군제가 임금과 승진에서 차별을 고착하는 또 다른 형태의 비정규 차별임이 더욱 분명해지고 있다…. (중략) 최순영 의원실의 현실론은 역으로 투쟁하는 비정규 노동자들에게 혼란을 야기하고 사기저하를 일으켰다…. 분리 직군제 수용을 통해 처우가 개선될 것이라는 최순영 의원 입법안이야말로 비현실적이다. 오히려 정규직화의 현실적인 사례가 있다. 학교 비정규직 노동자 중 일부는 수차례 기능직 공무원으로 전환되었다. 대표적으로 1997년 초등학교 비정규 노동자들의 상당수가 대대적으로 기능직 공무원이 되었다.

최순영 의원이 진정으로 비정규 차별에 반대하고 이 투쟁에 나서는 학교 비정규 노동자들과 함께 하고자 한다면 '무기 계약직군' 발의가 아니라 현실 사례를 근거로 '차별 없는 정규직화'를 법안으로 제출했어야 했다. 우리의 이같은 공식 의견서 제출과 강력한 항의를 외면하고 최순영 의원은 결국 2월 27일 기자회견을 통해 '학교 분리 직군제' 신설을 요구하는 법안을 발의했다. 최순영 의원의 양보안은 투쟁하는 학교 비정규 노동자들에게 하등 도움이 되지 않는다. 제대로 된 법안이라야 투지가 샘솟지 않겠는가. 노동자들에 혼란과 분열을 야기하고 투지를 약화시키는 법안이야말로 가장 비현실적인 법안이다.

이러한 법안 철회 요구는 민주노동당 노동위원회 등 당 내부 차원에서 문제제기를 하는 계기를 만들었고, 결과적으로 최순영 의원실은 준비한 법안을 발의하지 못하였다. 그러면 최순영 의원 안의 어떤 부분이 학교 비정규직 문제에 "하등 도움이 되지 않는" 것일까? 최의원의 "학교 회계직원의 채용 및 처우에 관한 법률안"(이하 법률안)의 핵심 내용에는 다음이 포함되어 있다.

(1) 국·공립학교에서 행정직원 등 직원이 아닌 자로 채용되어 근무하는 영양사, 조리사, 조리원, 사서, 사무직원, 교무직원, 전산직원, 과학실험직원, 실습직원, 특수교육보조원 등을 포함하는 학교 회계직

원의 근로계약기간은 그 정함이 없는 것으로 한다(무기 계약근로).

(2) 학교 회계직원의 근무시간·근무일·휴가·휴직 등 복무 등에 관한 사항은 「국가공무원 복무규정」의 관련 규정을 준용한다(국가공무원 수준의 복무 규정).

(3) 학교 회계직원의 보수는 당해 업무에 종사하는 공무원이 있는 경우에는 당해 공무원 보수의 수준을 유지하기 위하여 공무원 보수규정을 준용한다. 다만, 당해 업무에 종사하는 공무원이 없는 경우에는 10급 기능직 공무원의 보수규정을 준용한다(공무원 보수규정 준용).

(4) 학교 회계직원이 방학기간 중에 근무하지 아니하는 경우에는 그 기간 동안 방학기간 외의 기간에 지급되는 월급여 평균액의 50%에 해당하는 금액을 생계 보조수당으로 지급한다(방학 중 생계 수당 지급).

(5) 학교 회계직원이 담당하고 있는 업무에 해당하는 직의 공무원을 신규 또는 특별채용하고자 하는 경우에는 학교 회계직원에게 우선적으로 기회를 부여하여야 한다(공무원 채용 시 우대).

(6) 학교 회계직원의 연수와 그에 필요한 시설 및 장려에 관한 계획을 수립하여 그 실시에 노력하여야 하며, 대통령령이 정하는 바에 따라 그 연수에 필요한 교재비 등을 지급할 수 있다(직무연수 지원).

여성이 86%를 차지하는, 전국의 10만여 학교 비정규직의 무기 계약직으로의 전환을 목적으로 하는 이 법률안의 시행을 위해서는 년 3천억~4천억 원의 예산이 소요될 것으로 추산되었다. 고용안정성을 넘어서 이러한 예산 규모만큼이나 학교 비정규직의 처우 개선 효과가 있는 것으로 볼 수 있다.

학교비정규직지부가 주장하는 '정규직화'는 곧 '공무원화'를 의미한다. 그러나 단일 부문에서 10만여 명의 공무원화가 빠른 시간 안에 이루어지기를 기대하기는 어렵다. 만약 노동조합의 조직력이나 교섭력이 그를 이루어낼 만큼 형성되어 있다면 기대해 볼 수 있다.

그러나 그러한 역량이 갖추어지지 않은 상황에서 구체적인 대안 제시 없이 반대하는 이유는 설득력이 없다.

무기 계약 전환 방안의 수용 또는 요구를 하는 것이 곧 "차별 없는 정규직화", "온전한 정규직화"를 주장하고 싸우는 노동자들의 "사기를 저하시키는 행위"라는 비난은 노동자 내부의 다양한 의견이 표현되는 것을 막는 아주 효과적인 방법이기도 하다. 노동운동의 '대의'나 '선명성' 강조되고, '타협'이나 '양보'가 부정적으로 인식되고 있는 노동운동 문화 내에서 그러한 비난을 감당해 가며 '다른 소리'를 낼 수 있는 개인이나 집단은 많지 않을 것이기 때문이다.

비정규직의 입장에서

공공부문 비정규 대책이 많은 문제점이 있으나 고용불안정으로 하루하루를 살아가야 하는 비정규직 노동자들에게 고용안정은 매우 큰 의미일 수 있다. 특히 성희롱이나 다양한 형태의 일상적 차별에 노출되어 있는 여성 비정규직 노동자들에게 최소한의 고용안정은 더욱 중요하다.

노동조합은 현재 가능한 범위 내에서 확보할 수 있는 것이 무엇인지 전략적 사고를 할 필요가 있다. 그 이유는 비정규보호법이 시행되는 현재 시점에서 무기 계약 전환으로 최소한의 고용안정도 확보되지 않는다면 그 업무는 보다 더 쉽게 외주화될 수 있기 때문이다. 그리고 일단 외주화된 이후에 직접 고용으로 다시 전환될 가능성은 높지 않다. 각 기관이 제출한 "외주화 타당성 검토 보고서"를 보더라도 그러하다.

전국의 국공립대 병원의 외주화 타당성 검토 보고서에 의하면 외주화된 업무 가운데 직접 고용할 계획으로 있는 경우는 거의 없으며, 어느 도(道) 교육청의 경우 만여 명이 넘는 비정규직의 80% 정도는 무기 계약 전환 계획을 하면서도 외주화된 직무 가운데 직접 고용할 계획이 있는 것은 전혀 없는 것으로 보고하고 있다.[91]

무기 계약직으로 전환되지 않는 업무의 고용은 두 가지 형태로 이루어질 가능성 있다. 1) 업무 자체를 외주화/외부 위탁하거나 2) 해당 비정규직을 계속 기간제로 2년마다 교체하며 활용하는 것이다. 차별 시비를 피하기 위해 정규직에 유사한 직무가 없는 경우 이러한 기간제 방식으로 계속 쓸 가능성이 있다. 무기 계약으로 전환되지 않는 비정규직 가운데 동일 직무에 정규직이 있는 경우는 해당 직무의 정규직을 다른 직무로 배치 전환하고 그 업무는 외주화할 가능성이 크다. 일단 외주화된 이후에는 직접 고용의 가능성이 크지 않을 뿐 아니라 현행 대부분의 노동관계 법률의 적용을 피할 수 있기에 법적 대응을 하기도 어렵다.

보건의료노조의 경우처럼, 현실적으로 노동조합의 의지와 교섭력이 비정규직의 정규직화를 이루어 낼 수 있는 조건에 있다면 무기 계약직에 대한 반대와 거부가 실질적 의미가 있을 수 있다. 보건의료노조는 정부의 비정규직 무기 계약직 전환 계획에 대해 전면적인 거부

____

91 그러나 각 기관이 제출한 외주화 타당성 검토에서 제시되는 자료가 얼마나 신뢰도가 있는가 하는 것은 별개의 문제다. 노동조합을 포함한 노동계 및 시민사회에서 집중 검토해 볼 필요가 있다.

의사를 밝히면서, 그러한 전환 계획이 무기 계약직이라는 명목으로 정규직과 차별되는 분리 직군을 형성하고자 하는 의도라고 주장하며 수용하지 않았다. 그 대안으로 보건의료노조는 2007년 산별 교섭을 통해 정규직 임금 인상분 5.3% 가운데 1.8%에 해당하는 320여억 원을 비정규직의 정규직화와 차별 시정을 위해 사용하는 것에 합의함으로써 공공부분 비정규직 문제 해결을 노동조합 차원에서 구체적으로 이루어낸 바 있다.

개별 사업장 차원의 예를 보면, K대 병원의 경우 상급 단체인 보건의료노조의 단체교섭 합의 사항대로 임금 인상 5.3% 중 1.8%에 해당하는 재원(약 26억 원)을 비정규직 문제 해결을 위해 사용한다는 내용을 현장교섭을 통해 이루어낸 바 있다. 노사는 수차례의 협상 끝에 협상 당시 2년 이상 근무한 근무자에 한해서는 고용을 보장하고 70명의 비정규직을 정규직으로 전환하고, 그 밖의 나머지 비정규직의 경우 임금 인상과 처우 개선에 대한 합의를 이루어냈다. 그 결과 정규직화되지 못한 비정규직 시간제 노동자는 기존 정규직의 45% 정도였던 임금 수준이 75%로 향상되었고, 정규직의 70% 수준의 임금을 받던 계약직 근로자들의 임금은 85% 수준까지 오르게 되었다(최인이, 2007: 181~182).

정규직의 임금 인상분 양보를 하면서 산별 교섭을 통해 이루어낸 보건의료노조의 비정규직 문제 해결은 노동조합이 비정규직 문제에 어떠한 의지를 가지고 접근하는가에 따라 이 문제가 어떻게 다르게 해결될 수 있는가를 보여주는 대표적인 사례이다. 그러나 현실적으로 노동조합의 교섭력이 '온전한 정규직화'를 가까운 시일 내에 이

루어내기 어려울 정도라면, '노동운동의 대의나 원칙'을 위해 무기
계약직 전환을 반대하는 것은 또 다른 정규직 중심의 노동운동이라
평가될 수도 있다.

5. 대안과 제안

공공부문 비정규 대책 관련하여 노동조합과 노동운동 진영은 비정
규직의 관점에서 실태를 파악하고 문제를 분석하고 방안을 마련할
필요가 있다. 그 과정에서 중요한 것인 비정규직 노동자(조합원과 비조
합원 모두)에게 가능한 모든 정보를 제공하고, 자유로운 논의 과정을
거쳐 의견을 만들어 나가는 것이다. 이를 위해 우선적으로 정부는 정
부 보유 자료뿐 아니라 사업장별 비정규직 정책 관련한 정보 공개를
제도화해야 할 것이다.

공공부문 비정규직 대책 관련 정보 공개

노동운동 및 노동조합 내부에서의 다양한 의견들이 자유롭게 개진
되고 그러한 논의를 통해 비정규직 문제 해결의 현실적 가능성을 높
이기 위해서는 일차적으로 정부가 공공부문 대책 관련 자료들을 공
개할 필요가 있다.[92] 소수의 연구자나 정책 담당자가 수천의 공공기
관에서 제출한 계획서 및 보고서를 꼼꼼하게 검토하는 것은 가능하

---

92 예를 들어, 무기 계약 전환 계획서 및 외주화 타당성 검토 보고서 등의 자료.

지 않다. 총량적인 통계 분석이나 전체적인 경향성을 파악할 수는 있으나 각 기관에서 제출한 자료의 신뢰성과 타당성을 구체적으로 검토할 여력은 없다. 보다 미시적이고 정밀한 검토와 분석을 수행할 수 있는 연구 인력이나 인프라가 확보되지 않은 상황이라면, 이러한 정보 공개를 통해 관련 당사자들의 검토를 거치는 것이 자료의 신뢰도와 정책의 효율성을 높일 수 있다.

공공부문 비정규 대책 관련한 노동계의 비판, 특히 무기 계약 전환에 대한 반대는 지금까지 행해 온 정부의 비정규 대책에 대한 불신이 축적된 결과일 수도 있다. 그러한 불신을 점진적으로 해소해 나가기 위해서라도 정책 결정 과정에서 비정규직 당사자들에게 영향을 미칠 자료를 공개할 필요가 있다.

비정규직화의 주 대상이 여성이 되어왔고, 그 여성 비정규직을 대상으로 한 정책이라면 성별로 세분화된 자료가 필수적이다. 만약 정부 조사의 조사 설계나 정부가 공개하는 자료에 성별 불균등과 성차별 가능성 여부를 충분히 파악할 수 방식으로 이루어져 있지 않다면 그에 대한 수정을 요구할 필요가 있을 것이다. 이와 관련하여 공공기관의 경영정보 공개 시 주요 자료(직접 고용 정규직 및 비정규직 규모, 외주화한 인력 현황)를 성별로 세분화하여 발표하도록 하는 것이 필요하다. 이러한 성별 통계와 자료를 통해서만이 성별 불균등 현상과 그에 따른 성차별 여부를 파악할 수 있기 때문이며, 이러한 자료가 공개되어야만 공공기관 경영 평가에 차별 수정의 이행 상황을 주요 평가 항목으로 포함하도록 요구할 수 있기 때문이다.

고용형태에 의한 성차별 수정을 위한 적극적 조치로서의 예산 배정

공공부문 비정규 대책의 실효성에 대한 의문과 관련하여 가장 많이 지적되고 있는 부분이 예산과 정원 확보 문제다. 정부의 공공부문 비정규직 대책의 핵심 가운데 하나는 상시 지속 업무에 2년 이상 근무할 경우 무기 계약으로 전환한다는 것이다.[93] 정부는 무기 계약 전환 대상 71,861명에 대해 유사 동종 정규직을 고려한 처우 개선을 위한 2008년 소요 예산 추정치로 1,306억 원을 산정했다. 이 예산으로 무기 계약 전환 인력 1인당 한달 평균 15만 원 정도 임금 인상 효과를 가져올 수 있으나, 이 임금 수준은 정규직 대비 53% 수준으로 실질적 차별 해소와는 거리가 먼 수준이다(이미경, 2007:103~104).

현재의 공공부문 비정규직 대책이 실질적으로 고용형태에 의한 성차별을 수정하는 적극적 조치가 되려면, 이를 위한 예산과 정원을 확보할 필요가 있다. 특히 여성 비정규직이 집중 고용되어 있는 학교 비정규직이나 중앙 및 지방정부의 여성 중심 직종의 무기 계약 전환을 위한 예산은 국가적 차원에서 책정할 필요가 있다. 거대 공기업과는 달리 학교 비정규직이나 지자체의 특정 부문의 경우 정부의 예산

---

93 그러나 이러한 '상시 지속 업무 2년 이상 계속 근무' 기준을 판단하는 데에 있어서 "기간제의 정규직 전환 예외 사유" 조항을 적용하고 있다. 이에 따라 무기 계약 전환과 관련하여 2년 이상 기간제 중 22,261명이 '일시 간헐적인 업무', '고령자', '전문적 지식 기술의 활용', '복지 실업대책', '휴직 파견 등 대책 인력' 등의 이유로 전환 대상에서 제외되었다. 이 가운데 직접 수행에서 간접 수행으로 업무 수행 방식을 변경할 6,089명(27.4%)은 구조조정이나 외주화의 대상으로 계약해지 등으로 이전보다 더한 고용불안에 직면하게 되었다(이미경, 2007:103~104).

지원이 없으면 정규직화가 가능하지 않을 수 있다. 이들 공공부문(특히 보건, 사회복지 및 교육 부분)에서의 비정규직의 정규직 전환은 공공부문 고용창출을 위해서도 국가가 정책적 차원에서 고용을 늘려나갈 필요가 있다.

우리나라의 공공부문의 고용은 다른 OECD 국가에 비해 현저하게 낮은 수준이다. 우리나라 공무원 규모는 2004년 현재 91만 5천여 명으로, 인구 1,000명당 약 19명으로 환산된다. 이에 비해 다른 OECD 국가들의 공무원 수는 인구 1,000명당 평균 75.2명으로, 우리나라에 비해 4배 정도 된다(옥동석, 2007: 100~101). 〈표 4-7〉에서 보듯이, 2008년 현재 전체 고용 대비 정부 부문 고용비율을 보면 한국은 5.7%로, OECD 국가들 가운데 가장 낮은 수준일 뿐 아니라, OECD 평균 15%에 크게 못 미치고 있는 실정이다(OECD, 2011).

공공부문의 고용이 전체 고용에서 차비하는 비중을 보면 1980년대 중반 이후 1990년대 말까지 한국은 4~5% 수준에서 머물러 있다. 터키가 8%, 그 외 미국 등 여타 OECD 국가들의 경우 15~25% 수준에 이르고 있다.[94] 이러한 경향은 문민정부 및 참여정부 이후에도 별 진전을 보이지 않는 것으로 드러난다. 2005년 현재 한국은 공공부문의 고용비중이 OECD 국가 중 가장 낮아 총 고용에서 차지하는 비중이 4.5%로 선진국의 1/7~1/2 수준에 머물고 있다[95]

국가 예산 차원의 자료를 보아도 이러한 경향을 볼 수 있다. 한국의

---

94 OECD(2001). *OECD Public Management Service*. 정재하(2004), 77에서 재인용.
95 OECD(2005), *Social Expenditure Database*. 김성혁(2011), 30에서 재인용.

2007년 GDP 대비 사회복지 지출 비중은 7.9%로, OECD 국가들 평균 19.3%에서 크게 못 미치고 있다(현대경제연구원, 2011). 보건 및 사회복지 사업 부문에서의 고용비중도 우리나라의 경우 다른 OECD 국가들에 비해 현저하게 낮은 수준이다. 보건 및 시회복지 관련 산업 부문의 고용이 전체 고용에서 차지하는 비율을 보면, 2002년 현재 덴마크 16.17%, 뉴질랜드 10.84%, 헝가리 6.22%임에 비해 우리나라는 2.49%로, 다른 OECD 국가들의 1/4-3/1 정도에 불과하다(〈표 4-6〉).

공공부문의 낮은 고용비중 문제와 더불어 또 한 가지 주목할 사실은 여타 OECD 국가들의 경우 공공부문이 구조조정 및 경기변동 과정에서 발생하는 실업 및 고용불안정에 대한 고용안정화 역할을 했던 것임에 비해 우리나라의 경우 공공부문의 역할은 매우 미흡하다는 것이다(정재하, 2004: 90). 여성 고용과 관련하여 OECD 국가들의 경우 80년대 이후 여성 고용창출을 공공부문이 선도해 왔다. 그러나 우리나라의 경우 오히려 공공부문이 여성의 고용불안정과 비정규직화를 촉진하고 있는 현실이다. 공공부문이 민간 사기업 부문의 고용불안정을 해소하는 모델이 되기 위해, 그리고 비정규직의 정규직화를 위해 우선적으로 필요한 것은 일반 정부 부문을 포함하여 공공부문의 고용비중을 높이고, 이를 위한 예산 또한 최소 OECD 평균 수준으로 높여나가는 것일 것이다.

〈표 4-6〉 OECD 국가들의 전체 고용 대비 정부 부문 고용비율, 2008.

(단위: %)

국명	노르웨이	덴마크	스웨덴	핀란드	프랑스	헝가리	에스토니아	룩셈부르그	영국	벨기에	캐나다
고용비율	29.3	28.7	26.2	22.9	21.9	19.5	18.7	17.6	17.4	17.1	16.5
국명	이스라엘	호주	아일랜드	슬로베니아	미국	이태리	체코	스페인	포르투갈	네덜란드	오스트리아
고용비율	16.5	15.6	14.8	14.7	14.6	14.3	12.8	12.3	12.1	12.0	11.4
국명	터어키	슬로바키아	뉴질랜드	폴란드	스위스	독일	칠레	멕시코	그리스	일본	한국
고용비율	11.0	10.7	9.8	9.7	9.7	9.6	9.1	8.8	7.9	6.7	5.7

자료: International Labour Organization (ILO), LABORSTA database. OECD(2011), *Government at a Glance 2011*, OECD.

〈표 4-7〉 OECD 국가들의 보건 및 사회복지사업 부문 고용추이

(단위: %)

	1985	1990	1995	1997	1999	2000	2001	2002
네덜란드	–	11.00	11.63	11.76	11.93	11.90	12.23	12.73
노르웨이	13.17	15.59	18.02	18.16	18.52	18.79	19.27	–
뉴질랜드	–	9.04	9.24	9.46	9.97	10.31	10.82	10.84
덴마크	14.11	15.21	15.43	15.95	16.11	16.18	16.40	16.71
독일	–	–	8.77	9.45	9.65	9.73	9.91	10.25
미국	7.21	8.46	9.56	9.67	9.32	9.42	9.75	10.16
스위스	–	–	9.46	10.22	10.23	10.26	10.30	10.52
영국	8.62	9.35	10.49	10.58	10.3	10.48	10.62	–
호주	8.25	8.66	9.08	9.39	9.27	9.59	9.87	–
오스트리아	5.22	6.05	6.61	6.74	7.03	7.18	7.50	7.72
이탈리아	4.93	5.23	5.79	5.83	5.81	5.81	5.82	5.76
캐나다	8.56	9.15	10.02	9.71	9.61	9.60	9.62	9.71
프랑스	–	8.40	9.06	9.20	9.02	8.91	8.86	8.86
핀란드	11.40	12.41	13.77	13.69	13.45	13.52	13.86	14.17
한국	–	–	1.51	1.58	1.93	2.02	2.25	2.49
헝가리	–	–	6.39	6.43	6.31	6.31	6.11	6.22

자료: 정재하(2004), "공공부문의 범위와 고용변화분석", 한국노동연구원, 61.

경영평가 및 정부업무 평가에 정규직 중 여성 비율을 평가 포함

기획예산처는 지난 수년간 "공공기관 경영혁신 지침"에 사회 형평적 인력 활용 노력을 강화하도록 하는 내용을 넣고 있다.[96] 공기업 산하기관 경영혁신 추진 지침에서도 '여성 채용의 활성화 방안을 강구'하도록 하고 있다.[97] 그러나 동시에 "사업의 특성을 고려하여 외부 위탁을 확대 추진하여 경영효율성을 재고"하도록 하고 있다. 핵심 사업이 아닌 사업의 외부 위탁을 할 경우 여성 집중 업무가 외부 위탁화될 가능성 크기에 결과적으로 여성 비정규직화 및 간접 고용화를 촉진시키는 결과를 가져오게 될 가능성이 크다. 위의 두 가지 내용만으로 미루어 볼 때 기획예산처의 경영혁신 지침이 여성문제에 관한 한 모순된 정책을 시행하고 있음을 말해 준다.

사회형평적 인사를 실질적으로 운영하기 위해서는 각 공공기관이 정규직 여성 목표 할당제를 실시하도록 하고 연도별 목표치를 담은 계획(time table)을 작성하고 이의 추진을 위한 다양한 차원의 적극적 차별 수정조치를 취할 수 있는 프로그램을 실시하도록 할 필요가 있다. 그리고 이를 위해 이러한 적극적 조치의 이행 실적을 공공기관 경영평가에 반영하도록 할 필요가 있다.

---

96 구체적으로, 1) 기관의 특성에 따라 여성, 장애인, 이공계, 지방 인재 등 채용기회 확대와 2) 직장보육시설 설치·확대 등 여성 근무환경 개선.

97 여성 채용 활성화 방안으로, (1) 동종·유사업종의 민간업체 여성 채용 비율 등을 고려하여 기관 특성에 맞는 여성 채용 목표 설정·운영, (2) 신규채용, 승진, 부서별 배치, 동일직급 내 여성 비율 등에서의 양성평등 실현을 위한 방안 강구, (3) 육아 보육 시설 설치·확대 등 여성 근무환경 개선 등.

"공기업·준정부 기관의 인사운영에 관한 지침"에서 기획예산처는 채용 및 승진에 있어서 양성평등을 촉진하도록 하는 조항을 포함하고 있으나[98] 이 지침만으로는 공기업에서의 여성 비정규직 문제 해결에 충분하지 않다. 이러한 양성평등 지침과는 다르게 여성을 비정규직화하도록 하는 다른 지침들(경영평가 및 경영혁신 지침)이 동시에 존재하기 때문에 보다 적극적인 여성 비정규직 대책이 필요하다.

고용노동부가 2006년부터 시행하는 적극적 고용개선 조치가 진정한 의미의 적극적 조치(affirmative action)가 되려면 고용형태별 근로자 보고를 제도화할 필요가 있다. 정부의 적극적 고용개선 조치에 의하면 공공기관은 적극적 고용개선 조치 시행 계획과 이행 실적을 고용노동부 장관에게 제출하도록 되어 있다. 현재는 직종별, 직급별, 성별 근로자 현황을 보고하도록 되어 있으나 고용형태별 자료는 보고하고 있지 않기에 고용형태에 의한 성비 불균등 및 직간접 차별 가능성을 확인할 수 없다. 민간부문에 앞서 공공부문에서 먼저 고용형태별 자료를 보고하도록 하게 하고, 고용형태에 의한 성비 불균형이 심한 경우 개선 조치 시행 계획과 이행 실적을 공공기관 경영평가에 반영하도록

---

98 기획예산처의 "공기업 준정부기관의 인사운영에 관한 지침.
　제5조(사회형평적 인력활용) ①공기업·준정부기관의 장은 국가유공자·장애인·여성·지방인재·이공계 전공자 등에 대한 채용기회를 확대하여 사회형평적 인력활용이 활성화되도록 인력활용 계획을 수립하고 이를 이행하도록 노력하여야 한다. ② 제1항의 규정에 따른 인력활용 계획에는 다음 각 호의 사항이 포함된다.
　　1. 공개경쟁 채용 시 양성평등 채용 목표제, 장애인 구분 모집제 등의 도입.
　　2. 관리자급에서의 성별 불균형 완화를 위한 여성 관리직 임용 목표제 추진.
　　3. 기타 균형 있는 인력 활용을 위한 조치.

한다면 공공부문에서의 여성 비정규직에 대한 차별이 보다 쉽게 드러날 수 있을 것이다. 여성 비정규직에 대한 차별 개선은 그러한 실태 파악 이후에 보다 효과적으로 이루어질 수 있다.

제5장

'유연한' 노동시장과 가부장적 노동운동을 넘어서

1. 구조조정 희생양으로서의 여성과 노동운동
2. '립 서비스'로 이루어질 수 없는 '운동'
3. 노동조합운동 내부의 가족 임금 이데올로기
4. 가부장적 노동운동 문화와 여성의 과소 대표
5. 노동조합 여성 할당제만으로 풀리지 않는 문제들
6. '위기의 노동운동'이 '여성 문제'에 관심을 가져야 하는 이유

'유연한' 노동시장과
가부장적 노동운동을 넘어서

노동시장에서의 성차별은 노동조합운동에서의 가부장제가 온존하는 한 해소되기 어렵다. 성차별문제는 노동문제가 해결되면 해소될 수 있다는 계급 우선 논리가 남성 중심의 노동운동을 지배해 왔다. '계급'이나 '민족'과 같은 '거대한 문제'가 논의되는 분위기 속에서 '성차별'과 같은 일상 속의 '사소한' 차별들로 간주되는 문제들은 조직과 운동의 주요한 과제로 설정되기 어려웠다. 이러한 어려움에도 불구하고 지난 20년간 여성노동운동의 성장은 노동조합 내 여성할당제를 도입하고, 성희롱 성폭력 예방을 위한 제도적 장치를 마련하는 등의 성과를 이루어 내었다.

그러나 비정규직이 전체 임금 노동자의 거의 절반을 차지하고 여성 비정규직 비율이 남성 비정규직 비율의 두 배에 가까움에도[99] 불

---

99 경제활동인구조사 부가조사 2011년 8월 자료의 의하면, 전체 임금 노동자 중 비정

구하고 노동조합운동의 정규직 남성 중심성은 아직까지도 별다른 변화를 보이지 않다. 이는 노동문제와 여성문제가 분리되어 있다는 인식이 노동운동 내부에 아직 강하게 남아있음을 말해주는 것이기도 하다.

우리는 노동조합 조직률의 하락과 체계적인 성차별의 심화, 그로 인한 노동시장에서의 여성 배제를 동시에 관찰할 수 있다. 현재 당면하고 있는 노동운동의 위기는 부분적으로 남성 정규직, 대기업 중심의 노동조합운동, 그리고 그것이 야기한 여성노동의 주변화에 기인한다. 이러한 분석이 타당하다면, 향후 노동조합운동의 활성화는 노동조합의 조직 구조, 의제 선택, 그리고 운영 방식이 얼마나 여성들의 이해를 수렴해 낼 수 있는가에 달려 있다고 할 수 있다.

1. 구조조정 희생양으로서의 여성과 노동운동

여성 비정규직 문제는 지난 20여 년간 우리나라의 노동운동이 여성 노동자들을 어떻게 주변화시켜왔는가의 문제와 무관하지 않다. 노동조합운동의 남성 정규직 중심성은 구조조정 과정에서, 노동조합 조직화 및 노동조합 활동 과정에서, 그리고 법 제도화 과정에서 잘 드러난다.

노동시장의 유연화, 고용형태의 다양화와 더불어 구조조정 과정에

규직 비율은 48.5%이고, 남성 임금 노동자 대비 남성 비정규직 비율은 39.5%, 여성의 그 비율은 60.8%에 달한다(한국비정규노동센터, 2011).

서 여성들은 일종의 희생양이 되어 왔다. 특히 인원 감축이 구조조정의 가시적인 효과를 나타내주는 지표로 간주되고 있는 상황에서 여성들은 일차적 정리해고의 대상이 되어 왔다. 여성의 비정규직화, 그리고 집단적 정리해고는 합리적인 기준에 의해 이루어지기보다는 남성 생계 부양자 이데올로기 및 온정적 가부장제에 의해 행해졌다. 이 과정에서 남성 정규직 중심의 노동조합은 남성 조합원의 고용안정을 위해 여성 우선 해고에 대해 적극적으로 동의하거나 암묵적으로 묵인해 왔다(조순경, 2000a).

노동조합의 가부장적 성격 및 노조 지도부에 있어서의 여성 과소 대표 문제로 인해 노동조합운동 과정에서 여성들의 이해는 충분히 반영되기 어려운 실정에 있다. 여성 상근 노조 간부가 있다 하더라도 이들은 협상이나 교섭과정에서 배제되어 왔다. 대표적인 예로, 현대자동차, 농협, 중소기업협동조합중앙회에서의 정리해고 및 명예퇴직자 선정과 관련한 협상은 여성 노조 간부도 자세히 모르는 상태에서 진행되곤 했다.

남성 정규직 조합원들의 이해를 위해 여성 비정규직의 희생을 요구하는 경우도 어렵지 않게 찾아 볼 수 있다. 5,300명을 고용한 제조업 대공장인 B기업 노동조합은 비정규직 여성 노동자들을 정규직 남성 조합원의 고용을 위협하는 존재로, 그리고 노동조합 활동을 위협하는 존재로 규정하였으며, 그들의 정규직화를 반대하고 노동조합 가입도 거부하였다. 23명의 비정규직 여성 노동자는 1994년 노동조합 파업 당시 B기업에 촉탁직으로 입사했다. 이들 비정규직 여성들은 남성 정규직 노동자들과 유사한 노동을 하였지만 고용형태가 다르다는 이유로 임금 및 각종 수당, 그리고 사회보험 및 복지 혜택에서 차별당해 왔기에 관할 지방노동청에 차별적인 조치 철회와 정규직화, 그리고 부당한 전환 배치 철회를 요구하는 진정을 하였다. B 기업 관할 지방노동청은 시정 지시를 내렸고, B 기업은 23명의 촉탁직 여성 노동자들을 정규직화하려 하였다. 그러나 노동조합은 이러한 비정규직 여성들의 정규직화 철회를 요구하며 이들 여성 노동자들을 남성 노동자로 대체해 줄 것을 사용자 측에 요구하였다(강현아, 2003). 촉탁직이라는 이유로 여성 노동자들의 조합원 가입을 거부한 행위, 그리고 여성 촉탁직의 정규직화를 거부하며 적대적으로 대하는 이유는 다음의 노조 남성 간부의 인터뷰 내용에서 자세히 볼 수 있다.

> 일반적으로 대기업에서 비정규 노동자를 바라보는 시각이 똑같다. 비정규 노동자들이 사실상 대기업 노동자들의 방패막이 역할을 했고, 작업장에서도 좀 더 힘든 곳에서 일하는 사람들이다. 실제로 ○○산업(주) 타이어 사업부에서도 남성 조합원들이 싫어하는 부분, 예를 들어 힘든 곳이라든가 지저분한 곳에 들어가는 것은 비정규 용역 노동자들이 하고 있다. 이런 노동자들에 대해 똑같은 조합원으로 인정하지 않듯이, 비정규 여성 노동자들에 대해서도 인정을 하지 않고 있다. 남성 조합원들은 (비정규 여성 노동자들을) 우리하고 모집 형태부터 다르다는 식으로 생각한다. 남성 노동자들은 공개 모집을 통해서 들어오는데, 비정규 여성 노동자들은 회사에서 알음으로 채용했기 때문에 정규 노동자로 볼 수 없다고 생각한다. 문제는 조합원들이 받아들일 수 없다, 인정할 수 없다 해서 노조에 가입하는 것을 남성 조합원들이 반대하고 있다.[100]

미조직, 비정규직 여성을 희생양으로 삼는 정규직 남성 중심의 노

---

100 B 공장 노동조합 지부 남성 간부 인터뷰 내용. 강현아(2003: 93~94)에서 재인용.

동운동은 정부의 정책 형성과 법제화 과정에서도 나타난다. 근로자 파견법 제정 시 파견 허용 업무를 결정하는 과정에서 그 예를 볼 수 있다.

근로자 파견법 제정 당시 선정된 26개 파견 허용 대상 업무는 어떠한 기준을 일관되게 적용하여 선정된 것이 아니다. 파견법에서 허용하는 근로자 파견 대상 업무는 "전문지식, 기술 또는 경험 등을 필요로 하는 업무"로 규정되어 있으나 정작 선정된 업무는 지극히 정치적인 고려에서 이루어졌다. 이는 근로자 파견법 시행령이 만들어지는 과정에서 잘 드러난다. 당초 입법 예고된 시행령 안에 포함되었던 일부 직종의 업무는 노동조합 또는 관련 이익단체의 저항과 항의에 의해 빠지게 되었으며 결국은 노동조합 조직률이 낮거나 여성들이 집중 고용되어 있는 직종의 업무들이 대상 업무로 결정되었다. 비서, 타자원 및 관련 사무원, 도서 우편 및 관련 사무원, 보모, 간병인, 조리사, 공중보건 영양사, 전화 교환 사무원, 전화 외판원, 여행 안내요원, 가정 개인 보호 근로자, 그리고 대중 유흥업소 무용수 등이 그 대표적인 예이다. 이러한 현상에 대해 "노동계는 기댈 데 없는 미조직 여성 노동자들만 파견 노동의 사지(死地)에 남겨둔 채 슬그머니 발을 빼고 말았다는 비난을 면치 못할 것"이라고[101] 평가되기도 하였다.

파견법 시행 6년이 지난 2004년 당시 파견 노동의 주 대상은 여성들이 집중 고용되어 있는 미조직 직종에서 일어나고 있음을 다시 한 번 확인할 수 있다. 노동부가 집계한 자료에 의하면 2004년 6월 현재

---

101 『주간노동자신문』, 1998. 5. 3.

26개 파견 대상 업무 가운데 가장 큰 비중을 차지하는 업무는 비서, 타자원, 사무원 업무로, 전체의 30.2%를 차지하고 있다. 그 외 전화 외판원, 대중업소 백댄서 및 무용수, 가수 등 연예 관련 업무, 간병인 등이 주를 이룬다.[102]

　최근 정부와 재계의 파견 대상 직종의 확대 움직임과 더불어 여러 연구들이 진행되고 있다. 동서리서치(2009)는 파견 근로 추가 수요 조사를 위한 실태조사 결과를 토대로 파견 근로 수요를 측정하고 있으며, 김승택(2006)은 파견 근로에 대한 시장 수요를 파악하여 파견 허용 업종 조정을 위한 연구를, 박지순 등(2010)은 현재의 파견 허용 직종 목록에 더 추가할 필요가 있는 직종은 어떤 것이 있을까에 대한 연구를 진행한 바 있다. 파견 허용 직종이 향후 어떠한 기준에 의해 어떻게 확대된다 하더라도 시장 수요에 의해서만 결정되지 않을 것이라는 것은 우리나라의 파견 허용 직종 결정 과정을 볼 때 어렵지 않게 알 수 있다. 노동조합 조직력과 교섭력이 약한 직종과 업종을 중심으로 파견 직종이 확대될 가능성이 크다.

　지난 1998년의 경험과 다르지 않게, 정치적 고려에 의해, 그리고 민주노총과 한국노총 등 대기업 남성 정규직 중심의 조합 이기주의에 의해 파견 허용 대상 업무가 선정된다면, 미조직 여성 노동자들이 몰려있는 직종의 업무가 선정될 가능성이 매우 크다. 아이러니한 것은 이러한 미조직 여성 노동자들이 가장 우선적으로 법적 보호를 받아야 할 집단임에도 일차적 희생자가 되고 있다는 사실이다.

---

102 노동부 내부 자료.

노동조합운동의 남성 중심성이나 가부장제에 저항하거나 변화를 시도하는 여성들은 또 다른 희생을 치러야 한다. 노동운동에서의 배제와 축출이 그것이다. 다음의 글은 남성 중심적 노동운동 문화 속에서 여성 활동가들이 직면해야 하는 현실을 표현하고 있다.

> 이러한 노동운동 내의 '성 불평등'을 조금씩 깨닫게 되는 순간 여성들은 정체성의 혼란을 경험한다. 또한 자각된 여성 의식으로 '실천'의 불가피성과 중요성을 인식하는 순간 숱한 감정 노동을 겪게 된다. 반여성적인 발언이나 행위, 구조와 관습, 문화와 언어, 상징체계, 남성 중심적인 조직관 및 운동의 방향에 대하여 지적할 것인가 말 것인가, 지금 하는 것이 좋은가 아니면 나중에 묶어서 하는 것이 좋은가, 어떤 강도로 어떻게 지적할 것인가를 수없이 고민하며 갈등에 갈등을 더하는 감정 노동을 겪게 된다. 그리고 강도를 높이는 순간, 강도를 높여 제기한 문제가 매번 축적되는 순간, 그 문제제기가 남성들이 쳐놓은 경계선을 넘어가는 순간, 돌아오는 것은 결국 여성에 대한 배제와 축출이다. 살아남기 위해선 문제점을 외면하고 말거나, 상대방이 눈치 채지 못할 정도로 소극적 저항을 하며 스스로 만족하거나, 마녀가 되길 각오하며 전면적으로 싸우는 것 중에 하나를 선택해야 한다. 그 투쟁의 기획과 연출, 홍보와 연기, 그리고 사후 뒤처리까지 1인 다역을 맡아 행해야 하는 그 노동들은 노동운동이라는 금 안쪽에 선 여성 활동가들이 겪는 너무나 일상적인 고통이다(서정영주, 2001: 38).

2. '립 서비스'로 이루어질 수 없는 '운동'

양대 노총을 중심으로 하는 한국 노동조합운동 위기의 요인은 급변하는 산업 구조 및 노동시장의 재편에서 부분적으로 기인한다. 신자유주의적 세계화의 진전, 산업 구조의 재편과 노동시장 유연화의 가속화, 제조업의 공동화 현상, 자영업 및 간접 고용의 증가는 직간접적으로 노동조합 조직률의 하락을 가져왔다. 〈표 5-1〉에서 볼 수 있듯이, 정규직 및 비정규직 모두 해가 갈수록 노조 조직률이 하락하고 있다. 정규직 노조 조직률은 2008년 8월 23.3%에서 2011년 8월 19.9%로, 비정규직 조직률은 같은 기간 3.0%에서 1.7%로, 정규직에 비해 훨씬 더 빠른 속도로 하락하고 있다. 2011년 8월 현재 비정규직 가운데 신분제적 성격을 띤 장기 임시 근로자의 조직률은 0.5%, 시간제 근로는 0.3%, 특수 고용직은 0.1%에 그치고 있다.[103]

<표 5-1> 연도별 고용형태별 노조 조합원 수, 조직률 및 조합원 구성

	조합원 수(천 명)				조직률(%)			
	08년 8월	09년 8월	10년 8월	11년 8월	08년 8월	09년 8월	10년 8월	11년 8월
임금 노동자	2,052	2,003	1,945	1,911	12.7	12.2	11.4	10.9
정규직	**1,796**	**1,832**	**1,780**	**1,761**	**23.3**	**23.1**	**21.1**	**19.9**
비정규직	**256**	**171**	**165**	**150**	**3.0**	**2.0**	**1.9**	**1.7**
임시근로	238	156	150	129	2.9	1.9	1.8	1.5
장기임시근로	61	41	39	26	1.3	0.9	0.8	0.5
한시근로	177	115	110	102	5.3	3.1	3.2	2.9
(기간제근로)	162	110	96	91	6.9	3.9	3.8	3.4
시간제근로	4	6	4	4	0.3	0.4	0.2	0.3
호출근로	4	2	1		0.5	0.2	0.1	
특수고용	11	3	3	1	1.8	0.5	0.4	0.1
파견 근로	10	5	8	9	7.2	3.0	3.9	4.6
용역근로	26	22	30	25	4.0	3.5	4.9	3.7
가내근로		1				1.0		

자료: 김유선(2011), "비정규직 규모와 실태:통계청, '경제활동인구조사 부가조사' (2011.8) 결과", 43의 〈표 25〉에서 매년도 8월 자료로 구성.

---

103 통계청의 2004년 8월 현재 경제활동인구부가조사 결과 자료에 의하면 2004년 현재 노동조합에 가입한 노동자 수는 182만 명으로, 12%의 조직률을 보이고 있다.

'87년 '대투쟁' 이후 기업들은 임시 용역, 파견직을 중심으로 정규직의 비정규직화를 시도해 왔으며 그들 비정규직 가운데 다수는 여성들이었다. 한국여성민우회와 한국여성노동자회를 중심으로 한 여성노동운동계는 노동조합운동이 비정규직화에 대한 대응을 제대로 하지 않는다면 노동조합 조직률 저하와 교섭력의 약화, 그리고 노동운동의 위기를 겪을 것이라는 경고를 하여왔다. 1990년대 중반 정부와 재계에서 파견 노동을 합법화하려는 움직임이 있었을 때 강하게 저항했던 단위도 위의 여성노동운동 단체들이었다. 이 과정에서 여성노동운동 진영은 기존의 남성 중심적 노동조합이 여성 비정규직 노동자의 이해를 대변하기 어렵다는 판단을 하였고, 이는 여성독자 노동조합인 전국여성노동조합과 서울여성노동조합의 태동을 가져왔다.

민주노총은 비정규직의 증가로 인한 노동조합 조직률의 하락에 직면하여 2002년부터 비정규직 조직화를 위한 사업을 중장기 사업계획에 포함시켰다. 그러나 비정규직에 대한 조직적 관심과 사업은 2002년이 아닌 1990년대 초반에 이루어졌어야 했다. 너무 뒤늦게 비정규직 문제에 조직적 관심을 가지게 된 이유 중의 하나는 민주노총의 사업과제 선정이나 운동 방식이 정규직 중심으로 이루어졌기 때문이다.

노조 조직률의 저하 등으로 표현되는 노동운동 위기의 또 하나의 원인으로 노동운동의 외부 변화에 대한 대응 능력 부족이 꼽히고 있

이 가운데 정규직 조합원은 156만 명으로 24.3%의 조직률을, 그리고 비정규직으로서 노동조합에 가입한 수는 24만 명으로 3.1%의 조직률에 그치고 있다. 성별 조직률 차이도 크게 나타난다. 20004년 현재 남성은 137만 명으로 16.1%, 여성은 45만 명으로 7.3%의 조직률을 보여 남성 조직률의 절반에도 미치지 못한다.

다. 이상학 전 민주노총 정책연구원장은 이에 대해 다음과 같이 진단하고 있다(이상학, 2005).

> 대중적인 노동조합운동이 전개된 80년대 이후 한국사회는 큰 변화를 겪고 있다. "신자유주의라는 상황 변화에 대한 대안전략 부재가 위기의 원인이다. 비정규직 문제 등 변화하는 상황에 대한 대중적인 대응과 단결력을 유지하지 못하는 점이 위기의 원인이다"라는 지적과 같이 노동을 둘러싼 경제구조와 노동시장에서의 변화에 대한 정책적, 조직적 대책을 마련하지 못한 점이 노동운동을 위기 국면으로 몰아넣고 있다는 것이다. "변화에 걸 맞는 새로운 목표를 설정하고 새로운 활동을 모색하여야 하는데 늘 같은 모습을 보이면서 조합원들에게 외면당하게 되었다. 이것이 민주노총 위기의 본질이다. 신자유주의 세계화가 진행되면서 저임금 비정규직이 늘어났으나 명확한 진단을 통한 대안 모색이 이루어지지 못했다"[104]라는 지적도 같은 맥락이다.

민주노총의 비정규직 조직화 사업 또한 비정규직(다수가 여성인) 노동자를 위한 실질적인 운동이라기보다는 선언적 차원의 사업이라는 비판에서 자유롭지 못한 것으로 보인다. 민주노총의 주진우 전 비정규사업실장의 지적대로 "비정규 노동자 문제는 진보 진영 전체의 경각심을 요구"하는 것이며, "정규직, 대기업, 남성 중심의 운동에서 비정규직, 중소영세업체 노동자, 여성 노동자를 중심으로 하는 노동운동으로 거듭나는 것이 절실하다"(주진우, 2004). 이러한 지적에도 불구하고 민주노총은 노동운동 내부의 소외된 집단을 중심

---

104 하부영(2005), 민주노총 조직혁신위원회 쟁점토론, "노동운동 연대강화 어떻게 할 것인가?", 2005. 4. 8.

으로 노동운동을 새롭게 할 구체적 의지가 결여되어 있는 것으로 보인다.

민주노총은 비정규직에 대한 민주노총의 대표성의 문제를 극복하기 위해 2002년부터 5년간의 중기 사업계획을 입안하고 비정규 노동자 조직화를 주요 사업 가운데 하나로 포함시켜 왔다. 비정규직 조직화가 민주노총의 중심 사업 과제와 전략 조직화 사업으로 설정되었으나 이러한 사업들이 일종의 '립 서비스'가 아닌가 하는 의문이 들 정도로 조직 내 인적, 물적 투자에 인색해 왔다는 사실은 부정하기 어렵다. 전략 조직화 사업 시행 3년이 지난 2005년 당시 사업의 문제점과 한계가 분명하게 드러나고 있는 것으로 자체적으로 평가하고 있다. 총연맹과 연맹, 지역본부의 비정규 사업 역량은 2003년에 53명, 2004년 39명에 불과하고, 이중 사업 전담자는 2003년 11명, 2004년 16명에 불과할 뿐 아니라 대부분이 비정규직 관련 정책, 투쟁, 조직 사업을 함께 담당하고 있어 전략 조직 사업에 전념하기 어렵다는 것이 당시 민주노총의 자체 진단이었으며, "비정규 사업이 중심 과제로 정립되었으나 조직화 사업은 정체하여" 대표성의 확보는 여전히 어려운 상태에 있는 것으로 자체 평가하고 있다(민주노총, 2005). 비정규직 조직화를 위한 50억 기금모금 사업(실조합원 59만 중 85%, 50만명 1만 원 목표) 또한 원활하기 이루어지지 않은 것으로 알려져 있다. 비정규직 조직화가 실질적으로 이루어지고 있지 않아 왔음은 〈표 5-1〉에서 볼 수 있다. 2008년도 이후 비정규직의 조직률은 점차 낮아져 2008년 8월 현재 조직률 3.0%에서 2011년 8월에는 1.7%로 하락한 것으로 드러난다.

2011년 전국사무금융노동조합연맹(이하 사무금융연맹)과 한국비정규노동센터가 공동으로 실시한 실태 조사에서 비정규직 조직화의 어려움이 확인된다. 2010년 12월부터 2011년 4월까지 사무금융연맹 산하 지부와 노동조합을 대상으로 한 노동조합 설문조사 결과에 의하면 단체협약상에 비정규직 노조 가입 불가를 명시한 지부 및 조합은 전체의 16.7%에 달하고 있다. 비정규직을 조직화할 의향이 있는가에 대한 질문에 대한 답은 대체로 부정적으로 나타나고 있다. 〈표 5-2〉를 보면 전체의 63%에 달하는 지부 및 노동조합이 "당장은 조직화하기 힘들다"고 답하고 있으며, 85.2%가 비정규직을 직접 조직화하기 위한 사업을 진행할 의향이 없는 것으로 나타난다. 더욱 주목할 사실은 전체의 63%에 달하는 사무금융연맹 산하 지부 및 노동조합이 "비정규직이 노조 가입을 희망하더라도 받아들일 의향이 없다"고 답하고 있다는 점이다(한국비정규노동센터와 전국사무금융노동조합연맹, 2011).

〈표 5-2〉 사무금융연맹 산하 지부 및 노동조합의 비정규직 조직화 의향

구분	현실적으로 당장은 조직하기 어려움			비정규직이 노조 가입을 희망하면 받아들일 것			비정규직을 직접 조직화하기 위한 사업을 진행할 것		
	아니다	그렇다	합계	아니다	그렇다	합계	아니다	그렇다	합계
빈도	20	34	54	35	20	54	46	8	54
비율 (%)	37.0	63.0	100.0	63.0	37.0	100.0	85.2	14.8	100.0

자료: 한국비정규노동센터와 전국사무금융노동조합연맹(2011), "사무금융연맹 비정규직 실태조사 보고서", 47.

노동조합이 비정규직 노동자 조직화에 실질적인 힘을 충분히 기울이고 있지 않음은 노동조합 규약이나 단체교섭 의제 설정, 그리고 사업 내용에서 드러난다. 2007년도 현재 25세에서 40세 사이 여성 노동자를 대상으로 한 조사에 의하면 응답자의 1/4 이상에 달하는 비율의 노동자가 비정규직은 가입 자격이 없기에 노동조합에 가입하지 않은 것으로 드러난다(〈표 5-3〉 참고).

〈표 5-3〉 비정규직 여성의 고용형태별 노동조합 가입 여부

(단위: %, 명)

	노동조합 가입	노동조합 없음	비정규직은 가입할 수 없음	스스로 가입하지 않음	전체 (사례수)
계약직 근로자	5.9(40)	37.4(253)	26.9(182)	29.7(201)	100.0(676)
일일 근로자	1.9(1)	46.3(25)	25.9(14)	25.9(14)	100.0(54)
시간제근로자 (파트타임)	3.4(7)	38.5(79)	22.9(47)	35.1(72)	100.0(205)
파견용역 근로자	2.0(1)	38.0(19)	40.0(20)	20.0(10)	100.0(50)
특수형태 근로종사자	3.0(2)	48.5(32)	21.2(14)	27.3(18)	100.0(66)
재택/가내 근로자	1.2(1)	41.0(34)	15.7(13)	42.2(35)	100.0(83)
일시대체 근로자	0.0(0)	66.7(6)	11.1(1)	22.2(2)	100.0(9)
전체	4.5(52)	39.2(448)	25.5(291)	30.8(352)	100.0(1,143)

자료: 김영옥 외(2007), "출산, 육아로 인한 여성 노동시장 이탈 방지를 위한 정책 방안", (노동부 용역 연구과제), 53.

여성 및 비숙련 저임금 노동자들을 중심으로 노동의 수량적 유연화가 급속하게 이루어지는 상황에서 위와 같은 남성 정규직, 대기업

중심의 노동조합운동은 현재 이야기되고 있는 '위기의 노동운동' 의 대안이 되기 어렵다. 특히 새로운 일자리의 창출이 대기업보다는 중소규모 기업에서, 정규직보다는 비정규직 고용형태로 이루어지는 상황에서 더욱 그러하다(조순경, 2007b).

미국의 AFL-CIO나 유럽 연합 소속 국가들의 노동조합들이 여성 노동문제나 성차별의 문제를 주요한 사안으로 다루고 있는 것, 그리고 노동조합 조직화와 운영방식을 여성 친화적인 방식으로 전환하는 이유는(Milkman and Voss, 2004) 노동조합의 위기를 극복할 대안을 이들의 조직화에서 찾기 때문이다.

3. 노동조합운동 내부의 가족 임금 이데올로기

남성-임금노동, 여성-부불 가사/양육 노동으로 이분화되는 성별 분업 구조는 여성이 임금노동에 참여하였을 때 여성들의 노동을 평가절하하는 중요한 기제로 작용하고 있다. 이미 여러 연구에서 정부의 노동정책과 복지정책 등이 남성 생계책임자 이데올로기에 기반하고 있다는 것, 그리고 기업의 인사정책이 이러한 가부장적 통념에 기반한 것이라는 지적이 되어 왔다. 그러나 실제로 임금 결정과정에 직접적으로 참여해 온 노동조합에 대해서는 별 다른 논의가 없었다. 임금 협상의 직접적인 당사자라는 점에서, 그리고 성차별적 임금 구조를 개선하기 위한 일차적인 주체라는 점에서 노동조합이 여성노동에 대하여 어떠한 관점을 가지고 있는가를 보는 것은 중요하다.

산업혁명 당시 노동운동 과정에서 형성되었던 가족 임금(family wage)

개념은 남성 노동자의 '남성'으로서의 이해에 기초한 것이었다. 가족 임금을 주장했던 당시의 남성 노동조합은 사실상 여성이 가정에 남아 자녀 양육과 살림을 맡기를 바랐으며, 그 결과 여성들이 노동시장에 참여하는 것을 억제하고자 하였다(Hartman, 1976).

남성이 생계 책임자라는 논리가 타당성이 있기 위해서는 현실적으로 남성의 고용이 안정적이어야 하며, 동시에 그의 임금이 가족 생계비 수준이어야 한다. 그러나 현실은 이와 거리가 멀다. 서울지역의 12개 시중 은행에서 일하고 있는 3급 이하의 은행원을 조사 대상으로 한 한 실태조사에 의하면, 맞벌이를 하는 여성의 26.7%가 배우자의 고용이 불안정하다고 답하고 있으며 기혼 남성 근로자의 44.3% 정도가 부인의 일자리가 안정적이지 못하다고 답하고 있다. 또한 기혼의 남녀 근로자를 대상으로 자신의 임금 소득이 그의 가족 생활비에 지출된 비율을 조사한 결과, 그 비중에 있어서 성별로 큰 차이를 보이고 있지 않음이 나타난다(조순경, 1999a). 이러한 사실은 남성이 생계 부양자이며, 따라서 여성의 노동은 생계 보조적인 것이라는 통념이 현실성이 없다는 것을 보여준다.

여성 가구주의 비율이 전체 가구주의 25%를 넘어서고 있고(2010년 현재, 25.9%), 한 사람의 소득으로 생활을 해 나갈 수 있는 가구의 비율은 점차 줄어들고 있으며, '남성 가장'의 직장은 예전과 다르게 더 이상 안정적이지 않다. 이러한 현실에도 불구하고 여성이 집중되어 있는 직종을 중심으로 외주화 등 비정규직화하고 있는 현실은 우리 사회에 이러한 통념이 얼마나 강하게 살아남아 있는가를 보여준다. 가족 임금 이데올로기가 성차별적 임금 구조를 야기하는 주요한 기제로 작용한다는 점을 수용한다면, 양대 노총의 생계비 모델이나 임금 요구안은 가족 임금 이데올로기를 극복하는 방향으로 재구성될 필요가 있다.

노동조합 활동에서의 가족 임금 이데올로기는 다양한 형태로 표면화되고 형상화되곤 한다. 대표적인 사례는 '민주노총 포스터 사건'에서 드러난다. 1999년 민주노총은 세계노동절 109주년 기념 전국노동자 대회를 홍보하는 포스터를 제작, 배포했다. 이 포스터에는 '고용안정'이라는 글이 선명하게 새겨진 조끼를 입은 남성 노동자가 크게 전면에 배치되어 있고, 그 뒤에는 그 남성을 배웅하는 여성이 아이를 안은 모습으로 아주 작게 그려져 있다. 포스터의 전면에는 "이제 당신만이 희망입니다"라는 메시지가 크게 적혀있다. 이 포스터는 남성이 노동의 주체이며, 생계 부양자이고, 한 가족의 가장이며, 여성은 아이를 키우고 집안 살림을 하는 전업 주부라는 통념을 이미지화하고 있다. 여기서 여성은 노동의 주체가 아니며, 경제적 주체도 아니다.

이 포스터는 배포 즉시 포스터의 가부장성과 반여성성을 비판하는 여성들과 여성단체의 저항을 직면하게 된다. 다음의 글은 이러한 여성들의 비판을 집약해서 보여주고 있다.

> 이 포스터는 직장에서 여자라는 이유로, 결혼했다는 이유로, 맞벌이라는 이유로, 남편과 한 직장에서 근무한다는 이유로(이를 막기 위해 법률상 이혼까지 불사하더라도) 직장에서 가정으로 쫓겨 와 또 다른 일자리(고용안정)를 찾고, 또 조금이라도 반찬값을 벌기 위해 임시직으로 파트타이머로 뛰어 다녀야 하는, 거기다 생계비를 아끼기 위해 불어난 가사 노동을

무보수로 감내해야 하는 여성들의 고통은 삭제되어 있다…. 더욱이 고용 안정을 위해 바깥에서 열심히 싸우는 우리 가장들에게 이제 짜증내지 말고 묵묵히 인내하며 당신만이 희망이라는 깨우침과 격려를 주어야 한다는 메시지로, 여성의 고통에 또 다른 고통과 눈물만을 제공하고 있는 셈이다. IMF 이후 해고된 사람, 싸우고 싶어도 조직이 없어서, 노조가 그들의 싸움에 동조하지 못하고 오히려 싸움의 예봉을 꺾어서, 당당하게 고용 불안정이라는 붉은 조끼를 단체로 구입해 입고 싸우지도 못하는, 남성보다도 더 많은 그 많은 여성 실업자들이 포스터의 진정한 주인공이 아닐까? 늘 같이 싸워야 하고 그래야 크게 이긴다고 해 놓고 정작 싸울 때는 그 내용도 형식도 관심도 책임도 오로지 남성, 대기업, 정규직 중심인 우리의 운동은 노조 조직률 12%와 여성 노조 조직률 5.6%라는 결과를 만들었다…. 포스터 하나에는 정신이 들어 있다. 몇 페이지씩 되는 문건보다도 더 강한 사회적 메시지 말이다. 책임지는 노동운동, 평등한 노동권을 실현하는 노동운동이 되기 위해 이번 포스터 건을 둘러싼 논쟁이 불붙어야 하고, 그리고 민주노총은 반성하고 책임져야 한다. 그래서 이렇게 다시 쓰자. "당신만이 희망입니다"가 아니라 "우리 모두가 희망입니다"라고![105]

이 포스터에 드러난 가족 임금 이데올로기만큼 더 주목하고 보아야 할 부분은 이러한 여성들의 비판에 대한 남성 노동조합 활동가들의 반응이다. 가장 흔하게 접할 수 있는 반응은 "모두 힘을 모아 싸워도 충분치 않은데, 별것 아닌 포스터 하나 가지고 민주노총을 공격해서야 되는가", "투쟁의 초점이 흐려지고 역량만 분산된다", "아직 여성문제를 해결할 여력이 안 되니 천천히 해결해야 한다" 등이

---

105 문제의 포스터를 본 날 서정영주가 참세상 민주노총 CUG에 올린 글의 일부. 서정영주(2001), 25.

었다. 나아가 이 포스터에 항의하는 여성들을 "대 정부, 대 자본 전선을 교란하는 내부의 분열주의자"로 비판하기도 했다(서정영주, 2001: 26~27).

노동조합운동 내부의 가족 임금 이데올로기는 남성 노동자들의 경제적 이해와 맞물려 있기에 변화되기가 더욱 어려운 현실이다. 지난 1987년 직후 활발하게 전개되었던 금융권 노동운동의 내부 민주화 과정에서 여성들의 성평등 요구에 대한 남성 조합원들의 적대감은 가족 임금 이데올로기와 남성 노동자의 남성으로서의 이해가 상호 영향을 미치며, 서로가 서로를 강화하는 요소가 된다는 사실을 보여주고 있다. 당시 승진 승급 문제를 둘러싼 내부 노동시장에서의 성평등 요구에 남성들은 크게 반발하였으며 여성들의 동등한 승진 기회 부여 요구를 남성들은 자신들의 승진 기회 박탈, 근로조건의 하락으로 인식하며 강하게 저항하였다. 이 때 남성 노동자들은 여성들의 요구가 타당하지 않다는 논거로 남성이 생계 책임자라는 가족 임금 이데올로기를 내세우기도 하였다(최성애, 2000).

노동조합운동 내에 존재하는 이러한 가족 임금 이데올로기는 커다란 변화 없이 지금까지도 강하게 남아있다. 그러나 '남성=생계 책임자, 여성=생계 보조자'라는 통념이 존재하는 한 여성 우선 해고 현실이나 성차별적 임금구조의 변화를 기대하기는 어렵다. 중요한 것은 노동자들(여성과 남성)의 이해를 공정하게 대변해야 할 노동조합이 이러한 통념과 편견에 대한 도전이나 이 문제의 해결을 위한 적극적인 시도를 해 오지 않았다는 것이다.

4. 가부장적 노동운동 문화와 여성의 과소 대표

지난 10여 년간 여성노동조합운동의 결과 노동조합 의사 결정 구조에 있어서의 성비 불균등 해소를 위한 제도적 장치들이 마련되었다. 그 결과 노동조합 내의 임원 구성에 있어서 여성 비율은 지속적으로 증가해 왔다.

노조의 여성 할당제는 과거의 누적된 차별을 시정하기 위해 노조가 취할 수 있는 유용한 조치이다. 이때 고려해야 할 것은 여성 간부의 할당 비율이 여성 조합원의 비율에 상응하는 방식은 아니라는 점이다. 2003년 제정되고 2004년 개정된 민주노총의 "여성 할당제 시행 규약 규정"에 따르면, "민주노총의 임원(위원장과 사무총장은 제외), 대의원, 중앙위원에 대한 여성 할당 30% 이상의 규약을 실현하고 교육, 연수, 교류, 각종 기구 참여 등에 여성 할당 30% 이상 실현함을 그 목적으로 한다"(제2조)고 되어 있다.[106] 여기서 우리가 주목할 부분은 할당 비율이다.

동 규정에 따른 할당 비율을 보면, 여성 조합원 비율이 50% 이상인 가맹 조직은 60% 이상 여성 대의원과 여성 중앙위원을 선출하며, 여성 조합원 비율이 50% 미만인 가맹 조직은 여성 조합원 비율 이상, 여성 조합원 비율이 10% 미만인 가맹 조직 중 여성 조합원이

---

106 민주노총 임원(위원장과 사무총장은 제외)에 대해서는 2004년 정기 대의원 대회에서 선출되는 임원부터 30% 이상의 여성 할당을 시행하며, 민주노총 대의원, 중앙위원에 대해서는 2005년 정기 대의원 대회 및 1차 중앙위원회부터 30% 이상의 여성 할당을 시행하는 것으로 되어 있다(제4조).

1,000명 이상인 가맹 조직은 15% 이상, 여성 조합원 비율이 10% 이
상이며 20% 미만인 가맹 조직은 20% 이상 여성 대의원과 여성 중앙
위원을 선출하도록 되어 있다.[107]

민주노총 규정 및 안에 따라 만들어진 연맹별 할당 비율 규정을 보
면, 금속산업연맹의 경우 (1) 임원은 "약간 명의 부위원장 중 1명 이
상을 여성 부위원장으로 할당, (2) 대의원은 당연직을 제외하고 전체
수의 10% 이상을 여성에게 할당, (3) 중앙위원은 당연직을 제외하고
10% 이상의 할당을 하는 것으로,[108] 사무금융연맹의 경우 여성 조
합원이 10% 이상 20% 미만인 단위 노조는 대의원 여성 비율을 최소
10%로, 그리고 여성 조합원이 10% 미만인 단위 노조는 대의원의 여
성 비율이 최소 5%가 되도록 규정하고 있다.[109]

한국노총의 여성 할당제 관련 내용도 이와 크게 다르지 않다. 2004
년 정기 대의원대회에서 여성 할당제 관련 규약을 통과시킨 이후,
2006년부터 여성 할당제를 실시하기 시작, 전체 대의원 721명의
14.6%인 105명이 여성에게 배정되었다. 2009년부터는 여성 임원 할

---

107 제3조에 따르면 할당 비율을 적용한 산출 방법은 다음과 같다. 산출한 여성 할당
　　대의원, 여성 할당 중앙위원 수가 1명 미만인 경우에는 1명을 배정하고, 1명 이상
　　의 소수점 처리는 소수점 첫째자리 올림으로 하여 인원을 산출한다. 가맹·산하
　　조직 여성 할당 대의원(중앙위원) 수 = 가맹·산하조직 총 배정 대의원(중앙위원)
　　수 × 가맹·산하조직 여성 조합원 비율. 이러한 할당 비율은 2010년 현재 민주노
　　총 규약에서도 그대로 유지되고 있다. 민주노총 '여성 할당제 시행 규정' 2010. 3
　　현재. 민주노총 2010, 『민주노총 규약 규정집』.
108 금속산업연맹 여성 할당제 시행 규정(2004년 7월 29일 제정, 2004년 12월 21일 16
　　차 중앙위원회 개정).
109 사무금융연맹 여성 할당제에 관한 규정 (제정 2002년 3월 19일).

당제도 실시하게 되었다. 여성 할당제 관련 규약에 따르면 할당 비율
은 다음의 〈표 5-4〉와 같다.

<표 5-4> 한국 노총의 노동조합 여성 할당제 관련 규약 내용

관련 규약	주요 내용
대의원대회	– 제23조(대의원 배정기준) ③ 각 회원조합은 파견 대의원의 30% 이상을 여성 대의원으로 선출하여야 한다. 다만, 여성 조합원이 30% 미만인 회원조합은 적어도 여성 조합원의 비율대로 여성 대의원을 선출하여야 한다.
선거인대회	– 제23조의2(선거인의 배정기준) 회원조합은 파견 대의원의 30%이상을 여성 조합원 중에서 선출하여야 한다. 단, 여성 조합원이 30%미만인 회원조합은 여성 조합원의 비율대로 여성 선거인을 선출하여야 한다.
중앙위원회	– 제28조 ③ 배정기준에 따른 선출직 중앙위원 후보가 4명 이상인 회원조합은 중앙위원 후보의 30%이상을 여성으로 선출하여야 한다. 다만, 여성 조합원이 30%미만인 회원조합은 적어도 여성 조합원 비율대로 여성 중앙위원 후보를 선출하여야 한다.

자료: 한국노총(2009), "회원조합 여성 할당제 이행 지침", 한국노총 내부 자료.

한국노총 공공연맹의 경우, 연맹 임원(위원장과 수석 부위원장은 제외)
에 대해서는 2009년 정기 대의원 대회에서 선출되는 임원부터 여성
할당을 시행하며, 연맹 대의원, 중앙 위원에 대해서는 회원 조합의
여성 조합원 비율에 의거한 여성 할당을 시행하는 것으로 되어 있다.
할당 비율은 (1) 여성 조합원 비율이 30% 미만인 회원 조합은 여성
조합원 비율에 따라 선출하고, (2) 여성 조합원 비율이 30% 이상인
회원 조합은 최소 30% 이상 선출하는 것으로 되어 있다.[110]
　여기서 주목할 부분은 "여성 조합원 비율이 30% 미만인 조합의 경

---

110 한국노총 공공연맹, "공공연맹 여성 할당제 규정"(2007년 3월 21일 제정).

우 조합원 비율에 따라 여성 할당율을 정한다"는 규약 내용이다. 여성 조합원의 비율에 따라 대의원과 중앙위원, 그리고 임원의 비율을 할당할 때, 여성 할당율은 노동시장 상황에 따라 변동된다. 특히 외주화 등 여성의 비정규직화가 지속된다면 여성들의 노동조합 조직률은 하락할 것이며, 이에 따라 여성 할당율은 저하될 것이다.

이러한 우려는 실제로 나타나고 있다. 한국노총이 2006년 여성 할당제를 실시한 이후 2011년까지 여성 대의원의 비율과 규모는 하락하고 있는 것으로 나타난다. 〈표 5-5〉를 통해서 볼 수 있듯이, 2006년 전체의 15.7%를 차지하던 여성 대의원 비율은 2011년 12.9%로 줄어든 것으로 나타난다.[111]

〈표 5-5〉 한국노총의 전체 대의원 대비 여성 대의원 비율, 2006~2011

(단위: 명, %)

년도	2006년	2007년	2008년	2009년	2010년	2011년
전체 대의원수	706	704	705	709	709	696
여성 대의원수	107	100	96	93	103	90
비율	15.7%	14.1%	13.6%	13.2%	14.5%	12.9%

자료: 한국노총 여성위원회 내부자료.

여성 조합원의 비율이 30%가 미만인 경우 조직 내 여성들의 의견

---

111 각 회원조합에서는 여성 할당 비율 30%를 최고 기준으로 적용하고 있으며, 여성 조합원의 비율이 30%을 상회하더라도 30%만을 적용하고 있어 여성 대의원의 수가 증가하지 못하는 요인으로 작용하고 있는 것으로 확인되고 있다(한국노총, 2011).

이 반영될 수 있는 최소한의 비율인 30%에 못 미치게 된다.[112]

그러나 할당율 5%나 10% 정도의 여성 비율로는 의사 결정 과정에서 여성들의 의견과 이해를 반영하기는 어렵다. 적극적 차별 수정 조치가 과거로부터 누적된 차별을 해소하고, 축적된 차별의 효과가 사라질 때까지 잠정적으로 실시되는 것이라는 점에서, 할당제는 여성 조합원의 비율에 상응하는 비율이 아니라 조직 내에서 최소한도의 목소리를 내고 영향을 미칠 수 있는 비율이 되어야 한다. 노조 내 여성 간부 할당제는 바로 이러한 원칙에 입각하여 실시되어야 하며[113] 유엔이 최소한의 비율을 30%로 할 것을 권고한 것은 이러한 의미에서이다.[114] 5% 혹은 10%가 아니라 왜 30%라는 비율이어야 할까? 그 이유는 아래의 구체적 현실을 접할 때 좀 더 잘 다가올 수 있다.

최근의 한 보고서를 통해 노동조합 여성 간부들은 남성들이 수적으로 지배적인 모임이나 공간에서 소수의 여성만으로는 소리를 내기가 얼마나 어려운지, 그리고 설사 그들의 의사를 표명하더라도 어떻게 희화화되고 왜곡되는지에 대해 증언하고 있다(박현미, 2011). 노조

---

112 이러한 문제에 대한 인식에서 한국노총은 2009년 "회원 조합 여성 할당제 이행 지침"에서 "최소한 30%의 비율을 달성하기 위해 구체적인 목표 추진 일정(time-table)을 2010년까지 마련하고 노총에 시기별로 이행 계획서 및 이행 결과 보고서를 제출하도록 하고 있다. 또한 이러한 목표 비율을 달성하기 위한 다양한 적극적 조치 프로그램들을 시행하는 것을 목표로 하고 있다(한국노총, 2009).

113 보다 상세한 내용은 조순경 외(2005) 참조.

114 궁극적으로 할당 비율은 최소 40%가 되도록 목표 비율을 설정할 필요가 있다. 일반적으로 조직의 의사 결정과정에 영향을 미칠 수 있는 최소한도의 비율은 30%인 것으로 평가되고 있으며, 이러한 맥락에서 유엔은 30%를 권고하고 있다. 최근 OECD 각국에서는 각 의사 결정기구 내의 여성 할당 비율을 40~50%로 설정하고 있다.

경력 24년이 되고, 노조 설립 과정에 참여해 초대 노조 집행부에서 사무국장으로 활동했고, 20년 이상 위원장직을 수행해 온 한 여성 간부는 노조 활동 과정에서 남성들의 술 문화로 인한 스트레스가 거의 "공포에 가깝다"고 말하고 있다. 상급 조직의 대의원과 간부들이 거의 남성인 상황에서 남성들에게 익숙한 문화가 여성들을 어떻게 배제할 수 있는지, 그러나 그러한 문화를 소수의 여성들이 바꾸어내기에는 얼마나 어려운지를 볼 수 있다.

> 제가 사실 조합 활동하기 전에는 술을 한~방울도 못 마셨어요, 진짜로…. 남자들이 남녀평등을 관철시키려고 하는 데가 술자리에요. 그래서 술자리에서 … 처음에는 굉장히 힘들더라구요. 그런데 … 술이 마시면 마실수록 늘더라구요. 그래가지고 어지간한 술자리는 … 이거 마셔야 되나 보다, 생각하고 사실은 깡으로 마셨어요, 깡으로. 약한 모습 보이기 싫어서. … 술도 아, … 이 여자하고는 술을 마셔도 같이 마실 수 있고, 이야기를 해도 같이할 수 있다 이거부터가 안 되면 남자들 구조에서 못 버텨 나가겠다 싶더라구요. 나이를 조금 조금씩 먹어가니까 … 체력이 떨어진다는 것을 느끼고, 마흔 넘어가니까 너무 힘든 거예요. … 자기 주량껏 마시면서 이야기하면 또 아무 문제없이 어울릴 수 있는데, 구조가 안 그래요…. (중략) 공론화될 수가 없죠. 왜냐면 답답한 거는 저밖에 없지, 나머지들은 아무 문제가 없잖아요. 나머지들은 전부 다 남자들이니까 자기들끼리 삼삼오오 모여서 술을 많이 마시잖아요. 노동조합하시는 분들이 술을 많이 마시거든요 … 그걸 오히려 즐기는데. 내가 못 즐기는데 내 문제로 공론화한다고 해서…. '그럼 니가 안 오면 되지 않느냐' 이리 되니까.[115]

위의 사례는 술 문화에 익숙한 남성들 다수로 구성된 조직에서 그

---

115 박현미(2011), 4~5에서 재인용.

문제를 여성 혼자서 공론화하는 것이 어떻게 어려운가를 보여주고 있다(박현미, 2011). 남성들의 술 문화는 남성 중심의 네트워크에서 여성들을 소외시키는 중요한 원인이 되기도 한다. 한 여성 간부는 술자리와 같은 비공식적인 자리에서 조직의 주요한 의사결정이 이루어지고 있는 상황에서 여성 간부들이 술자리에 참여하기 어려움으로 인해 실무 업무 및 의사 결정과정에서 배제되고 있음을 토로한다.[116]

이러한 남성 중심의 술 문화로 인한 문제는 단지 하나의 예에 지나지 않는다, 성희롱과 성폭력, 여성들의 이중 노동부담에 대한 경험이 부재한 남성 노조 간부들이 다수인 조직 내에서 여성들의 의제를 구체화해 내는 것도 쉽지 않다.

민주노총 산하 산별 조직에서 여성위원장을 맡아 온 한 여성 간부는 여성의 수가 소수이기 때문에 여성위원회를 구성하는 것, 그리고 여성 사업을 수행하는 것이 어떻게 어려운지를 다음과 같이 이야기하고 있다.

> 저희 노조는 사실 여성위원회가 없었습니다. 총연맹에서 그런 게 있어야 된다. 그래서 사실은 만들어진 겁니다, 자체적으로 했던 건 아니었고. 만들어져서 제일 어려운 점이 위원회를 꾸리기가 너무 어려웠었어요. 우리 조직에는 여성들이 별로 없어요. 회의를 하거나 무슨 사업을 하려면 어찌 됐건 머리를 맞댈 사람들이 있어야 되는데 그렇지 못한 부분이 있기

---

116 보다 상세한 논의는 민주노총에서 활동하고 있는 여성 간부들을 대상으로 조사한 결과가 담겨있는 엄혜진과 김원정(2011), 「민주노총 성 평등 미래위원회 보고서」 참고.

이 여성 간부는 여성위원회를 안정적으로 운영하기까지 2년 이상
의 시간이 걸렸으며, 이는 여성 간부 숫자가 많지 않기 때문이기도
하지만 남성 중심의 조직 내에서 "여성위원회 구성 자체를 중요하지
않다고 느끼는" 현실 또한 큰 이유였음을 밝히고 있다(엄혜진과 김원
정, 2011). 여성과 여성의 일에 대한 폄훼, 그리고 가부장적 통념과 편
견에서 자유롭지 않은 남성 조합 간부들을 대상으로 '여성 문제'와
관련된 사안들을 노동조합의 주요 의제로 설정하도록 설득하는 것은
쉽지 않다. 특히 여성이 조직 내에서 소수인 경우 그 여성의 의견은
무시되어도 좋을 '사소한' 것으로 취급되기 때문이다(박현미, 2011).

여성이 소수로 참여할 경우 여성들의 노동조합 참여를 저해하는
조직 문화에 대해 의견을 말하기 어려울 뿐 아니라 여성 조합원들의
이해를 반영하는 목소리를 내기 어렵다. 여성들끼리 남성 중심적 문
화에 대해 서로 이야기할 수 있고 또 여성들의 요구를 표현하면서 조
직 문화가 실질적으로 바뀔 수 있는 것은, 그리고 "한두 명일 때는
나올 수 없는" 요구가 여러 명이 있을 때 나올 수 있는 것은, 나를 지
지해 줄 수 있는 여성 간부가 존재한다는 공감대가 형성되어 있기 때
문이다(박정옥, 2005: 59).

---

117 엄혜진과 김원정(2011), 42에서 재인용.

각 조직 의결 구조에 여성의 비율이 최소 30%가 되거나, 여성들의 이해가 실질적으로 의사결정 과정에 반영될 수 있는 구조가 되기 이전까지는 여성 조합원의 이해를 대변하고 수렴할 수 있는 기구의 설치와 인력 및 재원이 필요하다. 특히 집행부의 이해에서 자유로운 상설 여성위원회는 독자적이고 자율적으로 노동조합의 각종 사업을 모니터링하고 새로운 문제들을 발굴하고 의제화하며, 임명직 및 선출직 여성 간부를 발굴하고 추천하는 데에 중요한 역할을 할 수 있을 것이다(조순경, 2005).

5. 노동조합 여성 할당제만으로 풀리지 않는 문제들

노동조합의 과소 대표 문제를 할당제를 통해 해결한다 하더라도 남는 과제는 두 가지로 요약될 수 있다. 하나는 누가, 어떠한 방식에 의해 의사결정 과정에 참여하게 되는가의 문제이며, 다른 하나는 어떤 '문제' 들을 노동조합 활동에서 의제화할 것인가에 관한 것이다.

첫째, 할당제를 통해 여성 대의원과 여성 간부의 수를 늘리는 것만큼 중요한 것은 어떤 여성이 대의원이나 임원으로 채워지는가 하는 문제다. 박정옥(2005)이 지적하듯이, 여성 할당제는 여성 간부의 수를 확대하는 측면에서는 긍정적으로 작용하지만, 노동조합 내 여성 간부들이 여성 조합원의 이해를 대변할 수 있는 역할을 하도록 보장하는 것은 아니다.

2008년 현재 민주노총 규정에 의하면 여성위원회는 아래 연맹 규약에 따라 구성되고 소집된다. 2010년 3월 현재 『민주노총 규약 규정집」에 포함된 여성위원회 운영규정에 따르면 여성위원회의 위원장 및 위원은 민주노총 위원장이 임면하는 것으로 되어 있다.[118]

민주노총 산하 연맹의 경우도 이와 크게 다르지 않다. 2004년 전교조의 여성 할당제 규정안에 다르면, 위원장과 수석 부위원장을 제외한 집행부 임원은 위원장(혹은 지부장)이 일괄 추천하여 대의원 대회의 인준 혹은 동의를 받아 위원장(혹은 지부장)이 임명하도록 되어 있다.[119] 노동조합 내부에서 성희롱, 성폭력 등이 발생하였을 경우 진상조사위원회의 구성 또한 위원장의 임면에 의해 이루어진다. 민주노총의 '성폭력, 폭언, 폭행 금지 및 처벌 규정'(「규약 규정집」, 2010. 3. 10)에는 성폭력 진상조사위원회 위원장 및 위원 모두 위원장이 임명하도록 되어있다.[120]

이러한 추천과 임면 과정에서 선택되는 여성은 주로 위원장이나 기존의 남성 간부들 인맥이나 정파와 관련된 사람들인 경우가 많다.

---

118 민주노총 여성위원회 운영규정 제4조에 따르면 여성위원장은 민주노총 위원장이 임면하되 중앙위원회의 인준을 거치며, 임명직 여성위원은 여성위원장의 제청으로 민주노총 위원장이 임면하는 것으로 규정되어 있다. 민주노총 여성위원회 운영규정 (1997년 제정, 2003년 개정).

119 전교조 여성 할당제 규정 (개정안 2004. 8. 28, 대의원 대회).

120 제7조(진상조사위원회 구성)

① 위원회는 위원장을 포함하여 5명 이내의 위원으로 구성한다.

② 위원장은 임원 중 1명이 되며, 위원은 다음 각 호의 1에 해당하는 자를 위원장이 임명한다.

  1. 여성위원회 1명

  2. 임원 1명

  3. 사무부총장 · 실장 1명

  4. 기타 여성위원회가 추천하는 자 2명

이러한 틀에서 여성 간부의 활동은 기존 남성들과의 인맥이나 정파에서 자유롭기 어렵다. 여성 조합원의 이해가 이들 남성들과 다를 때 여성 간부들이 여성 조합원의 이해보다는 위원장이나 자신이 속한 정파의 이해를 따를 수밖에 없게 된다.

노동조합운동에서 소위 '정파'의 문제가 노동조합 활동에 얼마나 큰 영향 미치고 있는가에 대해서는 많은 논의가 있어 왔다. 정파나 의견 그룹의 활동은 노동조합 대중조직 속에 깊이 뿌리내리고 있으며 현실 운동에 실질적 영향력을 미치고 있다. 노동현장부터 산별연맹, 지역조직과 중앙에 이르기까지, 정파가 현장 활동에 미치는 긍정성과 부정성은 이미 노동운동 활동가들에게 널리 알려져 있다. 2004년 현대자동차 조합원들을 대상으로 한 설문조사 결과, 노동조합의 발전을 저해하는 요소에 대해 현장조직의 분열과 패권주의를 꼽은 사람이 가장 많았다. 같은 해 민주노총 간부들에 대한 설문 조사에서도 조직 내 정치적, 조직적 입장의 차이에 대해 문제가 없다는 응답은 13.7%인 반면에, 문제가 있다는 응답은 63.7%에 이른 것으로 드러났다. 정파에 대한 이런 문제의식은 상급단체 간부들이 단위노조 간부들보다 더 강하게 지니고 있다. 가장 최근의 조합원 설문조사인 2010년 전국금속노동조합 조합 대의원 설문조사 결과도 정파 문제가 주요한 것으로 나타나고 있다(이정구, 2011: 43~45).

이러한 상황이 한국노총 등 다른 노동조합 조직에서도 크게 다르지 않음은 여러 가지 사례들을 통해 확인할 수 있다.[121] 조합원 및

---

121 한국노총 산별 간부와의 인터뷰, 2011. 10.

대의원 대상 설문조사에서 '편협한 정파운동'이 노동조합에서 해결해야 할 우선적 과제로 지적되고 있다는 것은 그만큼 정파에 의한 이해 앞에서는 여성 노동자들의 여성으로서의 관심과 이해는 부수적이거나 사소한 것으로 다루어질 수밖에 없음을 말해주는 것이기도 하다.

노동조합 여성 할당제가 실시된다 하더라도 기존의 노동조합의 정치학이나 남성들의 인맥에 의해 임명된 여성들은 특정 정파 중심의 노조 운영 방식이나 남성 중심의 조직 문화를 바꾸어 나가는 데 많은 어려움을 가질 수밖에 없다. 이러한 문제를 고려할 때 여성 조합원을 실질적으로 대표하는 여성 대의원이나 여성 임원을 임명, 선출하는 과정에 개입하는 문제가 중요하게 다루어질 필요가 있다. 한 가지 방안은 노동조합 집행부와 독립된, 자율적 조직으로서의 여성위원회를 구성하고 그 여성위원회에서 여성 대의원과 임원들을 발굴하여 추천하는 방식을 생각해 볼 수 있다(박정옥, 2005: 26).

할당제를 넘어서 고려해야 할 두 번째 문제는, 어떤 문제들을 의제화할 것인가에 대한 것이다. 지금까지는 주로 노동조합 내에서의 여성 과소대표, 성희롱이나 성폭력 등의 문제제기가 주요한 의제가 되어 왔다. 노동조합 사업과 관련하여서도 성차별적 고용, 모성보호, 육아휴직, 성희롱, 적극적 차별개선 조치 등이 여성 사업의 주요한 의제로 다루어져 왔다.

'어떠한 의제를 다룰 것인가', '어떠한 사업을 할 것인가'의 문제가 왜 중요한가. 최근 비정규직 여성들이 주체가 되어 노동조합내 독자적인 여성위원회를 만들었던 사례를 심층 분석한 김진숙은 노동조합 내 의사결정 과정에서의 여성 대표성 확보나 집행부로부터 독립된 여성위원회의 구성만으로는 여성 노동자들의 문제를 충분히 노동조합 활동에서 담아내는 것이 어렵다고 지적하고 있다(김진숙, 2010).

여성위원회의 활동과정을 통해 '여성 문제'가 어떻게 구성되고, 어떠한 방식으로 의제화되며, 노동조합 집행부와 현장 노동자들에게 어떻게 이해되고 있는지를 세밀하게 살펴본 그가 확인할 수 있었던 것은, 여성위원회에서 다루는 '여성 문제'가 '여자들의 일'로 축소되어 인식되고 있다는 것이었다. 특히 성폭력과 성희롱, 성차별 등 직접적으로 성별과 관련된 사안에만 활동의 초점이 맞추어질 때 여성위원회와 같은 조직은 '여자들끼리 알아서 하는 곳'으로 인식되고, 여성 노동자의 문제는 오롯이 여성 '만'의 문제로 인식되게 된다는 것이다. 이러한 이유로 인해 '여성 문제'가 노동조합의 주요 사안으로부터 주변화되며, 여성위원회는 '여성과 관련된 모든 과제들'을 떠맡게 됨으로써 노조 조직 구조에서 게토화된다는 것이다. 비정규직 여성 노동자들이 노동과 삶의 현장에서 겪는 문제는 단순히 성별(gender)이나 성(sexuality)의 문제만이 아니라 고용형태, 나이, 혼인 상태, 업무의 특성 등 다양한 조건들이 복합적으로 교차하는 가운데 벌어지기에, 직접적인 '여성 문제'로만 환원되지 않는다. 이러한 점들을 고려할 때 독자적인 여성위원회의 구성은 그 자체로 의미 있고 필요한 일이나, 다루는 사안이 여성 특수적인(women-specific) 문제에만 국한될 때는 비정규직 여성 노동자들의 이해와 그들의 현실적 문제를 활동 과정에서 담아내기 어렵다는 점(김진숙, 2010)을 생각할 필요가 있다.

가부장적 노동조합 내에서 여성위원회나 여성 사안 담당 부서가 처한 위와 같은 딜레마적 상황은 어쩌면 노동조합 단위 밖의 시민 사회와의 연대를 통해서 해결될 수도 있다. 비정규직 여성 노동자들의 이해를 반영하고, 그들의 목소리를 대변하고, 그들의 삶의 조건의 변화를 이끌어내기 위해서는, 그리고 그들에게 행해지는 매우 복합적인 차별의 문제를 담아낼 수 있는 '의제'를 만들어내기 위해서는 시민 사회의 다양한 단위와의 협력과 연대가 필요할 수 있다. 그런 과정에서 여성위원회의 주요한 역할 가운데 하나는 그 연대를 주도적으로 이끌어내는 일이 될 수 있다.

할당제를 넘어선 적극적 조치의 필요성

가부장적 시선과 구조가 여성들의 참여를 어렵게 하는 조직 내에서 할당제만으로는 실질적인 의미의 차별 해소를 가져오기 어렵다. 노동조합에서 여성들이 과소대표가 되는 이유는 조합 활동의 여러 단계에서 여성들의 참여를 어렵게 하는 다양한 요소들이 있기 때문이다. 이러한 요인들을 제거하는 것이 실질적으로 여성들의 과소대표 문제를 해결하는 방법이다. 민주노총과 한국노총이 각각 여성 노동조합 간부를 대상으로 실시한 조사에 의하면 조합 활동을 어렵게 하는 주요한 요인으로 육아, 가사와 직장 및 조합 활동의 이중 삼중 노동부담, 여성에 대한 가부장적 통념과 편견들을 지적하고 있다. 이러한 문제들을 해결하기 위한 적극적 조치와 프로그램 없이 단순히 할당 비율을 높인다고 해서 조합 내 여성들의 과소 대표 문제가 해결되는 것이 아니다.

여성들의 참여를 늘려나가기 위해 가장 중요한 것 중의 하나는 성차별을 가져오는 구조와 제도, 그리고 문화 등을 변화시켜 나가는 것이다. 이러한 조치가 수반되지 않은 상황에서 여성에게 일정 비율을 할당할 때 종종 남성에 대한 역차별 논쟁을 불러일으킨다. 그리고 이러한 논쟁은 구조적이고 체계적인 차별을 은폐하는 역할을 하기도 한다. 노동조합 간부 할당제 실시와 동시에 이루어내야 할 과제는 노동조합 활동 과정에서 여성을 체계적으로 배제하는 요인을 밝혀내고 그 요인들을 제거해 나가는 일일 것이다. 예를 들어 노동조합 활동 시간을 여성들의 생활시간에 맞추는 것, 그리고 과거로부터 축적된 차별의 결과 형성된 성차별적 문화나 편견 등을 수정하기 위한 다양한 교육 프로그램과 조치들을 실시하는 것이다 (조순경, 2005).

이러한 점에서 노동조합이 기업과 정부에 요구하는 정책이 노동조합 스스로에게도 요구되어져야 할 필요가 있다. 여성 노동조합 활동가를 위한 모성보호 정책, 여성들의 참여를 촉진하기 위한 노동조합 활동 시간 모델 등의 변화 등이 그것이다.

현재 우리 사회의 노동시간 모델은 가정에서 누군가 가사와 돌봄 노동을 담당한다는 전제를 하고 있는 노동시간 모델이다. 노동조합도 기업에서의 노동시간과 유사하다. 회의 시간, 밤늦은 시간까지 이어지는 술자리, 그리고 그러한 비공식적 술자리에서 주요한 실무 논의를 하는 조직 문화 및 노동조합 활동시간 배치 등이 그러하다. 이러한 방식의 노동조합 활동시간은 여성들의 양육, 가사 노동부담이 해소가 되지 않는 한 여성들을 조합 활동에서 배제시키고 여성 노조 지도력의 형성을 저해하는 요인으로 작용하게 된다. 2009년 한국노총이 30% 비율 달성을 위해 여성들의 생활시간을 고려하여 노동조합 활동시간을 수정할 것을 제안하고 있는 것(한국노총, 2009)은 중요한 시도라고 할 수 있다.

이러한 '시간 모델'의 변화와 더불어 가부장적인 편견과 성 역할 고정관념의 변화를 위해 조합원과 조합 간부들을 대상으로 지속적인 교육이 이루어져야 할 필요가 있다. 여성의 일차적 자리는 가정이라는 전통적 성별 고정관념, 가사양육 노동은 여성의 몫이라는 성별 분업 구조가 노동시장뿐 아니라 노동조합 활동에서 여성을 배제해 온 주요 원인이라고 분석된다면 노동조합 내의 적극적 조치는 이러한 통념과 고정관념, 그리고 성별 분업 구조 등을 제거해 나가는 것을 목적으로 하는 것이어야 한다. 과거 차별의 결과로 야기된 성별 불균등 현상은 단순히 수적 균형을 맞추고자 하는 할당제만으로는 충분하지 않기 때문이다.

6. '위기의 노동운동'이 '여성 문제'에 관심을 가져야 하는 이유

특정 조직이나 사회가 어떠한 문제를 안고 있는지, 어떻게 병들어 있으며, 잘못 되어 있는지를 가장 잘 알 수 있는 위치에 있는 사람들은 그 사회에서 가장 소외되고 주변적인 존재들이다. 우리 사회가 얼마나 민주적인지 가장 잘 알 수 있는 사람들은 권력과 지식, 돈을 많이 가진 지배계층이 아니라 모든 것들로부터 소외된 사회적 약자들이다. 물론 그들이 사회적 약자라는 사실만으로 그 문제에 대해 더 정확한 인식을 하는 것은 아니다. 그러나 자신의 경험과 문제에 대해 성찰하고, 자신이 처한 삶의 조건과 사회적 환경에 대해 비판적 사유를 하는 경우라면 그들은 우리 사회의 중심부에 있는 지배계층이 보지 못하는 부분을 보다 더 잘 볼 수 있는 눈을 가지게 된다(Harding, 1987). 그러한 점에서 특정 사회가 건강하게 지속적인 성장을 하기 위해서 필수적인 것은 소외된 자의 경험과 소리에 귀를 기울이는 일이다.

아이러니하게도 양대 노총을 중심으로 하는 우리나라 노동조합운동은 한편으로는 재계와 정부를 향하여 '소외된 노동자'의 소리를 경청할 것을 요구하지만, 동시에 노동조합운동 내의 소외된 집단의 목소리는 잘 들으려고 하지 않아왔다. 우리 사회 노동운동의 위기는 노동조합운동이 가장 약하고 낮은 존재들의 목소리를 경청하지 않은 데에서 시작되었다. 노동운동 위기의 지표로 이야기 되는 노조 조직률 하락의 문제는 그 결과일 뿐이다.

노동조합이 성차별 해소에 적극적이어야 하는 이유는 조직의 약화가 그 조직에서 가장 힘없는 집단에서부터 시작하기 때문이다. 사회구조적으로 배제된 존재로서의 여성은 노동시장의 변화를 가장 먼저 경험하고, 그것이 야기하는 문제를 가장 먼저 간파할 수 있는 위치에 있다. 수량적 유연화의 일차적이고도 집중적인 대상은 비숙련 저임금 여성 노동력이었다. 이러한 점에서 여성 노동자들은 '노동의 유연화’ 전략의 문제를 그 어느 집단보다 가장 먼저 알아챌 수 있는 자리에 있었다.

1990년대 초반부터 진행된 비정규직의 문제는 여성 직종에 먼저 영향을 미쳤다. 한국여성민우회, 한국여성노동자회 등 여성노동운동 진영에서는 고용불안정 문제를 노동운동의 주요 사안으로 설정해야 하며, 노동조합이 비정규직의 조직화 문제에 대해서 심각하게 고려하여야 한다는 주장을 해 왔다. 1990년대 중반, 3년에 걸쳐 정부와 재계가 파견 근로를 합법화하려는 시도를 하였을 때 파견 근로의 문제를 가장 적극적으로 알리고 반대해 왔던 주체는 이들 여성노동운동 진영이었다. 당시 대기업 남성 정규직 중심의 노동조합에서는 그들의 말에 큰 관심을 기울이지 않았으며, 심각하게 받아들이지 않았다. 여성 등 주변 노동력의 고용불안정 문제보다 임금, 복지 등 정규직 노동자들의 직접적인 이해를 중심으로 노동조합운동과 사업을 펼쳐왔다. 근로자 파견 문제, 시간제, 임시직 등의 비정규직 문제를 어떻게 할 것인가에 대해서는 미온적으로 대처했다. 그 후 IMF 외환위기로 인해 고용 문제가 주요하게 대두되자 대응 방안을 모색하게 되었으나 그 문제에 신속하게 대처할 수 있는 역량은 없었으며, 효율적인 대응을 하기에 때는 너무 늦었었다.

여성 노동자들의 이해를 반영하는 것은 곧 남녀 노동자 모두의 이해를 반영하는 것이라고 할 수 있다. 예를 들어, 정리 해고 등 인력 조정의 문제에 있어서 여성의 이해를 반영하는 방식으로 노동조합이 대응하는 것의 의미는 무엇인가? 성차별적 해고나 정리 해고의 금지는 단순히 여성의 생존권이나 노동권의 확보, 그리고 성 평등의 실현

이라는 의미만을 가지는 것은 아니다. 여성을 희생양으로 삼는 구조
조정 방식은 다른 대안적 고용조정 방식을 모색할 동기와 힘을 약화
시킨다. 이러한 점에서 성차별적 고용 관행의 금지와 인력 조정, 정
리해고 과정에서의 공정성과 합리성의 확보는 남녀 노동자 모두의
이해를 위해서 필요하다.

여성 노동자, 특히 비정규직 여성 노동자의 문제를 노동운동의 주
요 의제로 설정하는 것은 그러한 의미에서 전체 노동운동을 활성화
하는 방안일 수 있다. 아래에서는 노동조합운동 차원에서 여성 비정
규직 문제를 풀어나가는 데 필요하다고 생각되는 몇 가지 방안을 제
안해 보고자 한다.

노동조합 내 성별 통계 자료의 구축

노동조합이 조합 내 성차별의 해소, 사업장 내에서의 고용차별 해
소, 그리고 여성 비정규직의 조직화 및 문제 해결에 관심이 있다면
일차적으로 필요한 것은 그들의 실태에 대한 구체적인 자료, 특히 기
초 통계 자료이다. 기초 자료가 부재한 상태에서 여성 조합원, 여성
비정규직의 문제는 해결가능하지 않기 때문이다.

이와 관련하여, 보건의료노조의 활동은 주목할 필요가 있다. 보건
의료노조는 2007년 7월 산별교섭에서 정규직 임금 인상분의 1/3 가
량을 비정규직의 정규직화와 근로조건 개선, 그리고 차별 시정에 사
용하기로 합의한 바 있다. 산별 합의 내용에 의하면, 임금 인상과 비
정규직 문제를 연동해 보건의료노조 산하 병원은 각 병원의 특성에

따라 임금 인상을 4.0~5.3% 인상하기로 하고, 이 가운데 정규직 임금 인상분의 1.3~1.8%에 해당하는 약 323억 원의 재원을 확보하여 비정규직의 정규직화와 처우개선에 사용하기로 한 것이다. 세부적인 내용을 보면, 이 산별 합의 이후 현장 교섭을 통해 전체 11,800명의 직접/간접 고용 비정규직 중 직접 고용 비정규직 5,500명 이상의 정규직화와 간접 고용 비정규직의 고용보장 및 복지 확대를 도모하기로 하였다. 보건의료노조는 이 2007년 산별 합의 이후에도 산별 차원에서 비정규직의 문제 해결을 모색하기 위한 노사 공동의 연구와 실행 방안 마련을 위해 '비정규직 대책 노사특별위원회'를 구성하는 것을 합의 내용에 포함시킴으로써 지속적으로 비정규직 문제를 풀어나가는 방안을 강구하였다(박경화, 2007).

연대 정신에 기초한 정규직의 임금 인상분 양보는 비정규직 차별 해소뿐 아니라 비정규직의 조직화, 그리고 노동운동에 대한 사회적 공감대와 지지를 얻는 데에도 큰 기여를 할 것으로 평가되고 있다. 이러한 노사 합의를 이루어낸 보건의료노조의 사례는 비정규직 문제에 대한 양대 노총의 구체적 해법을 위한 하나의 대안적 모델이 될 수 있을 것이다.

보건의료노조에서 비정규직의 정규직화에 대한 합의를 이끌어낸 토대가 된 것은 노조 차원에서 오랜 기간 동안 수행해 온 비정규직의 규모 및 구체적인 근로조건, 차별의 내용들에 대한 실태조사와 지속적인 자료 구축 작업이었다. 이 사례를 통해 보더라도 여성 비정규직 문제 해결을 위해 일차적으로 해야 할 것은 노동조합 차원에서 직접, 간접 고용 비정규직에 대한 세분화된 통계를 구축하고, 실태를 파악할 필요가 있다.

고용노동부 자료를 통해서 조합원 규모에 대해 성별 총량 통계 파악은 가능하다(고용노동부, 2011). 그러나 양대 노총 모두 조합원 규모 및 사업과 관련한 기초적이고 세분화된 성별 통계 및 기초 자료가 부재한 상태인 것으로 드러나고 있다. 한국노총의 경우 각급 조직별 여성 조합원 수의 정확한 통계가 확보되어 있지 않은 것으로 보고되고 있다. 조직별로 여성 조합원이 감소하는지 증가하는지조차 정확히 파악이 되지 않고, 조합원 감소에 대한 정확한 자료가 없는 상태에서 여성 조합원의 감소를 전체 조합원 감소의 원인으로 보고 있기까지 하는 상황이다(한국노총, 2011).

민주노총의 경우도 크게 다르지 않다. 고용노동부 자료에 따르면, 2010년 현재 민주노총에 가입된 조합원 가운데 여성 조합원 비율은 25.1%인 것으로 나타난다(고용노동부, 2011). 그러나 민주노총 차원에서 성별 고용형태별 자료는 파악하고 있지 못하고 있다. 2011년 민주노총이 외부 연구진에 용역 의뢰하여 조사 연구한 ˝민주노총 성 평등 미래위원회 보고서˝(엄혜진과 김원정, 2011)에 의하면, 조사 대상 조직이었던 14개 산별 연맹 및 지역본부 가운데 일부만 성별 및 고용형태별로 조합원 현황을 파악하고 있을 뿐이다(〈표 5-6〉).

비정규직 형태의 다양함으로 인해 적지 않은 기업들이 해당 사업장에서 일하는 비정규직의 규모나 성별 통계는 작성하지 않고 있는 것으로 드러난다(국가인권위원회, 2007).

(단위: 명, %)

	정규직				비정규직				전체			
	남	여	계	여성비율	남	여	계	여성비율	남	여	계	여성비율
건설	6,451	307	6,758	4.5%	38,747	740	39,487	1.9%	45,198	1,047	46,245	2.3%
공공운수	–	–	–	–	–	–	–	–	120,663	13,306	133,969	9.9%
교수	933	75	1,008	7.4%	–	–	–	–	933	75	1,008	7.4%
전교조	28,030	45,797	73,827	62.0%	–	–	–	–	28,030	45,797	73,827	62.0%
금속	–	–	138,648	–	–	–	5,000	–	136,818	6,830	143,648	4.8%
대학	–	–	–	–	–	–	–	–	4,682	2,855	7,537	37.9%
화학섬유	753	61	814	7.5%	128	9	137	6.6%	881	70	951	7.4%
서울	–	–	–	–	–	–	–	–	149,202	14,938	164,140	9.1%
경기	–	–	–	–	–	–	–	–	–	–	56,568	–
충북	879	111	990	11.2%	225	39	264	14.8%	1,104	150	1,254	12.0%
광주	–	–	–	–	45	105	150	70.0%	45	105	150	70.0%
울산	41,000	4,000	45,000	8.9%	–	–	–	–	41,000	4,000	45,000	8.9%
경남	–	–	–	–	–	–	–	–	–	–	64,000	–
제주	–	–	–	–	–	–	–	–	–	–	6,410	–

자료: 엄혜진과 김원정(2011), "민주노총 성 평등 미래위원회 보고서", 민주노총.

노동조합은 고용형태에 의한 간접적 성차별을 드러내고 수정하기 위해 사업장 내에서 이들 비정규직에 대한 성별 통계를 기업이 구축하고 공개하도록 요구할 필요가 있다.

여성 비정규직에 대한 기초적인 통계 자료를 확보를 위한 작업을 할 수 있는 가장 현실적인 단위는 노동조합이다. 비정규직 조직화는 이러한 기초적인 실태 파악 이후에 가능한 이야기라 할 수 있을 것이다. 양대 노총은 비정규직 조직화를 선언적으로 표방하기에 앞서 이러한 기초 자료 구축을 위한 실질적인 일을 하도록 할 필요가 있다.

단체협약 효력 확장 제도의 현실화

2011년 8월 현재 비정규직 노동자의 노동조합 가입률은 1.7%에 불과하고 임금 노동자의 다수가 중소 영세업체에 고용되어 있다. 이들의 조직화가 현실적으로 쉽지 않은 상황에서 비정규직 미조직 노동자들이 최소한도의 근로조건과 인권을 보호할 수 있는 방안 가운데 하나는 단체협약 효력 확장 제도를 현실화하는 것이다.

일반적으로 단체협약은 단체협약의 당사자인 사용자와 노동조합 및 조합원에 한해 당해 사업장 안에서만 그 효력이 인정된다. 예를 들어 비정규직 노동자가 조합원이 아닌 경우 해당 기업의 단체협약은 정규직 조합원에게만 적용된다. 그러나 단체협약을 체결한 당사자인 사용자와 노동조합 조합원 이외의 제 3자인 비조합원에게도 단체협약 효력이 적용될 수가 있는데, 이를 단체협약 효력 확장 제도라 한다.

2005년 현재 유럽 연합 국가들 가운데 18개국이 산업별 단체협약 효력 확장 제도를 실시하고 있다. 단체협약을 체결한 사용자 또는 사용자 단체에 소속된 기업 내 노동자 전체에 적용되는 국가는 20개국에 이른다(EIRO, 2005). 단체협약 효력이 확장되면 그 단체협약은 그

사업장 또는 지역에 있어서 근로조건에 대한 최저 기준으로 작용하게 된다. 이러한 이유로 노조 조직률과 단체협약 적용률이 높을수록 임금 소득 불평등이 낮아지는 효과가 나타난다(OECD, 2004).

2009년 현재 산업별 단체협약 확장 제도를 받아들이고 있는 프랑스와 오스트리아의 노조 조직률은 각각 7.7%, 28.9%이나 단체협약 적용률은 두 나라 모두 90% 이상에 달한다. 반면 우리나라의 경우 단체협약 적용률은 노조 조직률 10.3% 수준에 그치고 있으며, OECD 평균 노조 조직률 29.2%와 단체협약 적용률 64%에 크게 못 미치는 수준이다(OECD, 2009).

단체협약 효력 확장과 관련하여 ILO 권고 제91호(1951년 단체협약에 관한 권고) 제4조는, "단체협약에 적용을 배제하는 별도의 규정이 없는 한, 단체협약 조항은 그 협약이 적용되는 기업에 고용된 모든 노동자에게 적용해야 한다"라고 하고 있다. 동 권고 제5조에 의하면, "이미 확립된 교섭 관행을 고려한 뒤, 단체협약의 산업 및 지역적 적용 범위 내에 있는 모든 사용자와 노동자에게 그 협약의 전부 또는 일부 규정의 적용을 확장하기 위하여, 국내 법령에 의해 결정되고 국내 사정에 적합한 조치를 취하여야 한다"라고 되어 있다(김유선, 2007:146). 이러한 ILO의 권고대로 한다면 비정규직과 영세 사업장의 노동자들에 대한 최소한의 노동권과 근로조건이 보장될 수 있다.

우리나라의 경우 노동조합 및 노동관계조정법 제35조에서 사업장 단위에서의 단체협약 효력 확장에 대해, 그리고 제36조에서 초기업 단위, 지역별 단체협약 효력 확장에 대한 규정을 하고 있다. 그러나

"조합원의 범위에 해당하지 않는 사람은 단체협약의 일반적 구속력을 받는 동종의 근로자라고 할 수 없다"는 대법원 판례[122]에 의하면 조합원이 아닌 비정규직은 이 단체협약 효력 확장 제도의 적용 대상에서 제외되게 된다. 초기업 단위의 지역별 단체협약 효력 확장에 대해 규정하는 동법 제36조 제1항 또한 낮은 노조 조직률과 기업별 노조 및 기업별 교섭체계가 강제되어 온 한국의 노사관계 현실을 감안하면 거의 사문화된 조항이나 마찬가지인 것으로 평가되고 있다(김유선, 2007: 156~157).

단체협약 효력 확장 관련 법조항의 개정 등 제도적 장치가 마련되어 실질적으로 단체협약 효력 확장 제도가 도입된다면 미조직 비정규직 여성 노동자들에 대한 최소한의 노동권과 근로조건의 확보가 이루어질 수 있다. 이 제도는 직접적으로 '여성 문제'와 관련이 없어 보이나, 여성 비정규직 노동자에 대한 체계적인 사회적 배제를 최소화할 수 있다는 점에서 여성의 특수한 이해와 관련된 문제라 할 수 있다. 이러한 점에서 단체협약 효력 확장 제도의 개선과 현실화를 위해 여성노동운동 차원에서 지속적인 관심을 가지고 '여성노동문제'로 의제화하고 활동해 나갈 필요가 있다.

겐트 제도의 도입

노동시장 유연화의 확산으로 인한 비정규직의 증가, 특히 파견, 용역, 특수고용직 등 간접 고용의 확대는 노동조합 조직률을 떨어뜨리

---

122 대판 2003. 12. 26, 2001두10264.

는 주요한 요인의 하나가 되고 있다. 2011년 8월 말 현재 비정규직 노동자의 노조 조직률은 1.7%이며, 여성들이 집중 고용되어 있는 임시직 시간제 노동자의 조직률은 0.2%에 그치고 있다(〈표 2-1〉 참고).

이러한 현실을 고려할 때, 표면적으로는 여성노동문제와 무관해 보이나 여성노동운동에서 관심을 가지고 지속적인 논의를 해 나갈 과제는 겐트 제도(Ghent System) 도입에 관한 것이다. 겐트 제도는 노동조합이 실업보험을 관리, 운영함으로써 노동자들의 경제적 복지를 책임지는 일종의 고용보험 제도이다. 덴마크, 핀란드, 스웨덴 등 유럽 국가들의 노동조합 가입율이 높은 이유는 이러한 겐트 제도 때문인 것으로 평가되고 있다. 필요로 하는 재정의 대부분은 국가가 부담하지만 운영은 노동조합이 하는 겐트 제도는 실업보험 등 고용보험에 가입하기를 원하는 노동자는 노동조합에 가입해야 하도록 되어 있다. 실업 급여를 받기 위한 전제 조건으로 노동조합 가입을 하도록 한 스웨덴, 덴마크 등의 경우 노동조합 조직률은 1990년대 초반 80%를 넘어서고 있다(Scrugg, 2002; Schnable, 2007).

겐트 제도는 1901년 벨기에의 겐트라는 도시에서 시작된 실업보험 제도로, 겐트 공동체가 실업자를 지원하는 공공 기금을 만들어 노동조합에서 실업보험을 운영한 데서 시작되었다. 초기에는 자발적인 방식으로 노동조합에서 실업보험을 관리하는 방식을 취하였으나 이후에는 실업보험 가입을 위해 노동조합에 의무적으로 가입하도록 하는 방식으로 바뀌게 되었다(Western, 1997).

1990년대 중반 이후 정치 경제적 환경의 변화로 노동조합에 가입하지 않고도 실업보험에 가입할 수 있도록 고용보험 제도가 변화하면서 노동조합 조직률이 감소하는 경향이 있으나(Uusitalo and Bockerman, 2006), 여전히 겐트 시스템은 안정적인 노조 조직률, 그리고 노동시장에서 주변화된 노동자들에 대한 최소한의 복지와 노동권 확보를 위한 주요한 제도적 장치로서의 역할을 하고 있다. 스웨덴과 핀란드의 경우 노동조합에 가입하지 않고 실업보험에만 가입한 노동자의 비율 증가로 인해 2009년 현재 노조 조직률은 각각 68.3%, 67.5%로 떨어졌으나, 이 제도를 도입하지 않은 영국(27.1%), 호주(18.6%), 미국(11.9%), 캐나다(27.1%), 일본(18.2%)의 조직률에 비해 여전히 매우 높은 수준을 보여주고 있다(OECD, 2009).

노동의 유연화로 인한 고용불안정이 심화되는 상황에서 이러한 겐트 제도는 노동조합 조직률을 높이는, 특히 미조직 여성 비정규직 노동자들의 조직화를 위한 아주 중요한 제도적 방안이 될 수 있다. 이 제도 하에서는 실업률이 높을수록, 비정규직이 늘어날수록 노동조합 조직률이 증가하기도 한다.

성별 분업 이데올로기 해소를 위해

노동운동 내의 가부장제는 위계적 성별 분업 구조와 남성 중심적 조직 문화에서 야기된다. 노동운동 가부장제 극복은 이러한 구조와 문화의 변화 없이는 이루어지기 어렵다. '여성에 대한 사업', '여성을 위한 사업'이 반드시 이러한 가부장적 문화와 구조를 해소하는 데 도움이 되는 것은 아니다. 예를 들어 여성 노동자 300인 이상의 사업장에 직장 탁아시설을 설치하도록 하는 정책은 양육이 일차적으로 여성의 일이라는 기존의 성별 분업 통념을 더 강화시킬 수 있다. 여성노동운동의 지향과 활동이 가부장적 통념과 성별 분업 구조의 변화를 목적으로 하는가에 대한 지속적인 돌아봄이 필요한 이유가 여기에 있다.

이러한 점에서 의료 서비스의 공공성과 관련한 보건의료노조의 활동은 여성노동조합운동 차원에서 주목할 필요가 있다. 보건의료노조는 2009년 주요한 사회적 의제로 '보호자 없는 병원'을 정하고 있다. '보호자 없는 병원'이란 보호자의 간병 없이도 병원에서 간호와 간병을 전적으로 책임지는 시스템이다. 2009년 산별 중앙교섭에서 보건의료노조가 요구한 요구안에 대해 수정 없이 노사가 합의했으며, 보건의료노조는 이 문제를 대 정부 요구로 전환해서 2009년 시범사업 실시를 요구했고, 보건복지가족부는 이 사업을 2010년 사업에 반영하기로 약속한 바 있다(김훈, 2009: 100~101). 입원 환자는 환자 가족 중 누군가가 간병을 해야 하거나 입원비보다 더 비싼 간병비를 지불해야 한다. 유급 간병인 없이 간병을 해야 하는 경우 대부분 여성들이 하게 된다. 성 역할 고정관념과 위계적 성별분업 이데올로기가 남아있기 때문이다. 이는 여성들에게 전담된 돌봄 노동의 사회화를 위한 아주 좋은 정책적 방안이라고 할 수 있다.

이처럼 성별로 중립적인 것으로 보이나 여성들에게 큰 영향을 미칠 제도나 사안에 대해 여성노동조합운동이 더 관심을 가질 필요가 있다. 비정규직 여성 노동에 대한 차별은 성별과 고용형태 등을 포함한 중층적이고도 복합적인 차별의 성격을 띠기 때문이다. 이러한 점에서 직업안정법의 전면 개정을 통해 고용서비스를 민영화하려는 정

부의 움직임은 여성노동운동 차원에서 심각하게 다루어져야 할 사안 가운데 하나라 할 수 있다.[123]

여성 노동자들에 대한 차별과 인권 침해, 여성의 비정규직화와 빈곤의 여성화를 가져오는 뿌리에는 여성에 대한 왜곡된 시선과 가부장적 통념, 그리고 성별 분업 이데올로기가 자리 잡고 있다. 여성노동운동이 여성들의 평등한 노동권을 지향한다면 운동의 일차적 과제는 이러한 시선과 통념, 편견들을 수정하는 것이어야 할 것이다. 그리고 이 과제는 조직화된 노동조합의 조직력과 교섭력만으로는 이루어내기 어려울 수 있다.

여성운동, 시민사회와의 연대와 협력

새로운 제도의 도입과 기존 제도의 개선, 그리고 노동운동의 가부장성을 넘어서기 위한 운동은 여성 노동자와 여성 노동조합 간부들의 활동만으로는 이루어내기가 쉽지 않음은 외국의 사례를 통해 알 수 있다. 특히 남성 노동자의 *남성으로서의* 이해와 충돌하는 경우는 더욱 그러하다. 미국에서 적극적 조치를 통한 여성들의 '남성 직종', '고임금 직종'으로의 진입과 '여성의 일'에 대한 통념의 해소, 그리고 직장 내 성희롱에 대한 규제는 노동조합이나 여성 노동자들의 힘만으로 이루어지지 않았다. 그 변화의 중심에 여성 노동자, 여성 조합원, 그리고 여성 노조 간부들이 있었지만, 그들은 직장 및

---

123 이에 대한 보다 자세한 논의는 이 책의 제2장 참조.

조합 외부의 여성들과 긴밀히 연대함으로써 그들의 요구를 달성할 수 있었다.

1960년대 말 미국의 AT&T 사의 여성 노동자들이 성별 직종 분리로 인한 고용차별과 사업장 내 적극적 조치를 위해 싸우는 과정에서 노동조합 밖의 여성단체들과 연대하는 방식(김경희, 2004)은 주목해 볼 필요가 있다. 고용평등을 위해 노동조합 단위를 넘어서 연대한 사례는 이에 그치지 않는다. 여성주의 이념을 매개로 여성 노동자 및 여성 노조 간부들은 미국통신산업노조(CWA: Communications Workers of America) 등 다른 산별 여성 노동자들과의 연대뿐 아니라 전국여성연합(NOW: National Organization for Women), 미국여성유권자연맹(LWV: League of Women Voters) 등과 긴밀하게 연대해 가면서 정책적, 정치적 압력을 행사했고, 그 결과 적극적 조치를 정책화할 수 있었다. 특히 미국통신산업노조 여성 노조 간부들의 활동은 흥미롭다. 그들은 전국여성연합을 포함한 다양한 여성단체들과 활발한 접촉을 가지면서 1974년에 노동조합여성연대(CLUW: Coalition of Labor Union Women)를 결성했다. 노동조합여성연대는 여성 노동조합 활동가들이 자발적으로 만든 연대체 조직이었다. 이 조직은 이후 기업 내에서의 적극적 조치, 미조직 사업장 여성 노동자들의 조직화, 여성들의 노동조합 활동 등을 주요 안건으로 삼아 활동해 오고 있다.[124]

이러한 여성노동운동의 역사는 노동운동과 노동시장에 견고하게

---

124 Davis, Katarina(1989), "Labor Union Sisters: Changing from Within," Institute of Industrial Relations Publications Center, UCLA. 김경희(2004), 235~236에서 재인용.

자리 잡고 있는 가부장제를 넘어서기 위해서는 노동조합 밖의 여성들, 그리고 시민사회와의 유기적인 연대가 필요하다는 메시지를 우리에게 전하고 있다.

| 참고문헌 |

감사원(2005), 「한국철도공사 출자 회사 설립, 운영 실태 감사 결과 처분 요구서」, 감사원.

강신준(2009), 「정파 문제의 역사적 경험과 민주노조 운동의 발전 전략」, 『산업노동연구』 15(1).

강이수 엮음(2009), 『일, 가족, 젠더: 한국의 산업화와 일-가족 딜레마』, 한울.

강현아(2003), 「대기업 노동조합에서 비정규 여성 노동자의 배제 양상」, 『한국여성학』 19(1).

고용노동부(2011), 「2010년 노동조합 조직 현황 통계 자료」, 고용노동부.

국가인권위원회(2004), 「공공부문 비정규직 실태조사 보고서」, 국가인권위원회.

___________(2006), 「KTX 승무원 성차별 사건 결정문」, 국가인권위원회.

국미애(2011), 「유연 근무제의 '부상' 과 성별 관계에의 함의」, 이화여대 한국여성연구원 주최 심포지움 『지구 지역 시대의 아시아 여성의 삶과 여성주의 지식』(2011. 4. 19. 이화여대) 발표 논문.

국미애, 최성애, 조순경(2006), 『젠더 노동과 간접 차별』, 푸른사상.

권영국(2010), 「직업안정법 전부 개정안의 법적 문제점」 민주노총 주최 토론회, 〈직업안정법 전부 개정, 고용서비스 민간 위탁의 위험성〉(2010. 2. 16. 민주노총 대회의실) 발제문.

권현지(2007), 「은행권 계약직 활용의 현황과 향후 전망」, 『노동리뷰』 27.

권혜자(1998), 『임금체계 유연화와 노동의 대응』, 한국노동조합총연맹 중앙연구원.

______(1999), 『비정규직 노동자의 규모, 법적 지위, 조직화 방안』, 한국노총중앙연구원.

권혜자, 박영삼, 김양지영, 김기선미 (2006), 「공공부문 여성 비정규직의 노동실태와 차별개선 과제」, 전국여성노동조합.

금융감독위원회, 금융감독원(1998), 「98년 중 은행의 국내점포 운영현황」.

금재호(1997), 『도시근로자의 실업실태와 정책과제』, 한국노동연구원 고용보험 연구센터.

금재호, 윤자영(2011), 『외환위기 이후 여성노동시장의 변화』, 한국노동연구원.

기획예산처(1999), 「공기업 외부위탁 활성화 추진」, 기획예산처 보도자료 (1999. 10. 8일자).

__________(2000), 「공기업 외부위탁 확대」, 기획예산처 보도자료 (2002년 5월 5일자).

__________(2002), 『공공개혁백서』, 기획예산처.

__________(2004), 「공기업 경영혁신 추진 지침」, 기획예산처.

__________(2006a), 「2006년도 공공기관 경영혁신 지침」, 기획예산처

__________(2006b), 「2006년도 정부투자기관 경영평가편람」, 기획예산처

김경희 (2004), 『양성평등과 적극적 조치』, 푸른사상.

김대환(2009), 「한국 노동시장의 유연 안전화를 위한 정책 방안 연구」, 노동부 연구 용역 과제 보고서.

______(2010), 「고용 친화적 사회 경제 정책으로의 전환: 유연 안전화 체제의 구축」, 『산업관계연구』 20(1).

김동배, 김주일(2002), 「비정규직 활용의 영향 요인」, 『노동정책연구』 2(4).

김동배, 김주일, 배규식, 김정우(2004), 『고용 유연화와 인적자원 관리 과제』, 한국노동연구원.

김동배, 정진호(2007), 『임금체계의 실태와 정책과제』, 한국노동연구원.

김명호(2005), 「2005~6년 정세와 노동운동의 과제」(미간행).

김미주(2000), 「성, 숙련, 임금」, 조순경 편, 『노동과 페미니즘』. 이화여대 출판부.

김성혁(2011), 「한국 노동조합의 쇠퇴 요인」, 새세상 연구소.

김성희 편(1998), 『고용구조재편의 세계적 추세와 노동조합운동의 대응』, 한국노총 중앙연구원

김성희(2007), 「W은행 정규직 전환 합의의 의미 평가: 상용직화, 분리 직군제로 인한 차별, 조직화의 가능성과 한계」, 금융노조. 금융 비정규직 관련 본조-지부 토론회 자료집.

______(2010), 「직업안정법과 고용의 양극화」 민주노총 주최 토론회, 〈직업안정법 전부 개정, 고용서비스 민간위탁의 위험성〉(2010. 2. 16. 민주노총 대

회의실) 발제문.

김소영(1995),『고용형태 변화에 따른 노동법적 대응』, 한국노동연구원.

______(2000),「특수고용형태 여성 노동자 보호를 위한 정책적 법적 개선방안」, 한국여성단체연합 노동위원회 주최 긴급토론회, 〈특수고용형태 여성 노동자, 어떻게 보호할 것인가〉 자료집.

김승택(2006),『파견 허용 업무 연구』노동부.

김승호 외 (2007),『노동운동의 재활성화 전략』, 한국노동사회연구소.

김양지영(2011),『비정규직 통념의 해부: 여성의 눈으로 본 비정규직 차별』, 푸른사상.

김양희(2011),「임시직 시간제 일자리의 통념과 실제」, 여성과 경제 연구회 세미나 발제문.

김엘림, 최연희, 장영아(1994),『여성고용에 있어 실질적 차별의 개선방안』, 한국여성개발원.

김영두, 김승호(2006),『노동조합 효과성과 조합원 참여 영향요인』, 한국노동사회연구소.

김영미(2011),「스웨덴의 시간제 근로: 유연성과 성평등의 긴장 속 공존」,『산업노동연구』17(1).

김영옥 외(2007),「출산, 육아로 인한 여성이 노동시장 이탈 방지를 위한 정책방안」, 노동부 용역연구보고서.

김영옥(1995),「여성고용의 불안정화 추이와 정책과제」, 한국여성개발원.

______(2002),「기업의 여성고용 현황과 관련 정책의 분석」,『노동정책연구』2(3).

______(2007),「정부의 공공부문 효율성 평가 기준에 대한 분석: 공기업을 중심으로」, 한국여성단체연합 토론회, 〈공공부문 비정규 대책, 과연 여성에게 평등한가!〉 자료집.

김유선(2003),「한국 노동시장의 비정규직 증가 원인에 대한 실증 연구」, 고려대학교 경제학과 박사학위 논문.

______(2007),「산별 단체교섭과 단체협약 효력확장」,『노동사회』125.

______(2008),「노동시장의 유연 안정성」,『노동사회』135.

______(2011a),「비정규직 규모와 실태: 통계청, ‘경제활동인구조사 부가조사’ (2011.8) 결과」, 노동사회연구소.

______(2011b), 「비정규직 실태와 대책」, 참여정책연구원과 참세상연구소 공동 주최 토론회, 〈비정규직 문제 어떻게 풀 것인가〉(2011. 1. 27. 국회 헌정기념관) 주제 발표문.

김종진(2007), 「유통산업 노동시장 구조와 자본의 비정규직화 전략에 대한 노동조합의 대응」, 한국노동사회연구소.

김진숙(2010), 「비정규직 노동조합 내 '여성문제' 구성 방식에 대한 비판적 고찰」, 이화여대 여성학과 석사학위 논문.

김태홍(1999), 「비정규직 고용형태의 확산에 따른 여성 고용구조의 변화와 정책과제」, 한국여성개발원.

______(2000), 「여성 고용구조의 변화와 향후 정책 방향」, 한국여성개발원.

______(2010), 「일 가정 양립을 위한 유연 근무제 현황과 과제」, 여성가족부와 국회의원 김금래 주최 토론회, 〈일 가정 양립을 위한 유연근무제 확산방안〉 발제문.

김태홍, 김소영(1999), 「근로자로 보기 어려운 여성 취업자의 실태 및 개선방안」, 한국여성개발원.

김해순(1992), 「옛 동독의 여성정책과 통일 후 옛 동독여성의 문제」, 『여성연구』 가을호

김현미(2000), 「한국의 근대성과 여성의 노동권」, 『한국여성학』 16(1).

김혜원, 김경희, 이주희, 최은영(2007), 「OECD 주요국의 여성고용정책연구: 영국 · 캐나다 · 스웨덴 · 덴마크」, 한국노동연구원.

김혜진, 엄진령, 윤애림(2011), 「간접고용 노동자 노동조건 실태와 권리보장 방안」, 민주노총 법률원 용역 연구과제 보고서.

김환일, 조희원(2005), 「연공서열형 임금체계의 재검토」, 노동경제연구원.

김 훈(2009), 「2009년도 노사관계 평가 및 시사점」, 고용노동부 위탁 연구과제 보고서.

남기명(2007), 「우리은행 정규직의 계약직 전환사례」, 노동부와 한국노동연구원 주최 〈정규직 전환과 직무 중심형 임금체계〉 토론회 발제문, (2007년 2월 7일).

남성일(1993), 「파견 근로의 실태와 법제화 방향」, 한국경제연구원(경총) 주최 세미나, 〈근로자 파견 제도의 활성화와 법 제정 방향〉 발표 논문.

______(2004), 「고용형태별 근로 현황 및 향후 정책 방향」, 전국경제인연합회.

노동부 고용관리과(1999), 「OECD 선진국과 비교하여 우리나라 직업 안정 조직 크게 부족」, 1999년 2월 16일자 보도자료.

노동부 고용총괄심의관(2000), 「주요 고용정책 관련 통계」(미간행).

노동부 공공기관 비정규직 대책 실무추진단(2007), 「무기 계약 전환 및 외주화 타당성 점검 관련 검토기준안」(미간행).

노동부(1993), 『93년 고용전망조사보고서』.

______(1995), 「1995년도 국정감사 환경노동위원회 의원 요구자료 (I)」.

______(1998), 『기업체 노동비용조사보고서』.

______(2008), 「제4차 남녀 고용 평등과 일 가정 양립 기본계획 2008~2012」.

______(2010), 「공공 고용서비스 확충방안」(미간행).

동서리서치(2009), 「파견 근로자 사용에 대한 노동시장 수요조사」, 동서리서치.

문재훈 외(2010), 「2010 간접 고용 실태 조사 보고서」, 비정규 없는 세상 만들기 네트워크.

민주노총(2000), 「비정규노동자 권리보장을 위한 법개정 청원」 국회제출 청원서. 2000.

______(2004), 「2004년 민주노총 조합원 생활 및 의식조사」 설문지.

______(2005), 「50억 비정규 기금 조성 및 비정규센터 설립 방안」(미간행).

______(2010), 『민주노총 규약 규정집』.

______(2011), 「2011년도 임금 요구안」.

박경신(2004), 「징벌적 손해배상 제도 도입에 대한 의견서」, 노동건강연대 정책 토론회, 〈산재 사망에 대한 사업주 책임 강화 방안으로서 형사 처벌과 징벌적 배상 방안의 검토〉(2004. 6. 11. 보건의료단체연합 강당) 발표 논문.

박경화(2007), 「비정규직 문제, 해법은 있다」, 『이슈의 재구성』 2007-6호, 비전노동센터.

박병규(2005), 「노동조합 민주주의 무엇이 문제인가?」, 민주노총 조직혁신위원회 쟁점 토론.

박성준(1993), 「파견 근로의 경제적 당위성과 사용업체 실태 조사」, 한국경제연구원(경총) 주최 세미나, 〈근로자 파견 제도의 활성화와 법 제정 방향〉, 발표 논문.

박정옥(2005), 「노동조합활동의 성평등제고 방안에 관한 시론적 연구: 공공부문 노동조합 여성 간부 활동을 중심으로」, 이화여자대학교 석사학위논문

박종렬(2007), 「징벌적 손해배상에 관한 연구」, 『법학연구』 26.

박지순 외(2010), 「파견대상 추가 수요 직종 분석」, 노동부 수탁 연구과제 보고서, 노동부.

박현미(2011), 「노조 여성 간부의 리더 성장 과정의 장애요인」, 한국노총 위원장과 여성 대표자 간담회(2011.11.18.) 자료집.

배규식(2011), 「공공 부문에서 정규직 시간제 일자리의 모델을 만들자」, 『노동리뷰』 72, 한국노동연구원.

배규식, 김명중(2011), 『외국의 시간제 노동 사례에 비추어 본 한국의 시간제 노동』, 한국노동연구원.

배규식, 윤진호, 조효래, 이정희(2008), 『87년 이후 노조와 노동운동』, 한국노동연구원.

보건의료노조(2011), 「직업안정법 개악의 문제점 및 대응」, 보건의료노조 현장간부 정책 토론 자료 2011-05호.

사법개혁위원회(2005), 『국민과 함께 하는 사법 개혁: 사법 개혁 백서』, 사법개혁위원회.

서정영주(2001), 「죽거나 혹은 나쁘거나: 노동운동 속에서 여성으로 살아남기」, 『여성과 사회』 12.

송다영(1991), 「임시 용역 노동과 노동통제」, 이화여대 여성학과 석사학위 논문.

송운석(2000), 「여성공무원 할당제, 과연 필요한가?」, 『지방포럼』 68호, 한국지방행정연구원.

신경아(2009), 「일-가족 양립 논의의 현황과 쟁점」, 강이수 엮음, 『일, 가족, 젠더: 한국의 산업화와 일-가족 딜레마』, 한울.

신경아, 장수정(2001), 「노동운동은 성평등한가: 노동운동 내 여성의 구조적 주변화에 관한 고찰」, 『여성과 사회』 12.

신병현(1999), 「여성 노동자의 집단적 정리해고와 '민주' 노조운동」, 『진보평론』 가을호.

신옥주(2006), 「유럽의 반차별 지침(Anti-Diskriminierungsrichtlinie) 고찰」, 『공법학연구』 9(2).

안주엽, 은수미, 정진호, 조성재, 강병석(2006), 「공공부문 비정규직 대책 마련 연구」, 노동부 수탁 연구과제 보고서. 한국노동연구원.

어수봉(1994), 『국가경쟁력 강화를 위한 신인력 정책 방향』, 한국노동연구원.

______(1998), 「노동시장전망과 정책방향」, 한국노동연구원.

오문완(2002), 「징벌적 손해배상 제도의 도입」, 『노동법연구』 13.

왕인순(2000), 「특수고용형태 여성 노동자, 무엇이 문제인가」, 한국여성단체연합 노동위원회 주최 토론회, 〈특수 고용형태 여성 노동자, 어떻게 보호할 것인가?〉 발제문, (2000년 6월 1일).

유지영(2001), 「민간 직업 소개소와 일용직 여성 사례를 통한 직업 안정 기능 민영화 비판」, 이화여대 여성학과 석사학위 논문.

윤선옥(2006), 「KTX의 꿈은 꿈의 속도로 추락하는가」(미간행).

윤애림(2009), 「새로운 차별적 고용형태로서 '무기 계약직'의 실태와 쟁점」, 『산업노동연구』 15(2).

윤윤규 외(2008), 「산업별 노동유연성에 대한 국제비교 연구: 기업 사례 비교를 중심으로」, 한국노동연구원.

윤진호, 정이환, 홍주환, 서정영주(2001), 『비정규노동자와 노동조합』, 민주노총.

은수미(2007), 「비정규직과 한국 노사관계 시스템 변화」, 『노동사회』 123.

이강성(2004), 「우리나라 임금체계의 문제점과 개선 방안」, 한국경영자총협회 (편), 『임금연구』 12(3).

이경수(2005), 「노동조합 민주주의 무엇이 문제인가?」 민주노총 조직혁신위원회 쟁점토론.

이남신(2009), 「민주노총은 이미 죽었다…부수고 새로 지어야」, 『프레시안』 2009 년 2월 17일부터 27일까지 연재된 인터뷰 기사.

이남신, 엄진령, 박주영, 손정순, 이혜수(2010), 「민간 노동력 중개기구의 수수료 및 노동 실태와 개선방안」, 국회 환경노동위원회 홍희덕 위원 실태 조사 연구 보고서.

이덕재, 이공희, 손정순, 송용한(2011), 「공공부문 비정규직 실태조사」, 고용노동 부 연구용역 과제 보고서. 고용노동부.

이미경(2007), 「'71,861명'의 허구, 공공부문 비정규직 대책」, 『노동사회』 125.

이상학(2005), 「민주노총의 위기적 요인과 혁신과제: 분파를 넘어 조직 강화로 가야」, 민주노총 정책연구원 정책보고서(미간행).

이성우(2005), 「노동조합 민주주의 무엇이 문제인가?」, 민주노총 조직혁신위원회 쟁점토론.

이숙진(2001), 「성별 분업과 비정규 여성노동: 유통업을 중심으로」, 『성평등연구』 5.

이승욱, 김영두, 김승호, 김종진(2006), 「특수고용직 노동권 침해 실태조사 보고서」, 국가인권위원회.

이승주(2004), 「한국 민주노조운동의 가족 이데올로기」, 『여/성이론』 11.

이영자(2004), 「신자유주의 노동시장과 여성 노동자성: 노동의 유연화에 따른 여성 노동자성의 변화」, 『한국여성학』, 20(3).

이정구(2011), 「노동조합과 정치 조직의 올바른 자리매김을 위하여」, 민주노총 교육원(준), 〈제1회 민주노총 노동운동 지도자 과정〉 교재.

이주희(2007), 「분리 직군제, 무엇이 문제인가」, 『직무, 직군 분리제, 대안인가 덫인가?』 참여연대 주최 노동시장 개혁을 위한 정책토론회 발표 논문, (2007. 10. 22.).

______(2011), 「정규직 시간제 일자리 도입의 전제 조건과 정책 과제」, 『노동리뷰』 72.

이호근(2006), 「특수형태근로 종사자 보호대책 논의 경과 및 주요 쟁점」, 노동부 주최 〈특수형태근로종사자 대상 보호법안 마련을 위한 공개 토론회〉 (2006. 11. 15.) 발제문.

임윤옥, 강양미(2008), 「대안 여성 노동자 운동 추진 필요성과 전망 모색」, 한국여성노동자회 주최 워크샵 『여성 노동자 운동 성찰과 대안 여성 노동운동 모색』, 한국여성노동자회.

장지연(2001), 「비정규직 노동의 실태와 쟁점: 성별 차이를 중심으로」, 『경제와 사회』 51.

장지연, 양수경, 이택면, 은수미(2008), 「고용 유연화와 비정규 고용」, 한국노동연구원.

장지연, 이병희(2011), 「고용안전망 사각지대의 규모와 실태」, 장지연 외, 『고용안전망 사각지대 해소방안』. 한국노동연구원.

재정경제부(2000), 『경제백서』, 재정경제부.

_________(2004), 「정부 투자 기관 결산서 작성을 위한 계정 과목의 배열 및 해설」, 재정경제부.

전국경제인연합회 고용복지팀(2001), 「노동시장 유연성 제고를 위한 제도 개선 과제」, 전경련.

전국민주노동조합총연맹(2000), 「특수고용 노동자들에게 근로기준법 적용과 노동3권 보장을: 골프 경기보조원, 학습지 교사들의 근로 실태에 관한 조사 보고서」.

전국보건의료산업노동조합(1999), 「병원사업장의 비정규직 실태와 보건의료노조의 실천과제」, 정책자료집 99-6.

전국여성노동조합(2006), 「공공부문 여성 비정규직의 노동실태와 정책과제」.

전국여성노동조합, 한국여성노동자회협의회 비정규직여성 권리찾기 운동본부(2000), 「파견직 여성 노동자 실태조사 보고서」.

전국철도노동조합(2005), 「2005년 정기 단체교섭 경과보고」(미간행).

전명숙(2000), 「노동시장 유연화 명제에 대한 여성주의 비판」, 조순경 편, 『노동과 페미니즘』, 이화여대 출판부.

전병유(2011), 「노동-복지의 정합성: 유연 안정성을 중심으로」, 장지연 외, 『노동시장 구조와 사회보장 체계의 정합성』, 한국노동연구원.

정승국, 강충호, 한동균(2011), 『노조의 사회적 책임(USR) 논의의 현황 및 발전 전망』, 한국노동연구원.

정윤광(2009), 「민주노총 혁신은 가능한가」, 민주노총 혁신 대토론회 패널 발제문.

정이환(2006), 『현대 노동시장의 정치사회학』, 후마니타스.

정인수, 윤진호(1993), 『근로자 파견의 현황과 정책과제』, 한국노동연구원.

정형옥(2006), 「노동부 '위장도급' 판단의 문제점: KTX 여승무원 사례를 중심으로」, 한국여성민우회와 차별연구회 공동주최 토론회 〈KTX 승무원 직접고용 왜 필요한가〉(2006. 4. 26. 국가인권위원회 배움터) 발제 논문.

______(2008), 「위장도급에 대한 노동부 법적 판단의 문제점」, 『산업노동연구』 14(2).

______(2009), 『여성 노동권과 법의 정치』, 푸른사상.

______(2011), 「육아휴직제도, 현실과 쟁점」, 『이슈브리프』 제32호(11-05), 경기도가족여성연구원.

조성혜(2007), 「기간제 근로계약의 무기 계약 전환, 무엇이 문제인가?: 우리나라와 독일법제의 비교를 중심으로」, 『노동법학』, 25.

조순경 외(2005), 『간접차별의 이론과 여성 노동의 현실』, 푸른사상.

조순경(1996), 「신인력 정책과 여성노동」, 『산업노동연구』 2(2).

______(1997), 「파견 근로의 신화와 현실」, 『산업노동연구』 3(1).

______(1999a), 「노동의 '유연화'와 빈곤의 여성화: 금융업의 성차별적 임금 구조를 중심으로」, 한국여성민우회 주최 토론회 『임금 체계의 유연화와 여성 노동』 주제발표 논문.

______(1999b), 「경제위기와 여성고용정치」, 『한국여성학』 14(2).

______(2000a), 「합법을 가장한 위법의 논리: 농협의 사내부부 우선해고와 의도적 차별」, 조순경 편, 『노동과 페미니즘』, 이화여대 출판부.

______(2000b), 「경제 위기와 고용 평등의 조건」, 조순경 편 『노동과 페미니즘』, 이화여대 출판부.

______(2001), 「비정규직 차별 예방 방안으로서의 징벌적 손해배상 제도와 집단소송제」, 『비정규노동』.

______(2002), 「차이의 신화와 차별의 현실」, 한국인권재단 주최 제주인권학술회의 발표 논문.

______(2003), 「신자유주의와 유교적 가부장제」, 한국여성연구원 편, 『한국의 근대성과 가부장제의 변형』, 푸른사상.

______(2005), 「신자유주의 정책의 생산과 여성주의 개입의 정치학」, 한국여성연구원 편, 『지구화 시대 여성과 공공 정책의 변화』, 푸른사상.

______(2006), 「공공부문 비정규 대책 외주화 조항의 간접차별 가능성」(미간행).

______(2007a), 「여성직종의 외주화와 간접차별」, 『한국여성학』 23(2).

______(2007b), 「초국가 자본, 노동시장 유연성과 성별 정치학」, 한국여성연구원 편, 『지구화 시대의 현장 여성주의』, 이화여대 출판부.

______(2008), 「여성 비정규직의 분리 직군 무기 계약직 전환과 차별의 논리」, 『한국여성학』 24(3).

조 은, 이정옥, 조주현 (1998), 『근대 가족의 변모와 여성문제』, 서울대 출판부.

조임영(2006), 「ILO '고용관계에 관한 권고'의 주요내용과 그 시사점」, 민주노총 주최 토론회 〈ILO 고용관계 권고의 의미와 한국 특수고용 노동자 노동권

보장방안〉 발제문.

주진우(2004), 「현단계 노동시장 진단과 정책과제 발제에 대한 토론문」, 민주노총 정책 연구원 개원기념 토론회, 『민주노총 중장기 정책방향, 어떻게 할 것인가?』 자료집(미간행).

진숙경(2008), 「노조 내부 민주주의와 현장 조직(현대, 기아, 대우차 현장조직 사례)」, 한국노동연구원.

철도노조(2005), 「2005년 정기 단체교섭 경과보고」(미간행).

철도청 고속철도 사업본부(2003), 「KTX 차내 고장 처리 지침서」.

__________________(2004), 「KTX 고속열차 취급 총람 (승무원용)」.

최성애(2000), 「노동조합과 성의 정치학」, 조순경 편, 『노동과 페미니즘』, 이화여대 출판부.

최성호(2008), 「준비서면」, 2008카합3449 근로자지위보전 및 임금지급가처분 사건.

최영호(2001), 「특수 고용형태 노무 공급자의 근로자성 판단 기준: 판례 법리의 검토를 중심으로」(미간행).

최윤희(2006), 「현행 남녀고용평등법의 간접차별 규정에 대한 비교법적 고찰」, 『비교사법』, 32, 한국비교사법학회.

최인이(2007), 「보건 의료산업에서의 여성 비정규직의 실태와 문제점」, 여성가족부 용역 연구과제 보고서.

______(2009), 「유통 서비스업 여성 비정규직 노동의 성격과 차별 양상에 대한 연구: 백화점 간접 고용 노동자의 사례를 중심으로」, 『한국사회학』 43(1).

하부영(2005), 「노동운동 연대강화 어떻게 할 것인가?」, 민주노총 조직혁신위원회 쟁점토론, (2005. 4. 8.).

한국경영자총협회(1993), 『근로자 파견제도의 활성화와 법 제정 방향』 한국경영자총협회 주최 세미나 자료집.

________________(1994), 『고용 조정의 이론과 실제』, 한국경영자총협회.

________________(2004), 「임금체계의 유연화 ; 기업경영 환경과 임금체계의 연동성이 필요한 시기」, 『임금연구』 12(3).

한국노총(2009), 「회원 조합 여성 할당제 이행 지침」, 한국노총 내부자료.

______(2010), 「2010년도 한국노총 표준 생계비」(미간행).

______(2011), 「한국 노총 여성 할당제 이행 및 정착 현황 진단」(미간행).

한국비정규노동센터(2003), 「비정규직에게 노동법은 있는가」, 한국비정규노동센터.

______________(2011), 「통계로 본 한국의 비정규 노동자: 2011년 3월 경제활동인구조사 근로형태별 부가조사 분석」, 한국비정규노동센터.

한국비정규노동센터, 전국사무금융노동조합연맹(2011), 「사무금융연맹 비정규직 실태조사 보고서」, 한국비정규노동센터.

한국산업개발연구원과 영화회계법인(2003), 「고속철도 운영관련 외주화, 경영수지예측, 회계제도 연구」, 철도청 용역연구보고서.

한국인재파견업협의회(1993), 「근로자 파견법 제정에 따른 현안 분석」, 한국인재파견업협의회.

한국철도공사 부대사업본부 운영지원팀(2006), 「철도공사 계열사 개편(안)」, 한국철도공사.

한국철도공사(2004), 「고속열차 승무원 업무 자료집」.

______________(2005a), 「2004 철도통계연보」.

______________(2005b), 「2005년도 정기국회 건설교통위원회 국정감사 제출자료」.

______________(2006), 「2006년도 정기국회 건설교통위원회 국정감사 제출자료」.

한국철도유통, 한국철도공사(2006), 「KTX 승무원에 대한 공사의 입장」(미간행).

한석호(2009), 「오래된 혁신론, 그러나 전혀 변하지 않는 노동운동」, 민주노총 혁신 대토론회 패널 발제문.

한승희(2000), 「고용상의 간접차별 판단 기준에 관한 연구」, 이화여대 여성학과 석사학위 논문(미간행).

현대경제연구원(2011), 「한국형 복지 모델의 방향」, 「경제주평」.

홍주환(2000), 「비정규직 미조직 노동자의 실태 및 의식조사 결과」, 민주노총 정책토론회 〈비정규 노동자 차별 철폐 및 조직화 방안〉(3. 31.) 자료집.

황보연(2007), 「병원 노사, 300억 들여 비정규직 개선」, 「한겨레신문」 2007. 7. 8 일자.

황선자(2005), 「임금체계 및 결정방식의 유연화와 노동조합」, 한국노동조합총연맹 중앙연구원.

Abraham and Houseman(1994), "Does Employment Protection Inhibit Labor Market Flexibility? Lessons from Germany, France and Belgium," Paper presented for the

NBER/Ford Project. *Social Protection and Economic Flexibility: Is There a Tradeoff?*

Ackroyd, A. and P. Procter(1998), "British Manufcaturing Organization and Workplace Industrial Relations: Some Attributes of the New Flexible Firm," *British Journal of Industrial Relations* 36(2).

Adamson, N. Linda Briskin, Margaret McPhail(1998), *Feminist Organizing for Change*, Oxford University Press.

Allen, P.(2002), "The Contingent Workforce," *American Business Review* 20(2).

Arulampalam, W. and A. Booth(2001), "Traning and Labour Market Flexibility: Is There a Trade−Off?" *British Journal of Industrial Relations* 36(4).

Atkinson, J. and Meager, N.(1986), *Changing Working Patterns: How Companies Achieve Flexibility to Meet New Needs*, Institute of Manpower Studies, National Economic Development Office.

Atkinson, J.(1984), "Flexibility, Uncertainty and Manpower Management," *IMS Report* No.89, Institute of Manpower Studies.

__________(1984), "Manpower Strateges for Flexible Organizations," *Personal Management*. August.

__________(1985), "Flexibility: Planning for a Uncertain Future," *Manpower Policy and Practice* 1.

__________(1987), "Flexibility or Fragmentation?: The United Kingdom Labour Market in the Eighties," *Labour and Society* 12(1).

Baker, K. and K. Christensen. eds.(1995), *Contingent Work: American Employment Relations in Transition*, Cornell University Press.

Barker, K. and K. Christensen, eds.(2000), *Contingent Work*, Cornell University Press.

Biddle, Richard(1995), "Disparate Impact Analysis with Small Sample," *California Labor and Employment Law Quarterly* 9(6).

Blackwell, Steven, *et al.*(1996), "Legal Issues in Personal Management," *Drug Topics* 140(12).

Blaschke, Sabine(2000), "Union Density and European Integration: Diverging Convergence," *European Journal of Industrial Relations* 6(2).

Bockerman, Petri and Roope Uusitalo(2006), "Erosion of the Ghent System and Union

Membership Decline: Lessons from Finland," *British Journal of Industrial Relations* 44(2).

Boyer, R.(1987), "Labour Flexibilities: Many Forms, Uncertain Effects," *Labour and Society* 12(1).

Brodsky, M.(1994), "Labor Market Flexibility: A Changing International Perspective," *Monthly Labor Review*. November.

Broschak, Joseph, Alison Davis-Blake, and Emily Block(2008), "Nonstandard, Not Substandard: The Relationship among Work Arrangements, Work Attitudes, and Job Performance," *Work and Occupations* 35(1).

Callaghan, Polly and Heidi Hartman(1991), *Contingent Work: A Chart Book on Part-Time and Temporary Employment*. Economic Policy Institute.

Casey, B., H. Metcalf, and N. Millward(1997), *Employers' Use of Flexible Labour*. Policy Studies Institute.

Chung, H.(2006), "Labour Market Flexibility, for Employers or Employees? A Multi-Dimensional Study of Labour Market Flexibility across European Welfare States," Paper presented at the 2006 Annual ESPAnet Conference, *Shaping Euoropean Systems of Work and Welfare*, 7~9 September 2006, Bremen.

Ciulla, Joanne(2000), *The Working Life: The Promisr and Betrayal of Modern Work*, Three Rivers Press.

Clar, Miquel(2007) "Wage Flexibility and Labour Market Institutions: A Meta-Analysis," *Kyklos* 60(2).

Clauwaer, Stefan(2002), "Analysis of the Implementation of the EU Member State," European Trade Union Institute.

Delsen, L.(1995), *Atypical Employment; An International Perspective-Causes, Consequences and Policy*, Groningen.

Du Rivage, Virginia, ed.(1992), *New Policies for the Part-Time and Contingent Workforce*, Economic Policy Institute.

Ebbinghaus, B, C. Göbel and S. Koos(2011), "Social Capital, 'Ghent' and Workplace Contexts Matter: Comparing Union Membership in Europe," *European Journal of Industrial Relations* 17(2).

EIRO(2005), "Changes in the National Collective Bargaining System since 1990," EIRO.

European Commission(1990), *Childcare in the European Communities 1985-1990*, European Commission.

Finlay, M.(2003), "Indirect Discrimination and the Article 13 Directives," ICEL Working Paper. Irish Center for European Law and the Equality Authority.

Franzway, Suzanne(2000), "Women Working in a Greedy Institution: Commitment and Emotional Labour in the Union Movement," *Gender, Work & Organization* 7(4).

Frauenhelm, E.(2010), "Tracking the Contingents," *Workforce Management* 89(4).

Frege, C. and Kelly, J. eds.(2004), *Varieties of Unionism: Strategies for Union Revitalization in a Globalizing Economy*, Oxford University Press.

Gonas, L.(1995), "Transformation of the Welfare State and Its Labour Markets," Institute for Working Life.

Granrose and Appelbaum(1996), "The Efficiency of Temporary Help and Part-Time Employment," *Personnel Administrator*, January.

Grantham, George and Mary MacKinnon(1994), *Labour Market Evolution: Economic History of Market Integration, Wage Flexibility, and the Employment Relation*. Routledge.

Grun, C.(2004), "Direct and Indirect Gender Discrimination in the South African Labour Market," *International Journal of Manpower* 25(3/4).

Gustavsson, S. and F. Stafford(1994), "Three Regimes of Childcare: the United States, the Netherlands, and Sweden," in R. Blank(ed.), *Social Protection and Economic Flexibility*, University of Chicago Press.

Hakim, C.(1990), "Core and Periphery in Employer's Workforce Stratege," *Work, Employment & Society* 4(2).

Hakim, Catherine(2004), *Key Issues in Women's Work: Female Diversity and the Polarisation of Women's Employment*, Routledge.

Harding, Sandra(1987), *Feminism and Methodology*, Indiana University Press.

Harrison, B. and Barry Bluestone(1987), "The Dark Side of Labor Market 'Flexibility' : Falling Wages and Growing Income Inequality in America" (Labor Market Analysis and Economic Planning Working Paper No. 17), ILO.

Harrison, B. and M. Kelly(1993), "Outsourcing and the Search for 'Flexibility'," *Work, Employment & Society* 7(2).

Harrison, B.(1994), *Lean and Mean: The Changing Landscape of Corporate Power in the Age of Flexibility*. Basic Books.

Hartman, Heidi(1976), "Capitalism, Patriarchy and Job Segregation by Sex," *Signs* 1(3).

Hass, Linda (1991), "Equal Parenthood of Social Policy: Lessons From a Study of Parental Leave in Sweden," in Janet Hyde and M. Essex. ed., *Parental Leave and Child Care: Setting a Research and Policy Agenda*, Temple University Press.

Hedemann-Robinson, M.(1996), "Indirect Discrimination Law in the EC: Appearance rather than Reality?" *International Journal of Discrimination and the Law* 1(1/2).

Hobcraft, G.(2008), "Roma Children and Education in the Czech Republic," *European Human Rights Law Review* 2.

Horrell, Sara, J. Rubery and B. Burchell(1990), "Gender and Skill," *Work, Employment & Society* 4(2).

Hudson, Ken(1999), *No Shortage of Nonstandard Jobs*, Economic Policy Institute.

Hunter, R.(1992), *Indirect Discrimination in the Workplace*, Federation Press.

ILO(1993a), *Part-Time Work Report V(1)*, ILO Conference 80th Session, ILO.

____(1993b), *Workers with Family Responsibilities*, International Labour Conference, 80th Session, ILO.

____(2004), *Global Employment Trends 2004*. ILO.

____(2006), "Recommendation Concerning the Employment Relationship," ILO.

Institute of Management and Manpower(1999), *Survey of Long Term Employment Strategies*, Institute of Management and Manpower.

Jacobs, Jerry & K, Gerson(2004), *The Time Divide: Work, Family, and Gender Inequality*. (국미애, 김창연, 나성은 옮김(2010), 『시간을 묻다: 노동 사회와 젠더』, 한울).

Jenson, J.(1988), "The Talents of Women, the Skill of Men: Flexible Specialization and Women," in Stephen Wood(ed.), *The Transformation of Work*, Unwin Hyman.

Kearney, R.(2005), "The Coming Rise of Disparate Impact Theory," *Penn State Law*

Review 110(1).

Kirton & Healy(2004), "Shaping Union and Gender Identities: A Case Study of Women-only Trade Union Courses," *British Journal of Industrial Relations* 42(2).

Kirton, K.(2005), "The Influences on Women Joining and Participating in Unions," *Industrial Relations Journal* 36(5).

Kusterer, Ken(1978), *Know-How on the Job*. Westview Press.

Lautsch, Brenda(2002), "Uncovering and Explaining Variance in the Features and Outcomes of Contingent Work," *Industrial and Labor Relations Review* 56(1).

Lichtash, A.(2005), "Earning Dignity: Indirect Discrimination against Women as Part-time Jobs, Comparative View," *Women's Rights Law Reporter* 26(1).

Lindgren, Ralph and Nadine Taub(1988), *The Law of Sex Discrimination*, West Publishing Co.

McNerney, D.(1995), "Are Contingent Workers Really Cheaper?" *HR Focus*, September.

McShane, S.(2011), *Quantor Corporation's Contingent Workforce*, MaGrow-Hill Ryerson.

Meulers, D. and L. Wilkin(1987), "Labor Market Flexibility: Critical Instruction the Analysis of Concept," *Labor and Society* 68(4).

Michlitsch, J.(1995), "Guidelines Related to Disparate Impact, Burden of Proof, and the 1991 Civil Rights Act: Analysis," *Labor Law Journal* 46(9).

Milkman, R. and Voss, K. eds.(2004), *Rebuilding Labor: Organizing and Organizers in the New Union Movement*, Cornell University Press.

Milkman, Ruth(1987), *Gender at Work: The Dynamics of Job Segregation by Sex during World War II*, University of Illinois Press.

Mishel, L. and John Schmitt eds.(1995), *Beware the U.S. Model: Jobs and Wages in a Deregulated Economy*, Economic Policy Institute.

Morris, A.(1995), "On the Normative Foundations of Indirect Discrimination Law," *Oxford Journal of Legal Studies* 15(2).

Nollan, S. and H. Axel(1996), *Managing Contingent Workers*. American Management Association.

Nollen, S.(1982), *New Work Schedules in Practice: Managing Time in a Changing Society*.

Van Nostrand Reinhold.

OECD(1994), *The OECD Jobs Study: Facts Analysis Strategies*, OECD.

______(1995), *OECD Economic Outlook*, OECD.

______(1996), *The Public Employment Service in the Chaninging Labor Market*, OECD.

______(1998), *OECD Employment Outlook*, OECD.

______(2000), "Pushing Ahead with Reform in Korea-Labour Market and Social Safety-Net Policies," OECD.

______(2004), *OECD Employment Outlook*, OECD.

______(2009), *OECD Employment Outlook*, OECD.

______(2010), *OECD Employment Outlook*, OECD.

______(2011), *Government at a Glance 2011*, OECD.

Parker, J.(2003), "Women's Groups and Equality in British Trade Union," *Women's Studies* 41.

Phillips, Anne and B. Taylor(1986), "Sex and Skill," Feminist Review ed., *Waged Work: A Reader*. Verso.

Piekkola, Hannu and Kenneth Snellman, eds.(2004), *Collective Bargaining and Wage Formation: Performance and Challenges*, Physica-Verlag Heidelberg.

Pinker, Edel and Richard Larson(2003), "Optimizing the Use of Contingent Labor When Demand is Uncertain," *European Journal of Operational Research* 144(1).

Polivka, Anne E.(1996), "Contingent and Alternative Work Arrangements, Defined," *Monthly Labor Review, October*.

Pollert, Anna(1988), "The 'Flexible Firm' : Fixation or Fact?" *Work, Employment & Society* 2(3).

Rustard, Michael and Thomas Koenig(1993), "Historical Continuity of Punitive Damage Awards," *American University Law Review* 42.

Rutherglen, G.(2006), "Disparate Impact, Discrimination, and the Essentially Contested Concept of Equality," *Fordham Law Review* 74(4).

Schlei, H. and Paul Grossman(1976), *Employment Discrimination Law*. Bureau of National Affairs.

Schnabel, C and J. Wagner(2007), "Union Density and Determinants of Union

Membership in 8 EU Countries: Evidence from Micro Data, 2002/03," *Industrial Relations Journal*.

Scruggs, L.(2002), "The Ghent System and Union Membership in Europe, 1970−1996," *Political Research Quarterly* 55(2).

Segenberger. W.(1986), "Revisiting the Legal and Institutional Framework for Employment Security: An International Comparative Perspective" Paper presented to an *International Symposium on Employment Security and Labor Market Flexibility*. Yokohama National University, Japan, 9−12 Dec.

Shoben, E.(2004), "Disparate Impact Theory in Employment Discrimination," *Brandeis Law Journal* 42(3).

Spalta−Ross, R. and Heidy Hartman(2000), "Gauing the Consequences for Gender Relations, Pay Equity, and Public Purse" in K. Barker and K. Christensen, ed. *Contingent Work*. Cornell University Press.

Steinberg, R.(1996), "Social Construction of Skill: Gender, Power and Comparable Worth," *Application of Feminist Legal Theory to Women's Lives: Sex, Violence, Work and Reproduction*, Temple University Press.

U. S. EEOC(1995), *Employer EEO Responsibilities: Preventing Discrimination in the Workplace*. EEOC.

__________(1997), "Enforcement Guidance: Application of EEO Laws to Contingent Workers Placed by Temporary Employment Agencies and Other Staffing Firms," EEOC.

__________(1998a), "Judge Awards Damages Against Joe's Stone Crab Restaurant in EEOC Sex Discrimination Lawsuit," Press release, Aug. 13.

__________(1998b), "Mitsubishi Motor Manufacturing and EEOC Reach Voluntary Agreement to Settle Harassment Suit," EEOC Press release, June 11.

__________(1998c), "Federal Laws Prohibiting Job Discrimination," U. S. EEOC.

__________(1999), *Employer EEO Responsibilities: Preventing Discrimination in the Workplace*. U. S. EEOC.

__________(2000), "Enforcemane Guidence: Compensatory and Punitive Damages Available Under 102 of the Civil Rights Act of 1991," U. S. EEOC.

Uusitalo, Roope and Petri Bockerman(2006), "Erosion of the Ghent System and Union Membership Decline: Lessons from Finland," *British Journal of Industrial Relations* 44(2).

Vandlen, Chelsea(2011), "Making 'Cents' of Temps: The Costs and Benefits of Contingent Workers," *Cornell HR Review*, Paper 24.

Walby, Sylvia(1997), "Flexibility and the Changing Sexual Division of Labour," *Gender Transformation*, Routhledge.

Wallace, C.(2003) *Work Flexibility in Eight European Countries*, Sociological Series 60. Institute for Advanced Studies.

Western, Bruce(1997), *Between Class and Market: Postwar Unionization in the Capitalist Dmocracies*, Princeton University Press.

Wilkinson, Barry(2000), "Labour Market Flexibility and Employment Agencies in the U.K., Japan and Korea," Paper presented at *the International Conference on Economic Crisis and Labor Market Reform: The Case of Korea*, Seoul.

ㄱ

가내 노동자 • 82
가내 하청 • 20
가부장적 노동운동 문화 • 209
가부장적 노동조합 • 222
가부장적 문화 • 69
가부장적 통념 • 204
가사 노동 • 206
가족 임금(family wage) • 204
가족 임금 이데올로기 • 130
간접 고용 • 54, 112
간접 고용의 확대 • 234
간접 고용 비정규직 • 228
간접차별 • 67
게토화 • 221
겐트 제도(Ghent System) • 234
결혼퇴직제 • 19
경영평가 지표 • 157
경제적 효용성 • 30
경제활동인구조사 • 151
경제활동인구조사 부가조사 • 48
고용불안정 • 226
고용차별 • 76

고용형태별 근로자 보고 • 186
고용형태별 자료 • 186
고용형태별 취업 동기 • 48
고용형태에 의한 성비 불균등 • 186
고용형태의 다양화 • 56
고용관계 • 53
고용관계에 관한 권고"(Recomme-
ndation Concerning the Employment
Relationship) • 58
고용관계의 불확실성 • 58
고용노동부 • 229
고용보험제도 • 234, 235
고용의 외부화 • 20
고용평등위원회(Equal Employment
Opportunity Commission) • 98
고임금 직종 • 237
공공 고용서비스 • 88
공공기관 경영혁신 • 156
공공기관 경영혁신 지침 • 185
공공기관 비정규직 근로자 관리 등에
관한 규정 • 158
공공부문 경영혁신 • 157

공공부문 비정규 • 148
공공부문 비정규 대책 • 136
공공부문에서의 고용 • 182
공공부문의 고용비중 • 182
공공부문의 구조조정 • 155
공공부문의 역할 • 183
공기업 경영 평가 • 35, 158
공기업 경영 효율화 • 33, 155
공기업 외부 위탁 • 156
공민권법 제7편(Title VII of Civil Rights
    Act of 1964) • 98
과거 차별의 현재 효과(present effects of
    the past discrimination) • 79
과거로부터 누적된 차별 • 213
국가 사회주의 체제 • 74
국가인권위원회 • 130
국가인권위원회법 • 133
국가인권위원회의 결정 • 135
국가인권위원회의 권고 • 135
국무총리 훈령의 '외주화 원칙' • 159
국무총리훈령 제486호 • 158
국제노동기구 • 59
근로의욕 • 31
근로감독 기능 • 84
근로감독 대상 사업장 • 84
근로감독 적용 대상 법률 • 84
근로감독관 • 84
근로기준법 • 57, 84
근로자 개념 • 55
근로자 지위 확인 소송 • 55

근로자 파견법 • 21
근로자 파견업체 • 88
금융업 • 43
기간제 근로자 • 47
기능적 유연성 • 15
기업 특수적 기술(firm-specific skill) • 21
기업별 교섭체계 • 233
기회의 평등 • 67
기획예산처 • 156

ㄴ

남녀고용평등법 • 35, 84
남성 생계 부양자 이데올로기 • 193
남성 중심의 노동운동 • 191
남성 중심적 조직 문화 • 235
남성 직종 • 237
남성으로서의 이해 • 237
내부 노동시장 • 208
노동경비 절감 • 39
노동비용 • 30
노동생산성 지표 • 158
노동유연성 전략 • 30
노동유연화 • 32
노동유연화 논리 • 20
노동통제 • 31
노동과정 • 35
노동권 • 226
노동력 공급 구조 • 47
노동력의 원자화 • 61

노동력의 탄력적 활용 • 40
노동시간 모델 • 223
노동시장 • 239
노동시장 유연화 명제 • 20
노동시장의 변화 • 225
노동운동 • 239
노동운동 가부장제 • 235
노동운동 문화 • 197
노동운동 위기의 지표 • 225
노동운동의 가부장성 • 237
노동운동의 위기 • 192
노동의 유연화 • 16, 225
노동의 주체 • 206
노동자의 외주화 • 168
노동조합 여성 할당제 • 211, 220
노동조합 의사 결정 구조 • 209
노동조합 조직률 • 192
노동조합 활동 시간 • 223
노동조합여성연대(CLUW: Coalition of Labor Union Women) • 238
노동조합운동 • 208
노동조합운동의 남성 중심성 • 197
노동조합의 가부장적 성격 • 193
농업협동조합중앙회 • 34
농협의 구조조정 • 37
능력주의 인사관리제도 • 66

ㄷ

다양성 교육(diversity training) • 105
다운사이징 • 29
단기 저임금 노동력화 • 19
단시간 근로 • 39
단시간 근로자 • 47
단체협약 적용률 • 232
단체협약 효력 확장 제도 • 231
독립 계약자(independent contractor) • 53
돌봄 노동의 사회화 • 236
듀크 전력(Duke Power) • 78

ㅁ

명목적 시간제 • 39
명예퇴직제 • 34
모성보호 • 220
모성보호 정책 • 223
모호한 고용관계(ambiguous employment relationship) • 58
무기 계약 • 138
무기 계약 전환 계획서 • 149
무기 계약 전환 대상 • 137
무기 계약직 전환과정 • 170
묵시적 근로계약 관계 • 141
미국여성유권자연맹(LWV: League of Women Voters) • 238
미국통신산업노조(CWA: Communications Workers of America) • 238
미조직 여성 노동자 • 196
민간 고용서비스 • 90
민간 직업소개소 • 88

민영화 • 33
민주노총 성 평등 미래위원회 보고서 •
229
민주노총 포스터 사건 • 206

ㅂ

법적 환경 • 60
법정 최저임금 • 67
보건의료노조 • 177, 227
보상적 손해배상 제도 • 98
보호자 없는 병원 • 236
복합적인 차별 • 222
분리 직군제 • 168
분사화 • 167
불법파견 • 57
불평등 효과 이론(disparate impact theory)
• 79
비숙련 저임금 노동자 • 203
비자발적 비정규직 • 47
비자발적 비정규직 취업 사유 • 48
비정규 노동 • 53
비정규직 • 23
비정규직 대책 노사특별위원회 • 228
비정규직 미조직 노동자 • 231
비정규직 실태 조사 • 149
비정규직 여성 • 194
비정규직 조직률 • 198
비정규직 조직화 • 199
비정규직 차별 • 228

비정규직화 • 16, 22
비핵심 업무 • 160
빈곤의 여성화 • 66

ㅅ

사내 부부 사원 • 35
사내 하청 • 54
사용관계 • 53
사용자 책임 • 54
사회 형평적 인력 활용 • 185
사회적 배제 • 233
사회적 통념 • 24
산업안전보건법 • 84
삼각 고용관계(triangular employment
relationship) • 58
생계 책임자 • 205
생계비 모델 • 206
서구 복지국가 • 73
성 중립적인 기준 • 77
성별 고용형태별 자료 • 229
성별 고정관념 • 24
성별 불균등 현상 • 180
성별 직무 분리 • 15
성별 직종 분리 이데올로기 • 25, 160
성별 통계 • 150, 231
성별 분업 구조 • 69, 224
성별 분업 구조의 변화 • 73
성 역할 고정관념 • 61
성차별적 고용 • 227

성차별적 구조조정 • 35

성차별적 임금 구조 • 204

성폭력 진상조사위원회 • 218

성희롱 • 218, 220

세분화된 성별 통계 • 148

소외된 노동자 • 225

수량적 유연성 • 15

숙련 형성 • 20

스웨덴 • 235

승무 업무 • 120

승무사업 위탁 • 121

시간제 고용 • 51

시민 사회 • 222

신분제적 비정규직 • 39

신분제적 비정규직화 • 41

신인력 정책 • 16

신인사 제도 • 70

실업보험 • 234

실질적인 사용자 • 54

실질적인 평등 • 67

ㅇ

아동 보육시설 • 73

아웃소싱 • 24, 81

아웃소싱 업무 선정 • 33

IMF 구제금융 • 41

앳킨슨(J. Atkinson) • 15

양육 노동 • 74

여성 가구주 • 205

여성 과소 대표 • 147

여성 노동문제 • 233

여성 목표 할당제 • 185

여성 비정규직 문제 • 192

여성 우선 해고 • 147, 208

여성 조합원 비율 • 209, 211

여성 조합원의 이해 • 219

여성 직종 • 226

여성 할당율 • 212

여성노동운동 • 199, 239

여성노동조합운동 • 209

여성독자 노동조합 • 199

여성위원회 • 216, 221

여성 할당제 • 191

연공급적 임금 체계 • 65

연대 정신 • 228

연봉제 • 66

온전한 정규직화 • 178

온정적 가부장제 • 193

외부 위탁 대상 업무 • 33

외부화 • 15

외주화 대상 • 33

외주화 원칙 • 136, 159

외주화 타당성 검토 보고서 • 149, 161

외주화의 합리적 기준 • 137

용역 • 54

용역계약 • 86

위기의 노동운동 • 204

위장도급 • 57, 141

위장된 고용관계 • 55

위탁 계약자 • 56

유급휴가 적용률 • 57

유엔 글로벌 컴팩트(UN Global Compact)
  • 135

유연 근무제 • 52

유연 기업(flexible firm) • 15

유연한 임금 체계 • 66

유연화의 대상 • 31

육아휴직 • 73, 220

의도적인 차별 • 76

이중 노동부담 • 215

인력 구조조정 • 147

일 가정 양립 • 51

임금 격차 • 42

임금 소득 불평등 • 232

임금제도 • 66

ㅈ

장기 임시 근로자 • 198

적극적 고용개선 조치 • 186

적극적 노동시장 정책 • 97

적극적 조치 • 96

적극적 차별 수정조치 • 185

적극적인 조치 • 69

전국금속노동조합 • 219

전국여성노동조합 • 46, 86, 199

전통적 고용형태 • 54

정규직의 비정규직화 • 37

정보공개 청구 • 149

정파 문제 • 219

제조업의 공동화 • 197

조건의 평등 • 72

주변 노동시장(periphery labor market) •
  16

주변 업무 • 160

중층적인 차별 • 59

GDP 대비 사회복지 지출 • 183

지역별 단체협약 효력 확장 • 233

직급 정년제 • 80

직무 분석 • 24

직무급제 • 170

직무의 외주화 • 168

직업안정 기능 • 88

직업안정법 • 95, 237

직접 고용 • 54

직접 고용 정규직 • 158

직접차별 • 72

집단 소송제(class action) • 97

징벌적 손해배상 제도(punitive damage)
  • 97, 103

ㅊ

차별 수정 조치 • 97, 135

차별 수정의 이행 상황 • 180

차별 없는 정규직화 • 176

차별 의도 • 77

차별의 고착화 • 167

참여관찰 • 52

철도공사 • 112

철도공사 계열사 • 121

철도청 • 112

체계적 차별 • 69

촉탁직 • 53

최저임금법 • 84

ㅋ

KTX 승무원 • 54

KTX 승무원 문제 • 112

KTX관광레저 • 112

ㅌ

탁아 정책 • 73

탈숙련화(deskilling) • 26

통계적 성별 불균등 • 148

통념 • 61

특수고용 • 54

특수고용직 • 57

ㅍ

파견 근로 • 51

파견 노동자 • 46

파견 허용 업무 • 195

파견업주 • 86

핀란드 • 235

ㅎ

학교 비정규직 • 166

학교 회계 직원의 채용 및 처우에 관한
　　법률안 • 174

한국경영자총협회 • 48

한국여성노동자회협의회 • 86

한국여성노동자회협의회 비정규직여
　　성 권리찾기 운동본부 • 46

한국여성민우회 • 199, 226

한국인재파견업협의회 • 48

한국전기공사협회 • 80

한국철도유통 • 112, 141

한국홍익회 • 112

할당 비율 • 209

합리적 사유 • 171

합리적 외주화 원칙 • 161

핵심 노동시장(core labor market) • 16

핵심 업무 • 160

핵심 역량 • 81

호봉제 • 65

노동의 유연화와 가부장제

인쇄 2011년 12월 20일 | 발행 2011년 12월 30일

지은이 · 조순경
펴낸이 · 한봉숙
펴낸곳 · 푸른사상사
주간 · 맹문재 | 편집 · 지순이 | 마케팅 · 박강태

등록   제2-2876호
주소   서울시 중구 초동 42번지 아시아미디어타워 502호
대표전화   02) 2268-8706(7) | 팩시밀리   02) 2268-8708
이메일   prun21c@yahoo.co.kr / prun21c@hanmail.net
홈페이지   www.prun21c.com

ⓒ 조순경, 2011

ISBN 978-89-5640-886-6 93330
　값 18,000원

☞ 저자와의 합의에 의해 인지는 생략합니다.
　 이 책의 전부 또는 일부 내용을 재사용하려면 사전에 저작권자와 푸른사상사의
　 서면에 의한 동의를 받아야 합니다.
　 e-CIP 홈페이지(http://www.nl.go.kr/cip.php)에서 이용하실 수 있습니다.
　 (CIP제어번호 : CIP2011005785)